目次

克萊兒．維克斯首次建立她的治療方法時，完全與主流理論背道而馳——當時主流理論認為，讓病患直接面對恐懼症有可能引發精神病。維克斯的方法是全然接受恐懼，她認為唯有如此，才能真正擺脫痛苦與恐慌。她的著作預示了數十年後學術的發展，她採取的方法後來也經證實是有效的。

二十多歲時，維克斯經診斷罹患了當時人人聞之色變的結核病，被迫遠離自家，住進療養院。雖然半年後醫生表示是誤診了，維克斯卻沒有因此鬆了口氣，由於心律不整問題沒有改善，她相信自己有嚴重心臟病。多年後她終於明白心智與身體的連結，恐懼一旦無法舒緩就會激化神經系統，導致心跳加快。

克萊兒的人生志趣與勤奮的性格，在很年輕時就已嶄露無遺；她遺傳了母親范的企圖心。在當時性

一九二八年，哈里森因腦溢血過世，維克斯瞬間失去恩師，某種恐懼向她席捲而來，沒多久她發現原本健康無虞的身體，不知怎的開始變得衰弱。她雖努力不懈地完成博士課程，對外展現出充滿自信的形象，但她對自我的認知與外界對她的認知，兩者之間其實存在著明顯落差。

維克斯經歷過心智與身體之間形成的強力循環，她發現自己原來是被恐懼所驚嚇，這個真相對她意義重大。很快地她便掌握重點，她必須停止對抗恐懼，因為恐懼是本能反應，對抗只會造成反效果。原本不明所以的痛苦如今得到了解釋，她也因此獲得解放。

達爾文之所以被稱為「第一位心理學家」，是因為他的最後一本著作《人和動物的情感表達》，將其學術研究拓展至過去少有人仔細描繪的心智海洋。這是人類首度為了理解心智和身體的生物運作，而進行廣泛的研究；心智與身體之間透過自律神經系統形成相互關係，這正是維克斯研究的核心。

艾略特．史密斯強烈反對佛洛伊德所稱的「新的性科學」，因此他訓練精神科醫生時，堅持引導他們從生物學觀點理解神經系統。維克斯從他身上學到，單純的生物學家……會注意到解剖事實隱含的某些心理學意涵，解釋心智與心智運作時，會評論其中涉及的神經面向。

22 失敗的合夥生意……299
Bad Business
有不少讀者相信，自己是因為閱讀維克斯的著作而順利康復，一九六〇年代中期某個時間點，維克斯開始讓一些熱心的這類仰慕者成為商業夥伴，她偏愛這樣的工作模式。他們真心理解她的著作能發揮什麼影響力，對她來說，這項因素要比其他商業考量來得重要。

23 遠離懼曠症……309
Peace from Agoraphobia
維克斯偏好用單一的統合方法治療焦慮症狀，她認為眾多新的疾病標籤，只不過是以下這個問題的不同樣貌：害怕恐懼。隨著神經科學持續發展，以及人們對神經生物學有更深入的理解，更加佐證了她的療法：比起了解不同焦慮疾病的差異，了解它們的相同之處更有用。

24 研究恐懼的先驅……321
A Pioneer of Fear
神經敏化的人，第一恐懼會如電流般疾速傳遞，對於引發恐懼的危險事件過度反應，無法立即消除這種恐懼。若要達到「心神安寧」，需要身體一起合作，而不是只有心智，這正是維克斯治療原則的重點，用意是抑制神經系統的反應，避免第二恐懼重新觸發第一恐懼的無聲警報。

25 生活在兩個世界……331
Living in Two Worlds
再次回到家後，維克斯又懷念起旅遊的時光，以及沿途享受的奢華生活。返回澳洲後，維克斯不僅享受不到海外旅行的好處，更缺乏知識上的刺激。她熱愛自己的直系家人，但是他們彼此之間缺乏共通點，而且家中麻煩不斷。

26 靈魂伴侶……339

The Soulmate

科爾曼過世一事，考驗著維克斯個人的應對能力。科爾曼不僅僅提供陪伴與親密的情誼，還負責操持家務。喪失科爾曼這個「靈魂伴侶」後，維克斯雖然繼續做著以前就在做的事，但已不再是以前的那個她，她的日常生活乃至作息常規，都因此被打亂。

27 辯護……353

Vindication

維克斯運用她的方法治療廣泛的精神問題，也就是現代教科書所稱的「精神官能症」，但她會盡量避免這種帶有批評意味的說法，而偏愛使用醫學性描述，也就是神經疾病。她的描述暗示這個疾病只是暫時，而非永久的狀態；她認為精神疾病和精神健康是逐漸演變的過程。

28 步入老年……363

Old Age

一九七九年，妹妹達爾西被診斷出失智症，她完全喪失自理能力。高齡近八十歲的維克斯無法自絕於外，然而由於她不願面對達爾西失智可能造成的影響，這也使得她與向她求助的家人關係緊張。緊張的情緒讓維克斯喘不過氣，她只好逃離，跑去住在鄰近社區的莉莉家。

29 BBC與雪片般的來信……379

The BBC and a Blizzard of Letters

法蘭．葛洛夫斯是BBC日間電視節目《卵石磨坊》的製作團隊成員，某次旅行時她偶然讀到維克斯的一本書，就和許多人一樣，她覺得這本書對她個人特別有意義。葛洛夫斯的專長是健康專題報導，她提案要製作一系列訪談，每週定期播出，後來順利獲得核准，成為《卵石磨坊》的單元，最

終她聯絡上維克斯……

30 關門聲……389
The Sound of Closing Doors
打從一九五〇年代起，維克斯對待家人就非常慷慨。隨著她的名氣持續看漲，書籍銷售屢創佳績，其他人對她的期待也隨之提高。在她人生最後十年，有時候她會因此苦惱不已。她自己沒有小孩，卻有好幾個孩子需要靠她撫養。有時她會不知道要如何分配，或是如何拒絕金援他們。

31 大腦受傷……397
A Blow to the Brain
一九八七年某日，維克斯外出時昏倒在人行道上，頭部受到撞擊。由於即時送醫治療，雖然她陷入昏迷將近一星期，但腦部沒有損傷，只是邁入至今仍找不出原因的老化階段。維克斯自己就是醫生，她相當清楚未來的路會是如何，現在的她變得驚慌不安、情緒脆弱。

32 角逐獎項……403
Eyes on the Prize
一九八九年一月十八日，透過卡爾森居中牽線，由病患變成信徒的夏洛特·魯多第一次直接聯絡羅伯特·杜邦博士，希望杜邦能夠「針對提名維克斯博士角逐諾貝爾獎的事，提供協助、建議與意見」。魯多問杜邦，是否願意看看諾貝爾委員會寄來的表格，協助提升維克斯的候選資格？

33 諾貝爾獎提名……413
The Nobel Nomination
一九八九年是維克斯工作生涯的最後一年。五月時，她完成了最後一本書《焦慮的最新自救手冊》，

並在當年順利出版。這是她最後一本耗費大量心力的書，當中收錄了多篇文章、演講、信件與訪談。此時《幸福就在轉念後》已經發行到第二十三版。就在同一年，維克斯也終於獲得較為正式的認可。

34 最後的日子……425
Final Days

一九九〇年六月二日，住在安養中心的維克斯有了另一位訪客，就是她的外甥女蒂塔。蒂塔痛恨阿姨不是看著雪梨港過完這一生，她知道，維克斯以前最不希望待的地方就是安養中心，因此她決定去探望她。她告訴阿姨，她是來向她「真心道謝，感謝你為我們所做的一切……」

後記　遺澤永傳……437
Epilogue: What Lives On

致謝……439
Acknowledgements

獻給吉姆（Jim）、克勞蒂亞（Claudia）與凱特（Kate）。

我們生活的方式，不論是提心吊膽或是勇敢無畏，都將成為我們的人生。

——愛爾蘭作家謝默斯．希尼（Seamus Heaney）

引言
Foreword

我是克萊兒・博迪奇（Clare Bowditch），是作家也是音樂家。我與記者茱蒂絲・霍爾（Judith Hoare）之所以有往來，是源自於一次特殊的巧合，這次巧合也正好說明為何必須撰寫這本書，以及為什麼我很感激這本書是由霍爾完成。

二十年前，我曾當背包客在歐洲旅行，但因為規劃不當，我經歷了一段長時間的嚴重焦慮，現在我知道那是「急性焦慮」（acute anxiety）。我的心理健康突然出了問題，病情來得猛烈，我整個人感到疲憊虛弱，幾乎喪失所有希望。

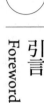

非常幸運的，一位家人的朋友借了一本《幸福就在轉念後》（*Self Help for Your Nerves*）給我，作者是我從未聽過的澳洲科學家克萊兒・維克斯博士（Dr Claire Weekes）。

雖然我有些懷疑，但由於已經陷入徹底的絕望，我翻開了第一頁。感謝上帝我有這麼做，從那時刻起開啟了我的康復之旅。維克斯博士告訴我，我並非先前懷疑的「瘋了」，我只是正在經歷她所說的、令人感覺不舒服的「神經受苦」階段。她的語氣充滿自信與正面能量，她提供的明

確且有意義的建議幫助了我和其他數百萬人：讓我疲勞的大腦理解我感受到的恐懼，告訴我如何繼續生活下去。她的技巧非常簡單而容易理解，我依照書中的指示練習這些技巧，成功阻止病情持續發作。我和其他許多人一樣完全康復，直到現在我一直都認為，與我素昧平生的維克斯博士拯救了我的人生。

不論是過去或現在，我一直覺得自己難以報答維克斯博士的恩情，過去二十年，只要聽到有人或是朋友的朋友有焦慮症，我就會推薦她的著作和錄音產品，我把這件事視為自己的事業。

過去數十年，讓我感到挫折和沮喪的是，太少人聽過維克斯博士的名字，關於她的生平和貢獻的文字紀錄更是少之又少。她是極具創新精神的澳洲科學家，著作在全球熱賣數百萬本，至今依然持續再版。她的技巧非常簡單、而且有效。為什麼沒有人訴說她的人生故事？

二〇一九年，我終於完成了先前我向自己承諾要撰寫的回憶錄，描述我生病以及康復的經過，這大部分要歸功於維克斯博士的智慧。我由衷感謝她，所以決定以自己這本書向她帶給後人的貢獻致敬。

出版之前我請同事麗・塞爾斯（Leigh Sales）閱讀書稿，結果收到一封令我大吃一驚的電子郵件，上面寫著：「我必須告訴你一件最不可思議的巧合。」麗說她從沒有聽過維克斯博士這個人，但是就在我將手稿寄給她的同一個月（已經寫好獻辭），她也讀完了霍爾撰寫的維克斯博士傳記《與焦慮和解》。

你可以想像，我知道這項消息時有多開心！終於，有一本關於維克斯的書籍出版。我會這麼興奮是有道理的。

透過嚴謹的研究、鉅細彌遺但饒負趣味的生動描繪，這本書達成了非凡的成果，而且時機正好。霍爾讓我們有機會更深入理解澳洲這位極具原創精神的思想家的動機、方法、創業挑戰，以及個人成就。

維克斯博士是女性先驅，但是她的成就被許多人忽略，除了那些她全心全意幫助的人們——包括我在內的這些人曾經歷痛苦，感覺沒有任何人理解我們，直到她真的做到了這一點。我很感謝霍爾讓我們理解珍貴的、有時令人感覺痛心的維克斯生平。霍爾揭露了維克斯博士不為人知的故事，幫助這名聰慧、意志堅定的女性恢復她在澳洲歷史上應有的地位。

這本書是了不起的成就，描述了這位勇敢澳洲人的精彩人生，現在的我們比過去任何時候都需要她做出的貢獻。

克萊兒・博迪奇

序言　克萊兒．維克斯的真知灼見

Prologue: The Uncommon Sense of Claire Weekes

一九七七年十月二十三日，在紐約，一名個頭嬌小的澳洲人走上了講台。觀眾看到的，是一名穿著斜紋軟呢裙、兩件式針織衫、舒適的藍色繫帶低跟鞋，戴著眼鏡的年長女性；這正是這名女子的標準裝扮。她有著一頭深色燙捲髮，偏愛珍珠項鍊作為飾品。

高齡七十四歲的克萊兒．維克斯博士，受邀擔任第十八屆心理學促進協會秋季研討會的講者。邀請她在這場研討會發表演講還真是不太尋常，因為她向來被認定是不合格的圈外人。

但維克斯之所以出名，有個重要原因：她所撰寫探討焦慮的書在全球引發轟動，還登上了美國與英國暢銷書排行榜。在書中，她指出與描述這種神經疾病會帶來哪些傷害；她用不同於以往的方式解釋與看待這種疾病，因此受到一般讀者喜愛。儘管專業協會對維克斯提出的方法意見不一，仍舊邀請她發表演說。許多精神科醫師是從自己的父母那裡，得知維克斯的治療方法；還有不少精神科醫師承認，有些治療失敗的病患讀了她的書之後，雖然沒有完全治癒，但是感覺自己正逐步康復。

一九六二年，維克斯出版一本書名平淡無奇的書《幸福就在轉念後》，十五年後她在紐約站上研討會講台時，已經出版了另外兩本書，它們陳列在各大機場的顯眼位置，還翻譯成至少八種語言。但是多年來，心理學專業人員不願意看、也瞧不起她的著作。

這些書相當輕薄，內容主要是解釋神經系統如何運作、如何出了差錯，以及神經被激發時人的心智和身體如何相互影響，還有會造成哪些問題。這些內容清楚易懂，並且瞬間爆紅，然而卻得不到專業人員認可。在當時，自助（心理勵志）類書籍從未獲得精神科醫師的關注或尊重。

當年稍早，維克斯的第三本著作《簡單而有效的懼曠症療法》（*Simple, Effective Treatment of Agoraphobia*）在美國出版。這是她首度針對醫學社群而寫的書，她在當中指出，精神分析師通常無法協助病患，而是會讓事情變得更糟。她還指正了優秀的英國心理學家艾薩克．馬克思博士（Isaac Marks）的錯誤：他認為是先有懼曠症，而後引發焦慮。但是維克斯認為是先出現焦慮，或者更精確地說是先出現恐懼的情緒，然後才引發懼曠症。同業注意到，維克斯認為業界誤解了問題本身，她相信自己已經找到了這個問題的解答。

維克斯在美國四處巡迴宣傳新書，接受知名電視脫口秀主持人採訪，關於她新書的新聞報導不計其數，全美各地的報紙都有刊登。

在一個時常遭遇挫敗、而且內部意見分歧的學術領域，維克斯卻獲得了成功。確實在一九七〇年代，由於精神疾病的治療一直未有進展，有一群精神科醫生感到相當困惑與失望，因此發起

「反精神醫學」（anti-psychiatry）運動。他們的宣言聲明，他們的病患並非因為精神疾病而受苦，這些人其實是社會的受害者。

背後的關鍵在於，不論何種治療方法都缺乏實證，因此愈來愈多人感到不安，對於如何衡量成功與失敗更是心存質疑。但是維克斯握有的數據對她相當有利。人們購買她的書，排隊感謝她「拯救」了他們的生命。她所寫的內容是關於「他們」。許多人運用宗教比喻來表達他們的感激之情，說她的書就是他們的「聖經」。

在紐約的講台上，維克斯的演說並沒有引來任何讚揚，台下許多聽眾只當她是暢銷書作家。即使她已經是一名開業醫生，擁有理學博士學位，依舊於事無補。她是自助類書籍的作家、不是精神科醫生，媒體爭相報導她的新聞。她的名氣引發外界關注，有些人批評她沒有取得專業人員資格，而這一點足以傷害她在自身專業的聲譽。

不過，倒有個專業人士支持她：紐約的精神科醫生曼努爾・詹恩（Manuel Zane）。六年前，詹恩在紐約白原市成立美國第一家醫院附設恐懼症與焦慮症診所，他親眼目睹維克斯的方法如何發揮效用。令他印象深刻的是，診所裡有許多長年出不了門、病情棘手的病患，在讀了維克斯的書後發自內心地給予回應。

詹恩的診所於一九七一年開幕，當時維克斯已經成了焦慮症治療領域的奇蹟。詹恩是臨床醫師，自行開創出非正統的治療方法，心態開放的他在維克斯的療法中，看到了兩人的共通點。

於是詹恩寫信給人在澳洲的維克斯，邀請她拜訪他的診所。在詹恩的熱情支持下，維克斯接觸到多位美國心理健康專業人員。詹恩強力說服他的同事，讓他們相信維克斯對於焦慮症，特別是恐慌症，有特別且獨到的見解。更棒的是，她設計了簡單易懂且已經證明有效的治療手法。

除了詹恩的支持，維克斯也不時受邀向專業人員演講，但她總感覺到這些人抗拒她，有些人甚至公開批評她。至少在某次演講現場，她明顯察覺到坐在前排的精神科醫生每隔幾分鐘就低頭查看手表，還有些人則大聲交談。

一九七七年維克斯在紐約發表的演講，等於直接挑戰主流的正統觀念，她鬥志旺盛。演講題目與她最新出版的書籍名稱一樣：簡單而有效的懼曠症療法。

台下聽眾清一色是精神科醫生，他們大致分為兩派：一派是遵循佛洛依德與他的信徒開發的治療技巧的精神分析師，另一派是致力於改變思考與相關行為習慣的認知行為學家。這兩群人都被維克斯的演講內容激怒了。

如果說這場演講引發眾怒，那麼有個人必定覺得維克斯尤其是在挑釁他。知名的南非精神科醫生約瑟夫．沃爾普博士（Joseph Wolpe）是行為學家，更是治療重度焦慮與恐慌的權威，而這正好是維克斯當天的演講主題。後來維克斯向一名同事透露，那天沃爾普將她「批評得一無是處」。

不過在某件事情上，維克斯和沃爾普倒是有共識。沃爾普與維克斯一樣，不認同佛洛依德學派的精神分析，以及探索根源於兒童經驗的無意識驅力（unconscious drive）的做法，例如伊底帕斯

情結與時常出現在日常語言的其他驅力。

相反的，沃爾普完全聚焦於行為本身。他開創了行為療法，並因此博得名聲，這一切成就來自於他早期的實驗研究：透過電擊讓小貓受到驚嚇，再給予食物作為獎勵，以消除他在小貓身上引發的精神官能症。

沃爾普將這種治療方法從動物轉移到人類身上，他鼓勵病患直接面對恐懼症（phobia）與懼怕的情境，同時引導病患放鬆。他發展出「減敏」（desensitisation）這種策略，也就是「暴露治療」（exposure therapy），教導焦慮的病患如何面對某些恐懼情緒，並練習放鬆策略。

後來，人們也將維克斯視為「暴露治療」的「先驅」，但是維克斯從未如此形容自己，也不鼓吹放鬆策略，相反的，她提出了另一種做法。她公開反對可以或應該對重度焦慮的人「減敏」的主張。她認為這是用錯誤的方法解決問題。

「懼曠症病患不應該去適應困難的情境、藉由暗示達到減敏、或是避免恐慌，他們必須學習度過恐慌，並擺脫藥物依賴。一般來說，這種自我減敏法可以迅速達到效果，不一定非要找出最初導致敏化（sensitization）的成因，」她在紐約對著台下的精神科醫生說。

維克斯認為，努力教導病患遇到恐懼症或恐慌時如何放鬆，不但會造成反效果，而且幾乎沒有用。相反的，當一個人充分體驗過恐慌，就會知道自己有可能「度過」恐慌，順利抵達對岸。他們的神經系統需要重新排序，但他們可以學會自己做到。他們不需要牧羊人或精神科醫生。

病患的身體會強烈感受到神經疾病。維克斯在她的書中使用「恐慌持續鞭打」與「恐慌敏化導致情緒激動」等字眼，向未罹患這些疾病的人說明持續的痛苦如何促使身體做好準備，以便更迅速地做出回應。神經系統已是蓄勢待發，將會更快速、更強烈地感受焦慮。它已經「敏化」，而且知道這個過程是康復的關鍵。減敏只是自然而然造成的結果。也就是說，沒有必要練習降低對引發恐懼的某些情境的敏感度。

不同於透過有組織的規劃讓病患直接面對恐懼，維克斯的治療方法是全然接受恐懼，她認為唯有如此，才能真正擺脫痛苦與恐慌。問題源自於內在，而非外在。關鍵字是**接受**，正好與戰鬥（fighting）相反。我們驚慌失措時，本能反應就是戰鬥，但正是反抗緊張、恐懼、焦慮和恐慌的行為，會導致問題持續存在。

維克斯的治療可總結為以下的簡單口訣：面對（face）、接受（accept）、漂浮（float）、讓時間流逝（let time pass）。這種療法的設計目的，不是為了消除生活中的所有壓力，而是要促使人們自己找到擺脫痛苦的方法。

「如果患者希望康復，就必須知道如何面對、接受和度過恐慌，直到它變得不再重要……」她在該場秋季研討會上表示。「康復掌握在個人手中，而不是依賴藥物、避免恐慌或是『習慣』困難的情境，也不是藉由暗示減敏。如果希望永久康復，重點在於病患有能力知道如何接受恐慌，直到他不再害怕恐慌為止。」

維克斯的著作預示了數十年後的學術發展，她採取的方法後來也經證實是有效的。此外，她改變了理解與治療焦慮的方法，只不過這項成就當時並未獲得多數人肯定。一九七七年，曾親眼目睹維克斯治療方法獲得成功（甚至包括原本難以治癒的案例）的詹恩，看到同儕對於維克斯演講的反應時，感到相當沮喪。「我記得她觀察入微，但是我感覺多數聽眾不接受她的說法。至少我能公開評論說，維克斯博士是這個領域的真正開創者，病患會跟我談到她，這正是她了不起的地方。」

這就是維克斯和其他專業人員的不同之處，詹恩說。「她是從病人所在的位置走向我們，而不是從我們的頭頂上方，但我們卻是高高在上地告訴病人發生了什麼事，還有他們為什麼會變成這個樣子。」

多年後的一九八三年五月七日，維克斯回到紐約，再一次向專業人員發表專題演講。詹恩再度成了她的支持者，他邀請維克斯在第四屆全國恐懼症研討會上演講。維克斯又一次詳細說明她的方法。她說，人們可以經教導學會如何治療自己、找到內在的聲音，「支持與引導自己跨越難關、熬過絕望時刻、度過迷惘」。

但是這一次，她要求他們審視自身內在的空虛。

「我發現許多治療師相信，神經疾病沒有永久治癒的方法。幾年前，我在紐約和一位醫生與一名精神科醫生參加廣播節目，當我說到『治癒』（cure）時，那名精神科醫生當場糾正我，她說：

『你的意思是緩解（remission）吧，維克斯博士？我們從來不說治癒神經疾病。』我告訴她，我已經治癒非常多神經疾病的病患，所以不怕使用這個字。」

這段話相當挑釁，但是它確實建立在不可動搖的基礎上。

• • •

一九七〇年代初期，已婚且擁有一名年幼孩子的英國年輕女子安・透納（Anne Turner）正在考慮是否要接受醫界所稱的「前額葉白質切斷術」（leucotomy）。這種大腦手術俗稱腦葉切除術（lobotomy），做法是使用器具探進大腦額葉切斷連結，但是術後結果有好有壞。

來自英格蘭約克夏的透納當時年滿三十一歲，外科手術是她最後的希望，她期盼就此消滅她內心的惡魔：令人難以忍受的反芻（rumination），以及她無法理解和控制的強迫性思考等症狀。她試過各種療法、精神分析師、注射性藥物、住院治療與休克療法，但始終未能消除內心的混亂。她甚至想過自殺。

透納相當熟悉壓力的感受。她在二十歲時曾經歷神經衰弱，二十一歲時接受電擊治療。她順利度過這些困境，但是到了三十多歲，有了年幼女兒之後，一連串新增的壓力讓她再次出現神經衰弱的症狀。「唉，這是第二次了，」她說，「而且情況更嚴重、更糟糕。」

透納知道有人做腦葉切除手術失敗時，她嚇壞了，但是她決定寧可死，也不願意忍受症狀復發。因此有人提議動手術時，她心想：「就這樣吧。我受夠了。我願意動手術。」就是在這種心理狀態下，她湊巧打開電視，聽到一名醫生精準地描述了她的症狀，就好像能看穿透納的心思一樣。這個醫生不僅知道她是如何患病以及為何患病，甚至堅稱患者有可能康復。透納還聽到她說，神經疾病是可以治癒的。

節目尾聲時提到了一本書，雖然透納不知道作者和書名，但是她住家附近的書店一定知道這本書。「啊，那是維克斯寫的書，很多人都在打聽這本書。」經店員告知，透納找到了《幸福就在轉念後》，這本書在一九六三年於英國出版，也就是差不多十年前。「有位女性寫了我的故事。我所有的問題這本書都寫到了，我想……如果在地球的另一端有人寫了一本關於我的書，也就代表我沒有那麼不一樣。這本書讓我茅塞頓開，因為它講的是關於我的事。」

書的封底有提供地址，於是透納寫信給作者，問了個簡單的問題：「我還有康復的希望嗎？」她附上回郵信封，期望自己能夠「幸運地」得到回覆。「我很快就收到了對方的回信，還是手寫的，內容是這樣的：『是的，有希望。以下是電話號碼，如果你想，可以打電話給我。』」

透納拿起電話聯繫上維克斯，當時維克斯正與她的朋友喬伊絲・斯基恩・基廷（Joyce Skene Keating）待在一起，斯基恩・基廷是一名地方推事，住在倫敦的女王門花園。之前斯基恩・基廷也是這樣聯繫上維克斯的，她在一九六〇年代中期喪偶後不久，因為患有嚴重的懼曠症而向維克

斯尋求協助。後來每當維克斯來到倫敦，就會入住斯基恩．基廷寬敞而舒適的公寓。

四十年後，透納回想當時兩人在電話上的交談內容，依舊記得聽到維克斯描述她原本以為是她個人獨有的經歷時，有多麼驚訝。「你怎麼知道我的感受是這樣？」透納問說。她永遠記得維克斯回答說：「我不需要認識任何人，但是我很了解這個疾病。」

維克斯解釋，人的心智和身體表現出的行為，看起來就像是某件事出了嚴重的差錯，但實際上這只不過是面對恐懼時出現的反應。「我也可能像你一樣。當你的心理過度疲累，就會產生那些想法，但是由於你害怕那些想法，它們反而會再度出現。」這有可能發生在任何人身上，任何人都能被治癒。這問題很「單純」，但是不「容易」。

聽到這名六十七歲的醫生已準備好提供個人支持，透納受到了鼓舞。維克斯承諾繼續保持聯繫，甚至在她回到澳洲時仍是如此。維克斯不願意收費；不過透納可以支付電話費。

透納取消了腦白質切斷術。在她看來，維克斯所說的其實是一般常識。不過在一九七〇年代，醫學界還未充分理解、也不知如何控制焦慮症，因此維克斯的建議頂多只能說顛覆了常理。當時的精神醫學承受來自內部和外部的攻擊，治療焦慮的方法包括精神分析，直接讓病人面對壓力、並引導他們放鬆或透過藥物治療。如果以上方法全都無效，就會採取電擊治療。

恐慌發作會讓人手足無措，而且難以控制或壓制，當時人們還未充分理解這種症狀，遑論妥善治療它。那時也還沒有專屬名稱。透納或許患有後來世人所稱的「強迫症」（OCD，obsessive-

compulsive disorder）。但是有位開業醫生認為，這些情況完全可以治療。問題出在「神經疾病」；病患只是被她所稱的「神經」（nerve）迷惑或是捉弄。維克斯的著作詳細說明了神經系統的運作，以及人的心智和身體如何相互連結。

維克斯是醫學博士與科學家，但是她的方法與另一名博士和科學家——西格蒙德・佛洛伊德（Sigmund Freud）——完全不同。維克斯指出，這位傳奇的精神科醫生開創的治療技巧，是讓病患躺臥，然後質問病患。她自詡為「最早打臉這位老維也納人的躺臥問診方法的人之一。我帶領他們走出諮商室，走入世界並成功地在世上生活。」

維克斯返回澳洲前，將自己的建議製作成錄音帶交給透納。「只有十分鐘。你不需要長版的錄音帶。」只需要不斷重複播放錄音帶，持續提醒疲倦而受苦的大腦如何擺脫折磨。

維克斯回到澳洲後，每天都會和透納通話兩次，透納需要聊多久就聊多久。「我會幫助你度過難關，（你可以）在晚上打電話給我，告訴我你的情況，」她承諾說。透納開始康復，而且是永久治癒。

但是維克斯不願收費，這讓透納感到不安。「她不願收任何費用。她回到澳洲之後，我就說維克斯博士你還沒有寄帳單給我，她說：『不，我不該收費。你已經花了電話費。』」

不過透納後來透過另一種貨幣償還了欠債。一九八三年，維克斯由於書籍熱賣在英國變得家喻戶曉，英國廣播公司（BBC）邀請她主持六集電視訪談，每週播出一次，時間在中午時段。

他們希望採訪一位接受維克斯治療的病患，作為系列節目的開場，但是很難找到有人願意公開曝光。最後維克斯詢問透納，她有些勉強地同意了。透納在電視上訴說自己神經衰弱與康復的過程，最後總結時她提出了自己的觀察：「如果沒有到過地獄，就不會知道天堂是什麼樣子。我可以誠實地說，我現在很快樂。」

維克斯很感激。她明白公開現身必須付出什麼個人代價。「對安來說，上電視面對數百萬同胞需要非常大的勇氣。她很希望幫助其他人擺脫她曾經歷的痛苦，所以願意將他們的痛苦置於她個人的舒適之上。她簡單而誠實、理智地說出自己的故事，她或許已經幫助數千人遠離痛苦。」

維克斯提出了一個特別的觀點。這是透納的故事，是她個人的成就。維克斯一直堅稱，她只是在教導人們如何自我治癒。

就在一九七〇年代透納與維克斯首次相遇之際，大西洋另一端有個小孩罹患了恐懼症，全家因此陷入愁雲慘霧。她的父親正好是精神科醫生，卻發現自己幫不上小女兒，他為此感到挫敗與苦惱。當時羅伯特．杜邦博士（Dr Robert DuPont）還不知道維克斯這個人或她的著作。

杜邦在一九六〇年代畢業於哈佛大學，取得精神科醫師資格。他的專長是成癮症（addiction），並率先在黑人社區運用美沙酮治療成癮症，當時的黑人社區因為毒品，而陷入永無止境的犯罪與貧窮循環。杜邦的治療計畫獲得了成功，引起美國政府注意，一九七三年獲任命為白宮「緝毒沙皇」（drug czar），先後經歷理查．尼克森（Richard Nixon）與傑拉．德福特（Gerald Ford）兩任總

統。他創辦與掌管「戒毒治療部門」（Narcotics Treatment Administration），擔任國家藥物濫用研究院（National Institute on Drug Abuse）創始主任。

對杜邦而言，與維克斯相遇是天賜良機。當時他得同時應付來自家庭與工作的壓力。除了小孩患有恐懼症，一九七七年美國新總統就任，他的工作卻有可能不保。「跟隨新總統吉米・卡特（Jimmy Carter）上任的衛生教育福利部部長希望啟用新人，也就是他自己的人馬，所以我被開除了。一九七八年，我被迫離職。」

杜邦成為全職的精神科醫生，專門治療焦慮症與成癮症。他雖然做了一些調整，但是最大的挑戰來自他自己的家庭。

多年前，他兩歲的女兒卡洛琳與四歲的姊姊伊莉莎白和同輩親戚玩躲貓貓時，突然把自己關進衣櫃裡。由於大人很快就發現了她們，她們並沒有在裡面關太久。伊莉莎白對這次經歷不以為意，但它對卡洛琳來說卻是一場災難。她開始對密閉空間感到恐懼。

卡洛琳一年級時，由於教室旁的洗手間不僅空間狹小，而且沒有窗戶。她拒絕上洗手間。伊莉莎白必須在午飯時間走到教室、站在門邊，好讓妹妹有足夠的信心走進洗手間。

家中所有人都在努力控制卡洛琳的恐懼症。那時杜邦在治療實務上也面臨了諸多問題，但是他的專業訓練無法提供有效的工具因應這些問題。如果有的話，那就是他非常關注女兒在幼年時期與其他重要人物之間的關係，特別是她的父母。當時人們受到佛洛伊德的精神醫學著作啟發，

開始探究精神障礙背後的原因。父母可能會發現問題的答案有部分在他們身上，但不一定是透過外顯的方式。

好幾世代的精神科醫生和心理學家被灌輸佛洛伊德理論。他使用的語言，例如自我、本我、移情、退化、陽具羨妒，透過自由聯想和夢境分析等精神分析技巧的操作，變得更加複雜。很難想像還會有比這更複雜、更主觀的治療手法。

面對女兒焦慮症持續發作，杜邦感到相當挫敗。他的大女兒伊莉莎白後來也成為焦慮症治療師，所以她能體會父親的兩難。「他有個女兒過得很痛苦，還有一個病人有恐慌症，治療了一年卻絲毫沒有好轉，」她回想說。

某天，一名看診多年的病患在診療時告訴杜邦，她在一本女性雜誌上看到一篇文章，談到紐約白原市醫院（White Plains Hospital）的恐懼症與焦慮症診所採用新方法治療焦慮症。她希望能試試看。

杜邦反應冷淡。「我是哈佛畢業的，我才不會從《魅力》（*Glamour*）雜誌上得到啟發，」他說。但是這名病患堅持，要他記下診所創辦人詹恩的姓名和電話號碼。杜邦向來心態開放，而且喜歡歸根究柢，這件事最終激起了他的好奇心，他決定和這名病患一起前往紐約。

當他們抵達紐約，杜邦在詹恩的診所裡，見到了另一位同樣心態開放的精神科醫生。詹恩創辦了美國第一間治療恐懼症的診所，杜邦「覺得非常不可思議。我看到那些人勇敢地面對焦慮症，

去做他們以前不可能會去做的事情。我真的很佩服詹恩，他是個想法創新的精神分析師，盡心盡力對待病患，幫助他們克服可怕的恐懼」。

但是他發現，詹恩深受另一位博士、後來成為暢銷書作者的澳洲開業醫生所吸引。詹恩的許多病患在讀完診所推薦他們閱讀的維克斯著作後順利康復。他們也聯繫了人在澳洲的維克斯，邀請她造訪他的診所。

杜邦在詹恩的診所接觸到了維克斯和她的著作。他親眼看到，居然有一排排的病患拿著書頁有許多折角的維克斯最新著作，排隊等著感謝維克斯「拯救」了他們的生命。

杜邦閱讀完《幸福就在轉念後》（一九六三年在美國出版時英文書名改為：*Hope and Help for Your Nerves*），發現了完全不同於主流正統的治療方法，但它們對病患「超級有效」，卡洛琳的治療也有了突破。杜邦運用維克斯的治療方法後，他的小女兒終於康復。這次經驗徹底改變了杜邦整個家庭的命運。

歷經多年的痛苦之後，一九七八年，滿十歲的卡洛琳終於克服對密閉空間的恐懼。她獨自搭電梯搭了十層樓，作為送給父親的生日禮物。杜邦在樓下等著女兒，她看起來相當興奮。

「這等於用全新的方法看待卡洛琳經歷的一切。她能逐漸康復對我們家來說是一件喜事，」伊莉莎白・杜邦說。「我們所有人都放下了心中的大石。」

這次經驗改變了杜邦的生涯方向。他在華盛頓設立第一個恐懼症課程，並成立「美國恐懼

症學會」（Phobia Society of America），這個學會後來成為「美國焦慮症與憂鬱症協會」（Anxiety and Depression Association of America）。杜邦相信維克斯創造了歷史。

「我這輩子認識的所有人當中，還找不到有誰能夠像維克斯一樣，改變了人們對於焦慮症方面的重要醫學與人性問題的思考，影響了數百萬人的生命，」他說。

在鮑伯・杜邦〔1〕與病人開車造訪白原市的四十年後，另一位極為知名的焦慮症專家——波士頓大學心理學家與精神醫學教授大衛・巴洛博士（Dr David Barlow），也認同維克斯徹底改變了治療嚴重焦慮的方法。

「維克斯是一名優秀的醫生，她的臨床直覺使她能夠想到當時難以想像得到的方法：罹患嚴重焦慮症和恐慌症而無法走出家門的病患……在強力的臨床支持下，能夠真正面對導致他們陷入嚴重焦慮和恐慌的情境，然後克服這些症狀。」

維克斯首次建立她的方法時，「完全與主流理論背道而馳」，根據巴洛的說法，當時主流理論的看法是，讓病患直接面對恐懼症有可能引發精神病。「就像我們現在所說的，她不僅能跳脫框架思考，而且在臨床上面對病患時又極為敏銳，所以能成為懼曠症暴露療法的創始人，這麼多年來已經有數千萬名病患因此受惠。」

巴洛形容維克斯是「非常有經驗與直覺力的臨床醫師」，「在實際幫助人們面對自己的疾病或病症的過程中，機緣湊巧地」發現了「重要的創新臨床療法」。其實維克斯具備的「明智」見解，

並非機緣湊巧得來。這是維克斯年輕時意外罹患神經疾病，並經歷長達二十年的痛苦之後，得到的成果。

維克斯與透納及杜邦會面時，對她心懷感激的病患和讀者已經遍布全球。她理解焦慮和恐慌的破壞力，並因此攀上了事業生涯的高峰。然而，正是她在年輕時歷經的「神經」煎熬，激發她出版那些著作。她知道她能夠治癒其他人，因為她已經治癒了自己。

1　編註：Bob是杜邦的名字Robert的小名。

1 誤診 Misdiagnosis

一九二八年，二十五歲的維克斯在學術界創造了歷史，成為第一位獲得雪梨大學理學博士的女性。她獲得了科學一級榮譽學位（First-Class Honours）與動物學大學獎章，取得博士學位後，她申請到洛克斐勒獎學金（Rockefeller Fellowship），前往英格蘭繼續深造。但突然之間她失去了立足點，如自由落體般墜落。

一開始她感到喉嚨疼痛，因為扁桃腺化膿而動手術，結果卻引發大出血。「我的扁桃腺嚴重感染。連續好幾個月只能少量進食，瘦了兩英石（stone）[1]，」多年後她說道。

以個頭嬌小、身材纖細的女性來說，體重掉了十三公斤算是瘦了不少。由於她的身體狀態持續衰弱，甚至出現了心悸，後來她被轉介給一位住在雪梨、號稱「知名心臟科醫師」的專家，這名醫生為她注射鈣，但是效果微乎其微，或是不見任何成效。

1 譯註：英石是英國聯邦國家採用的重量單位，一英石大約是六．三五公斤。

維克斯體力虛弱、身形消瘦、心跳快速，這名當地醫生百思不得其解。在缺乏足夠證據的情況下，這名醫生做出了重大診斷，認為維克斯感染了在當時令人畏懼的疾病：結核病。「我還記得那時候以為自己快死了，」她在寫給朋友的信中回憶道，「我被送到鄉下，還被告知接下來六個月絕對不能用力，甚至不能拉窗簾。」

結核病喚起多年前人們對黑死病的恐懼情緒，更預示了幾個世代後引爆的人類免疫缺陷病毒／愛滋病（HIV/AIDS）大流行。對於結核病這個致命殺手，兒童和年輕人的抵抗力特別薄弱，而且沒有解藥。二十世紀初，有百分之十的死亡案例是因為結核病。

接著出現了治療方法。由於結核病屬於高度傳染病，因此病患必須與家人和朋友隔離，得住在遠離都市和社區的療養院內隔離檢疫。病患通常終其一生都得背負這個疾病的烙印。

原本維克斯就對結核病相當恐懼，但之後的宣告更令她震驚不已——她必須與最親密的人隔離。許多病患甚至被監禁多年。

日後回想時她說道，雖然當時沒有做最後的確認測試，但毫無疑問她接受了這個壞消息。「當時是一九二〇年代，我沒有接受X光檢驗。當然，那時候我相信自己真的感染了結核病，」她後來憤怒地說道。

她的研究被迫停擺，這名厭惡獨處的年輕女性，被打發到位在澳洲最大城市雪梨南方三十八公里處的瀑布州立療養院（Waterfall State Sanatorium）。這裡海拔高度三百公尺，地處鄉間、空氣涼

爽清新，完全符合隔離要求。

療養院裡沒有任何日常活動，也沒有人陪伴維克斯面對周遭的死亡與垂死掙扎。恐懼降臨在每個人身上。她的心跳仍相當快速。「我幾乎是臥病在床，有整整六個月完全沒事做。所以我知道變得內向、憂慮是什麼情況，」她提及那段日子時說道。

瀑布療養院成立於一九〇九年，當時結核病已成為澳洲女性的最主要死因，男性也差不多是如此。當病患處於結核病症狀活躍期，就必須在大約只有花園棚屋大小的石棉水泥屋內隔離。他們也許會康復，或者最終被送往距離不到一公里遠的加拉沃拉公墓（Garrawarra Cemetery）。長排的單層主建築外觀雄偉，座落於高原山脊處，站在傳統澳洲式陽台上還可遠眺南太平洋。這幅景致帶給了這裡的居民難得的慰藉。然而，如此優美的景色卻必須和另一個更強大的對手爭奪病患的注意力。一九〇九到一九三〇年間，這裡每三到六天就有一人死去，每年大約有一百人死亡。

結核病不一定只會找上弱勢族群，不過確實與貧窮密切相關。然而維克斯完全不符合這樣的背景。她的家庭雖不富有，但絕對不窮。她從未經歷過孤立與貧困的生活。

維克斯在二十多歲時被診斷出感染結核病，當時她早已遠離澳洲女性命定的人生道路——那時候多數女性注定要承擔起家庭責任。在一九二〇年代，學術圈都是由男性主導，特別是她選擇的科學領域，但是維克斯懷有抱負，而且努力不懈。

中學時維克斯進入雪梨女中（Sydney Girls High School）就讀，這是一所菁英學校，她表現突出，獲得多個獎項。一九二一年，她以優異成績獲得亞拉拉獎學金（Yaralla Scholarship），進入雪梨大學女子學院（Women's College）就讀。這個獎學金每年會支付五十英鎊給「學業成績優異，但缺乏財務援助，無法負擔住校費用的學生[2]」。維克斯在大學及研究所的成績相當出色。在生病之前，她已是享譽全球的學者。

在療養院，只有靜默。由於環境受限，維克斯完全被困住，無法行動。儘管多年後她變得不愛運動，但在當時還沒有變成如此。這時候的她感覺自己遭到流放。「對一個健康的年輕女孩來說，（這事）必須學著習慣，」多年後她輕描淡寫地說道。

但是維克斯一直沒有習慣。療養院是完美的培養皿，病患從此恐懼纏身，無法擺脫。不過維克斯是其中的幸運兒，六個月之後療養院的大門開啟。醫生做出結論：他們犯了錯，她是被誤診的。

但維克斯並沒有因此鬆了一口氣，反而覺得情況變得更糟。由於心律不整（也就是心跳過快）的問題一直沒有好轉，她相信自己有嚴重的心臟病。只要一走出療養院，她就會感到害怕、不知所措。

「我記得那時候我完全沒有信心，不知道自己可以做什麼，因為他們總是對我說：『你絕對不能做這個，你絕對不能做那個！』我記得當時我獨自散步時心裡想著：『我懷疑自己能不能走到

那個街角……』我記得，我有意識到自己踏出的每一步，但是不確定對自己的身體抱有多大信心，有辦法走到那。」

她沒有立即回到大學校園，而是選擇和一位嫁給醫生的女性朋友一起住在「鄉下」，調養身體。維克斯希望徵求其他人的建議解決心臟問題，結果卻發現更多醫學無能為力之處。

「我記得……晚上醒來的時候會心悸，光是突然驚醒就會心跳加速。我非常清楚記得，有一天晚上我的心跳非常快，感覺自己就要剩下最後一口氣，我大聲叫她。但是她的醫生丈夫卻說，『不，我不會去幫她。這樣她會以為自己比實際的情況還要嚴重！』」

日後維克斯在訪談中公開談到這段人生的轉捩點時，並未明說這位醫師是誰，不過就某方面來說，這名醫生是對的。維克斯的心臟其實沒有任何問題。她之後又活了六十年。不過當時沒有人解釋一件重要的事情：是她的恐懼控制了她的心跳，但當時她因為不知情而陷入了惡性循環。

後來維克斯終於明白心智與身體的連結，當恐懼的情緒無法獲得舒緩，就會激化她的神經系統，導致心跳加速。之後她繼續忍受了兩年的折磨，一直處於焦慮狀態，她感到痛苦不堪，變得不認識自己。當她終於學會如何消除恐懼的作用力，她創造了新名詞「敏化」，用來解釋一個人在經歷某些壓力沉重的事件後，因為情緒過度放大而產生的不適感。

2 Vere Hole, W. *The History of The Women's College with the University of Sydney*. Angus & Robertson. 1953.

兩次醫療的失敗決定了維克斯的未來。第一次，她被誤診罹患結核病，就結果來看，這是非常嚴重的醫療疏失；第二次，她朋友的丈夫產生了難以抹滅的影響，立下了如何不採取醫療行為的範例。最終維克斯成為一名全科醫師（general practitioner），或是稱為基層醫療醫師（primary-care practitioner）。

「前幾年我的工作偏向特定專業，後來初次成為全科醫師時，我很清楚壓力的症狀，」一九七八年維克斯這樣告訴某本流行雜誌。「我在病患身上看到了自己經歷過的事。在我接受扁桃腺手術、大出血之後，我自己治癒了壓力症狀。他們以為我感染了結核病，其實我沒有生病，只是失去信心。」

她從未忘記那名醫生在她離開時拒絕了她的安慰。「如果當時他能說出與敏化有關的一個字，我就不至於忍受兩年的擔憂和痛苦，但是或許正因為當時學到的知識，讓我有能力幫助數十萬人。也許我應該謝謝那位醫生。」

維克斯的年輕歲月因為誤診與心理折磨而歷經波折，但這些不幸遭遇激發她日後寫出教人治癒焦慮症的書籍。注定有許多深受焦慮困擾的人閱讀與理解這些文字，雖然她的著作被歸類為自助類書籍，但是文字的背後其實累積了大量學術研究。但是現在，她的痛苦依然持續，直到多年後，她才終於破解焦慮的奧祕。

2

備受期待的掌上明珠

Her Mother's Daughter

二十世紀的第一年，法蘭西絲・佛羅倫斯・紐蘭（Frances Florence Newland）與拉爾夫・柯林頓・維克斯（Ralph Clinton Weeks）結婚，當時兩人只有二十三歲。十六個月後的一九〇三年四月十一日，哈澤爾・克萊兒・維克斯（Hazel Claire Weeks）出生。從一開始，大家都只知道她的中間名。多年後，有人在她的個人物品中發現了一張來源不明的紙條，上面清楚寫著：「美好的週五（Good Friday），克萊兒出生，小名『邦妮』（Bunny）」。

「美好」是很關鍵的一個字。雖然維克斯家還有另外三個孩子，但是老大從來不會讓人失望。一九〇六年，賀瑞斯・史丹利（Horace Stanley）出生，和他大姊一樣，他捨棄了原本的名字，改為「布萊恩」。一九〇九年，艾倫・柯林頓・紐蘭（Alan Clinton Newland）出生，一年後達爾西・珍（Dulcie Jean）出生。

克萊兒的出生證明上寫的誕生地是雪梨市帕丁頓（Paddington）。此地並非昂貴的內陸城市地區，而是勞動階級居住的郊區；雪梨港旁的山脊上，散布著外觀造型整齊劃一的長排排屋。這裡

住著石匠、採石工人、木匠，以及受僱於附近維多莉亞軍事基地的工人。富有階級則住在山脊下方接近海濱的大坪數別墅。

維克斯家位於帕丁頓格羅夫街四號，是典型的排屋設計，但坪數較大，有兩層樓。克萊兒和弟弟在此出生，不過幾年後他們舉家搬遷到距離城市更遙遠的屈臣氏灣（Watson's Bay）。這地區較不擁擠，房子更加寬敞，出了後院就是大片海洋與陸地——一個快樂天堂。特別是對布萊恩來說，這裡帶給他難忘的兒童歲月，可以脫離父母的視線範圍。郊區有渡船、一間郵局、一所學校、幾間教堂，以及大約一百間住家。在這裡正好可親眼見證雪梨港的魅力。

克萊兒年幼時期的多數時間都在此度過，若非歷史上發生兩次重大所有權爭議，這裡有可能成為另一個讓人喜愛的港邊郊區。一百多年前的一七八八年一月二十一日，第一批澳洲定居居民在此登陸。亞瑟·菲利普（Arthur Philip）船長與第一艦隊（First Fleet）上的人員抵達澳洲，任務是建立罪犯流放地。他橫渡海洋來到寧靜的港口，在屈臣氏灣內日後稱為坎普灣（Camp Cove）的地方停泊了一夜，隨後啟程前往內陸。

這個地方因前述事件而名留青史，此後則因其他因素而長期臭名昭著。隔開海洋與港口的突出岬角，就位在開放通道的中間點，行經這條通道便可通往景色壯麗的雪梨港。陡峭的懸崖成為陸地與海洋之間的廣闊緩衝區，大片景觀一覽無遺。懸崖最高點是斷魂谷（The Gap），從這裡可以毫無阻礙地瞬間直達下方的岩石平台，因此這裡成了知名的自殺地點。例如克萊兒五歲時，地

方報紙刊登了一則短篇報導，提到「十八歲的喬治．平森因為對戀愛感到失望，今日在屈臣氏灣自殺」。

克萊兒最喜歡的顏色是藍色。她的一名晚輩透露，她最愛鴨蛋藍。成年後，她喜歡藍色的文具用品。海洋會展現各種情緒，所以藍色可以是殘酷的，也可以是迷人的。在屈臣氏灣，居民生活在岩石與樹林密布、隔離海洋與港口的岬角上，可以遠眺三十年後興建完成的著名雪梨港灣大橋，這一座連結雪梨南區與北區的金屬拱橋，日後將成為雪梨的地標。

維克斯家位於屈臣氏灣的房子比他們的第一間房要大，還有一座花園。法蘭西絲（人們多半稱她「范」（Fan））刻意選定這間房子，她將寬敞的一樓出租，藉此分擔家計。拉爾夫是音樂家，幸運的是他一直都有工作，主要是參與歌舞綜藝演出，偶爾也會與雪梨交響樂團（Sydney Symphony Orchestra）合作。手頭上要有多餘的錢，以後總會用得著。

克萊兒的弟弟布萊恩還記得兒時的生活情景。當時正好是進入二十世紀的頭十年，「我們的海灣有許多值得期待的時刻，也會舉辦各種大型活動，不過多數時候就是藍天、東北風暴、渡船、電車總站、碼頭、公園、學校、教壇、商店、公共游泳池、救生艇、西芹灣、斷魂谷、公園旁的酒吧，以及船艙。有兩座海灘，分別是碼頭海灘與坎普灣。這些地方構成了生活的片段。」

對於在家不受寵的布萊恩，海水、岩石，或是偷窺情侶、然後用綁在樹上的繩子吊掛強光手電筒捉弄他們，就是生活樂趣所在。多數時候他都能自在地做自己。但是自此之後，就再也回不

到過去。他記得當時的一切，特別是一樓的房客：「當時我六歲，習慣光著腳，很清楚知道萬一自己被發現了，就得在事態一發不可收拾之前閃人。我看到兩個人脫光光，瘋狂地扭動身體，親吻彼此。後來媽媽打發兩個房客離開，結果事情卻變得更糟。」

正當弟弟忙著逃離家人的關注，克萊兒卻成了家中的焦點。從小她就遵循母親的期望，范打定主意要負責照料她的一切。在婚姻中，范不僅享有平等地位，更掌管所有事務，包括家中的財政大權。她的丈夫拉爾夫全面退讓，而且語帶尊敬地談論著他所謂的「她的職業女性思維」。范雖然身材嬌小，卻是不可動搖的家庭支柱。她性格堅強、強勢，而且要求嚴格；她的幽默令人覺得刺耳，甚至偶爾帶有惡意。她的後代子孫都記得這麼一位喜歡主導一切、適應力超強的人物，但令他們惋惜的是，這個女強人後來卻日漸衰弱。

一名年輕小夥有可能發現，他所收到她親手烘烤的水果派裡頭居然摻了鞋帶。男孩們使勁咬著甜點的情景，後來成為精彩的家庭故事，范甚至開心地敘述男孩怎麼艱難的吃那個水果派。

范的父親約翰．紐蘭（John Newland）出身建築商家庭，日後維克斯一家也因為他的房地產投資事業而獲益。他是幕後的操盤手，經手的業務包含拆除與建造，他將火藥存放在雪梨港內的一座小島上。紐蘭還發現了另一個有利可圖的商機，就是從地方政府手中買進剩餘的原料，再轉賣給聯邦政府。「他賺到足夠的錢，讓爸媽大吃一驚，」范的兒子布萊恩說。

紐蘭的生意蒸蒸日上，他在雪梨的世紀公園（Centennial Park）旁，以及接近市區的郊區地帶，

興建風格典雅的豪宅。他也協助興建環形碼頭（Circular Quay），這是進入雪梨商業區必經的濱水區。此外他還加入了共濟會。有不少人嚮往加入這個男性祕密社團，他們有著外人難以理解的儀式，而且組織不透明，既不是慈善、也不是宗教團體，但卻能為活躍於社交圈的男性提供需要的人脈網絡，只要這些男性不是天主教徒就好。

紐蘭家族是成功的建築商，順利度過產業的景氣循環，克萊兒的外曾祖父威廉·紐蘭（William Newland）曾經歷破產，後來又重振旗鼓。他們興建教堂與酒吧。上帝與瑪門（mammon）〔1〕同時存在於這個務實且根基穩固的家族中。

拉爾夫的家族就沒有這麼幸運。他的父親菲力普·維克斯（Philip Weeks）也算是在房地產業工作，只不過不是建築商，而是設計師暨裝潢師，而且是十九世紀中葉成立、備受推崇的帕瑪爾與維克斯公司（Palmer and Weeks）的合夥人，這家公司在招牌上寫著「在玻璃材質上繪製招牌、裝飾與鍍金」。帕瑪爾與維克斯公司興盛了數十年，以裝飾與基督教藝術設計而聞名，他們發明了巧妙的技術，能將字體刻印在玻璃與鏡面上，卻不會在鏡面產生陰影，從而破壞設計的樣貌。

報紙報導過帕瑪爾與維克斯曾參與多項雪梨當地最著名的設計案，作品品質精良，其中包括於一八七九年完工、但命運多舛的花園宮殿（Garden Palace）的精美玻璃作品。花園宮殿是重要的

1 譯註：瑪門在《新約聖經》中是物質財富與貪婪的化身。

建築成就，占地大致與現在位於迷人的雪梨港地區的皇家植物園（Royal Botanic Gardens）相當。但是三年後花園宮殿幾乎全數燒毀，只花了一個早上，來自美國奧勒岡的木材便燒成了灰燼。它的建造成本高達十九萬一千八百英鎊。

紐蘭家族想方設法，讓公司不受雪梨房地產市場的波動影響；反觀帕瑪爾與維克斯公司，儘管它的領導人才華出眾，而且累積了數十年經驗，卻沒有同等的好運。一八九〇年代，雪梨陷入瘋狂的房地產投資熱潮，銀行毫無限制地放款，最終成為壞帳，帕瑪爾與維克斯也深受其害。

一八九七年一月九日，《雪梨晨鋒報》（*The Sydney Morning Herald*）刊登一篇內容嚴肅的報導，標題為〈招牌繪圖師自殺身亡〉。

> 位於伊莉莎白街的帕瑪爾與維克斯公司的知名招牌繪圖師菲力普・約翰・維克斯，昨晚被妻子發現死於帕丁頓的家中。維克斯太太和她的家人昨天早上還曾見到死者，接著他們出門在外一整天，留他一個人在家。晚上九點回到家時，維克斯太太便發現她的丈夫躺臥在床，已無生命跡象。床單棉被滿是血跡，他們在旁邊發現了一把沾染血跡的刮鬍刀。死者切開右手臂靜脈，失血過多致死。今日的死因調查結果正式判定為自殺。

拉爾夫的父親僅活到五十歲，一八九七年的死亡證明內容簡短：「菲力普・約翰・維克斯：

死因，右手臂出血——自己造成。」財務困境、內心焦慮、再加上酒精，最終調製成一杯致命的雞尾酒。

維克斯家族的許多成員性格剛強，但也伴隨著缺陷。這次自殺事件影響了家族後代，第一個受到波及的就是菲力普的兒子拉爾夫。他是家中五個小孩年紀最小的，父親去世時他年僅二十一歲。拉爾夫一生堅持戒酒，但不論他是否有喝酒，依舊遺傳了他父親的情緒問題。

范的敏銳直覺或許有助於解釋，為什麼她的音樂家丈夫每天接觸雪梨奔放的波希米亞式生活，卻極力避免飲酒。只不過他戒酒戒得不夠徹底。范曾天真地對家人說，後來拉爾夫為雪梨交響樂團演奏打擊樂器的那幾年，偶爾會錯過正確的演奏時機。很顯然她從未想到，這些失誤與演出場地所在的市政廳對面的那間酒吧有關。

「有一天晚上，他回應的時間點不對，在原本應該安靜的段落大聲擊鼓。她（范）說他因此惹上不少麻煩，」他的外孫女法蘭西絲．瑪格羅蘭（Frances Maclaren）回想時說道。數十年後，她從某個鄰居的兒子那裡得知，「每當拉爾夫結束『最賣力』的演出，」就會和同伴「一起去對面的酒吧」。身為拉爾夫的長女，克萊兒．維克斯曾說：每個人都有醜聞，只是鎖在某個地方。

就在拉爾夫的父親自殺一年後，范與拉爾夫結婚。幾年後，媒體披露了維克斯家族的另一件悲劇：拉爾夫的姊姊艾美（Amy）因為非法墮胎，緩慢而痛苦地死去。此時正值世紀之交，這是一則重大新聞，艾美入獄服刑的丈夫、她的愛人、以及她母親的悲痛和憤怒等，種種不堪入目的

細節，全被記錄了下來。

范對於道德要求嚴苛，這是受到她的祖先所影響。她出身衛理公會教派（Methodist），這個教派最著名的人物是芭芭拉．拉克（Barbara Ruckle），一七三四年於愛爾蘭出生的她原屬於胡格諾教派（Huguenot），在當地與保羅．赫克（Paul Heck）結婚後轉入衛理公會。一七六〇年八月，赫克全家移民到美國，芭芭拉是出了名的「極度虔誠」。她在新的國家盡心盡力遵守宗教儀式，因而贏得「美國衛理公會之母」的稱號。人們記得她會做出戲劇性的誇張動作，例如中途打斷賭博派對，或是將撲克牌丟入火中。

范的父親約翰．紐蘭承襲了這種淨化狂熱，他是個熱心的衛理公會教徒與禁酒主義者，會以地獄火（hellfire）[2]和詛咒作為威脅，恐嚇孫子女。「他會嚴格要求我們的道德品行和宗教教養，對我來說，就是要讓我對惡魔感到恐懼，害怕自己到了地獄被燒死，」克萊兒的弟弟布萊恩說。

范同樣繼承了地獄火的威脅，滴酒不沾，但是基本上她已不再事奉上帝。她偶爾會引用《聖經》作為教養手段，但她和拉爾夫對於宗教都抱持務實的態度，最好的例子就是他們的婚禮。

出身衛理公會的范與出身長老會的拉爾夫訂婚後，雙方家庭向兩人施壓，必須選擇「對的」教堂，但這件事沒有對他倆造成多大困擾。這對年輕的愛侶決定，選定接下來經過的第一間教堂作為婚禮場地，結果既不是衛理公會、也不是長老會教堂，最後他們是在位於帕丁頓格倫莫爾路（Glenmore Road）的英格蘭聖喬治教堂完婚。

家裡由范作主，但是拉爾夫情緒爆發時，就會將自己的挫折發洩在兩個兒子身上。儘管兩個兒子都無法忘記過去，但其中一個比較能諒解父親。「爸爸……」布萊恩日後在自己的回憶錄裡寫道，「是個問題。媽媽和爸爸並沒有讓我們不開心，但是我們必須避開爸爸的情緒。」身為音樂家，拉爾夫通常會工作到深夜，然後穿越整座城市才能回到家。每一次只要他偷偷摸摸喝酒，情緒就會變差。

拉爾夫的情緒讓他的兒子感到害怕與困擾。但是數十年後，布萊恩也有自己的問題需要解決。在家裡的互動關係中，父親總是位居第二，因此布萊恩有點同情父親。布萊恩寫道，他的父親是個失敗者，「他必須為自己在家中的地位而戰。媽媽主導所有事情。爸爸愛亂發脾氣，我們覺得很遺憾。我們都把注意力放在媽媽的身上，這也使爸爸常常顯得無足輕重。」

范穩固地成為家庭生活的重心。她會營造歡樂，而且擅長說故事，沒有什麼故事比八卦消息還要精彩。就這一點來看，正因為她設下了如此高的門檻，因此根據范的長外孫女觀察，參加維克斯家的聚會時，比較明智的做法是，絕對不要第一個離開房間，「我們家對人非常吹毛求疵，」法蘭西絲說。

不論范自己容許什麼樣的自由，她同時會要求小孩必須誠實以對。在當時，不同宗教派別之

2 譯註：基督徒認為惡人死後會遭受地獄火懲罰。

間依舊戰得相當激烈，他們家雖不太在乎遵守嚴格儀式，不過宗教已成為日常生活的一部分。范採取嚴格的清教徒做法，總是不厭其煩地進行道德監督。

她曾親眼目睹男人喝酒、女人發生性關係後會導致哪些問題。雖然她不會為上帝傳道，但她會長篇大論地說教，提出自己對於罪惡的看法，也很執著談論關於誘惑的問題。她無時無刻不在監視，從她的小孩學會走路和說話時就已經開始，此外她也樂於突破個人障礙。

她的孫女們回想起在他們青少年時期，范曾質問他們性方面的問題，令他們當場感到有些尷尬。她的另一個重要執著是腸胃。范之所以長期關注腸胃問題，其來有自——她的家族有憩室炎（diverticulitis）病史，她自己也有同樣的毛病。

家族中的女性想到范就心生敬畏，但是當她的兒子卻很不容易。布萊恩和艾倫對於他們的母親各自懷有某些怨恨，最主要原因是她明顯偏袒他們的姊姊。克萊兒成了范的人生使命，她尊重這個女兒，卻不願以同樣態度對待其他孩子；她的大女兒是順從的典範。對於母親的冷淡，布萊恩曾經耿耿於懷長達數十年，但最終他不得不承認，母親有充分理由「支持大姊」。克萊兒發現學校就是她的一切，但布萊恩不是。他是調皮的男孩，她則是乖巧的女孩。

克萊兒不只是范最疼愛的小孩。范看得出她具有智慧，因此特別敬重她。大家都注意到這點，尤其她的弟弟妹妹。「克萊兒是學者，媽媽不只是個驕傲的母親，更是她的母親，」布萊恩說。

布萊恩痛恨上學，但克萊兒可喜歡了。教育成了她的熱愛，這可以從她珍藏一輩子的紀念品

中看出：其中包括她的第一位小學老師查爾斯・愛德華・李（Charles Edward Lee）的一張照片，一九一五年他在加里波利半島（Gallipoli Peninsula）[3]的戰爭中陣亡。有幾位男性良師影響了維克斯的教育，李是第一人。這名女性留給世人不只一份，而是兩份各自獨立且影響深遠的學術遺產。

克萊兒的人生志趣與勤奮的性格，在很年輕時就已嶄露無遺；她遺傳了范的企圖心。在當時性別角色定義明確，但克萊兒從小就被教導要走入世界，母親要她謹記在心，她的祖先包括了多位成就卓著的女性，至少在紐蘭家族是如此。

克萊兒在很小的時候就能獨立思考，她曾經提到，有個數學老師曾將她針對某個幾何學題目的解答單獨挑出，因為她的做法和老師不同。老師將她的解答寫在黑板上，「因為答案沒錯，只是解題方法和傳統不一樣」。

范利用紐蘭祖先的成功故事教育自己的孩子，其中包括知名的「美國衛理公會之母」。不過與克萊兒更密切相關的，是同時代的另一名女鬥士——克萊兒的表姊維奧莉特・普魯默博士（Dr Violet Plummer）。維奧莉特來自南澳大利亞，她曾搬過一次家，一八九七年成為第一位在阿德雷德（Adelaide）開業的女醫師，當時是克萊兒出生的六年前。維奧莉特是堅定的女性擁護者，她的生涯成了雪梨表妹的榜樣。

3 譯註：第一次世界大戰時，發生於土耳其加里波利半島的戰役。英法聯軍原本計劃強行闖入達達尼爾海峽，並打通博斯普魯斯海峽，然後占領當時的奧斯曼帝國首都伊斯坦堡，但歷經十一個多月的戰鬥，行動仍宣告失敗。

一九〇二年，澳洲成為全球第二個賦予全國女性投票權的國家，那是克萊兒出生的一年前。紐西蘭首開先例，早在一八九三年就開放女性投票，但是南澳州對於婦女投票權有自己特別的主張。一八九四年，南澳州從塔斯曼海對岸得到啟發，決定同時賦予婦女投票權與參選議員的權利。南澳洲的阿德雷德大學也在很早時就允許女性就讀。

儘管政府治理有顯著進步，但職場上的女性平權依舊是一條漫漫長路。就和同時代的其他女性一樣，比克萊兒年長三十歲的維奧莉特必須努力奮戰，才能順利開業。當時報紙會定期報導女性醫師面臨的阻礙。一九二九年八月刊登的一篇報導，便指出了其中的矛盾：「長期以來男性習慣看到女性從事最吃力不討好、最讓人厭煩的照顧病患工作，例如護士，但突然之間他們發現，她們想要行醫。這實在是太莽撞了。普魯默醫師是第一個在街上發出噓聲的人，而且很享受被某些民眾迫害的類似待遇。」

維奧莉特有個好友是個性強悍的菲比·查普爾醫師（Dr Phoebe Chapple），她是澳洲醫學界的另一位女性先驅，第一次世界大戰爆發時，她一直希望能以醫生的身分服務前線，卻遭澳洲軍隊以性別不符為由拒絕。儘管面臨各種顯而易見的挑戰，她依舊在一九一五年自費前往英格蘭，加入皇家陸軍醫療部隊（Royal Army Medical Corp），成為遠赴前線的少數女性之一，所有人都見識到她有多勇敢。儘管法國境內的戰壕不斷遭受砲火猛攻，查普爾仍不眠不休地照顧傷患。

查普爾在戰爭期間立下的事蹟理應得到認可，但由於是女性，她沒有資格因為戰爭時期的英

勇表現，而獲頒代表最高榮譽的「軍功十字勳章」（Military Cross），有關單位於是特地為她設立勳章。這些故事早已融入紐蘭家族史之中。在一九二〇年代，維奧莉特加入了女性解放運動的先鋒「女性非黨派政治協會」（Women's Non-Party Political Association），這個組織致力於「消除至今仍存在於男性和女性之間的所有社會經濟與其他不平等現象」。一九六二年七月維奧莉特逝世，當時查普爾寫了一篇悼文。

范和克萊兒緊緊追隨維奧莉特的生涯腳步，而且和她一樣地支持女性。阿德雷德大學的「普魯默廳」是獻給克萊兒的這位表姊，她知道女學生在尋找住宿時會面臨什麼困難，因此說服一名男性友人希德尼・威爾考克斯（Sidney Wilcox）捐贈他的房屋遺產，作為女生宿舍。另外，經過維奧莉特努力奔走，專門招收女學生的聖安學院（St. Ann's College）也順利成立。

在紐蘭家族的櫥櫃裡，有醜聞、也有成功事蹟，克萊兒將前者鎖了起來，然後丟失了鑰匙。令克萊兒不安的是，她發現自己的外曾祖父威廉・紐蘭（一八〇七～一八八三）是一名囚犯，在一八三〇年跟隨罪犯流放計畫抵達澳洲。當時的罪犯紀錄檔案形容他「身高五呎一，臉色紅潤、長滿雀斑，有著淺棕色頭髮、黃褐色眼珠，雙臂上有刺青」。

紐蘭和另外一百九十二名罪犯搭乘運囚船「皇家上將號」（Royal Admiral）抵達澳洲，他的罪名是偷竊雇主物品，也就是價值三十九先令的圖片和書籍，並私自變賣，最終被判刑七年，送往老貝利街（Old Bailey）的監獄服刑。他會選擇非法買賣這類產品，倒是挺有趣的。

到了一九七〇年代，出現了第二位與范直接有關的罪犯。不僅范的祖父是罪犯，范的外祖父詹姆斯・塞特里（James Settree）也是。塞特里因為殺害小母牛而遭到流放，於一八一三年六月十一日搭乘「財富號」（Fortune）抵達澳洲。他的外孫女瑪莎・瑪蒂達（Martha Matilda）與范的父親約翰・紐蘭於一八七二年在雪梨結婚。

克萊兒不願回想這些罪犯。她的外甥女法蘭西絲仍記得，她的阿姨在談到那段可能令小孩有些毛骨悚然的家族歷史時，出現了怪異的反應。法蘭西絲將當時的罪犯類比成美國朝聖先輩（Pilgrim Fathers），一直期盼著第一艦隊出現。某天她從學校返家，由於對當天的歷史課內容深感興趣，於是詢問維克斯家族是否有人曾是罪犯。「啊，沒有，我們是自己移民過來定居的，」她阿姨這樣堅稱。

在屈臣氏灣生活了數年後，維克斯全家離開這裡的房子與一樓的房客，搬遷到更接近城市的地點。當時克萊兒只有十歲，新家就位在胡拉勒自治市（Woollahra）的阿德雷德大道（Adelaide Parade）上，街道安靜，周圍是數量有限、設計典雅的聯邦式房屋，座落於一座大型公園之上。

范趁著這次搬家機會警告她的兒子。她說，他們要離開屈臣氏灣，以後布萊恩和艾倫可沒有那麼多快樂日子了；他們必須遠離海邊、岩石以及這些自然景觀帶給他們的悠閒歡樂。

不過對克萊兒而言，住處改變反而提供了更好的教育機會，不論是對於她的身體或學業都是如此。搬家對拉爾夫也有好處，他是歌舞綜藝表演團的音樂家，每星期有六個晚上必須花費一個

半小時通勤，從城市的另一端返回家中。

拉爾夫認為，兒童的早期階段是創意激發期。在他受僱於亨利・里卡茲（Henry Rickards）的蒂沃利交響樂團期間，負責的樂器是小提琴和鼓，此外他還會自己作曲，也獲得些許藝術成就。在他創作的輕歌劇當中，有一齣歌舞喜劇《蘇丹娜》（*The Sultana*）在倫敦演出，但是他家人卻感覺他被「騙」錢。顯然，維克斯家族的成員普遍擁有文字與音樂天賦，多數小孩都學會如何有效運用英語，並從中獲益。

然而，拉爾夫的才華不僅限於音樂；他也是一名才華洋溢的藝術家，他的樹木素描展現出真正的視覺敏銳度。他特地將多數素描作品留給大兒子布萊恩。「爸爸很喜歡繪製大幅的船隻水彩畫。生鏽的『流浪船』被噴著黑煙的拖船拖曳至海港上方——蓬鬆的雲朵——波光粼粼的湛藍海水。爸爸的水彩畫對我來說很特別——它們就在我的眼前逐漸成形，天氣潮濕時，我可以在畫紙上吸畫筆，」布萊恩在七十多歲時寫道。在他簡短的回憶錄中，他回頭去看「那年，一九一一年——地點，屈臣氏灣。陽光、藍天、海邊、野生紫羅蘭，隨風搖曳的草坪，可以釣魚和游泳的坎普灣。爸爸是職業音樂家，他認識的一些藝術家朋友會來拜訪我們。」

這一對情緒不穩的父子都熱愛藝術和鄉間景觀，雖然拉爾夫在家的地位一直屈居第二，但是他擁有的藝術與音樂遺產以及創造力，當然還包括了反覆無常的情緒，必定會在後代子孫身上留下印記。

維克斯全家搬遷至胡拉勒之後，小孩必須離開沃克呂茲公立學校（Vaucluse Public School），兩個男孩連續換了好幾所學校，最後進入邦迪（Bondi）的大型公立學校就讀。克萊兒被送往雙灣（Double Bay）的公立學校，雙灣是環境相當舒適的郊區，而且更靠近雪梨港。克萊兒在十二歲時奪得第一個獎項：語言能力檢定金牌。

對這個家庭而言，金錢一直是個問題。四個小孩的教育問題，考驗著這個家庭能懷抱多大的企圖心。中學教育向來被視為富有家庭的特權，即使是進入公立學校，也需要花費一定的成本。私立學校更昂貴，這也導致「就業與生活安排存在的階級相關差異型態，變得更加固化，自十九世紀末開始，澳洲的郊區發就已經出現這樣的現象。」〔4〕

一八八〇年澳洲通過《公共教育法》（Public Instruction Act），強制十四歲以下的學生必須就學，這雖被認為是一項創舉，但是有些家庭依舊選擇讓小孩外出工作，州政府對此也視而不見，他們坦承，許多勞工階級家庭必須依靠兒童勞力賺錢。直到一九一六年通過《逃學法》（Truancy Act）之後，立法才更為完善，自此之後政府可以強制學生就學。

維克斯家相當重視教育，主要是范對於小孩抱有期許。維克斯夫婦會想辦法讓他們的小孩繼續求學，一旦手頭有了錢，就會準備好留作學費。但是他們仍不得不順從個性倔強的布萊恩，他到了十四歲法定年齡，就想著要盡快離開學校。

艾倫的性格較為順從，他和克萊兒一樣，不論是才智發展或申請學校，都有不錯的表現。他

被送往斯科茨學院（Scots College），該學院位在東部郊區綠樹成蔭的富有住宅區，在當時和現在一直是收費昂貴的私立學校。可能是因為學費的問題，艾倫並沒有待很長的時間，不過好歹完成了學業。但是他哥哥不同，他就讀克里夫蘭街公立高中（Cleveland Street Public High School）。幾年後，家裡有了足夠的錢，有能力將最小的小孩達爾西送進市區的私立女子學校，也就是達令赫斯特雪梨聖公會女子學校（SCEGGS Darlinghurst）。

但是克萊兒沒有因此被迫犧牲。一九一七年，十三歲又十一個月的克萊兒獲准進入菁英學子就讀的雪梨女中。她的宗教信仰被標示為「EC」〔5〕，父親的職業登記的是「音樂家」，至於獎學金與助學金欄位，她的名字旁邊寫上了大寫字母B，代表她是有天賦的學生，但需要財務補助。當時的新南威爾斯州政府每年大約僅提供四百個獎學金名額，頭四年每年會支付十英鎊，之後金額會提高至二十英磅，此外每年還會提供教科書補貼。

這個家庭非常歡迎政府提供這項補助，因為他們似乎已經下定決心，其他小孩當中至少要有一人支撐家中的財務。後來布萊恩退學，和祖父一樣成為招牌繪圖師，他擔心「我的薪資不夠支付我的伙食」。他領到生平第一份薪水後，跑去買了一個薩金特派，結果被父母罵說「該死」。

4 Sherington, G. & Campbell, C. 'Education'. *Sydney Journal* 2(1). June 2009. https://epress.lib.uts.edu.au/index.php/sydney_journal/article/view/886

5 EC是指只有在復活節和聖誕節才會上教堂的基督徒。

金錢是敏感的話題。克萊兒八十歲時還記得，有一次她父親結束工作後返家，在屈臣氏灣碼頭下船時，因為她無意間的舉動，讓父親在一群男人面前出糗，她為此內疚不已。當時她向父親要零用錢，後來她父親「責備她，說她在其他人面前伸手跟他要錢，讓他不好意思拒絕」。

雪梨女中原本位於雪梨中心商業區的伊莉莎白街，在當時這個黃金地段面臨都市重建的壓力。克萊兒高二時，澳洲歷史最悠久的百貨公司大衛瓊斯（David Jones）以十二萬四千英鎊的高價買下這個地段。一九二一年，學校從市區搬到郊區，與她在胡拉勒的家距離更近。這是她在校的最後一年，現在她不僅找到了自己的位置、獲得獎項，甚至被選為學長（prefect），可想而知她母親必定感到非常滿意。學校對克萊兒來說意義重大，從她為《紀事》（*The Chronicle*）校刊撰寫的一篇文章就能看出，這篇短文寫的正是關於學校搬離市區的過程，不過這篇文章也凸顯出克萊兒有多愁善感的傾向。

在當時，學校大樓已被認定不敷使用，但是這棟建築曾當作法庭使用，因此在歷史上具有一定的重要性，當時的殖民者就是在這棟建築中，首度否決了為新南威爾斯代議政府向英王喬治四世提出請願的歷史性行動。克萊兒帶著青少年的思慕之情寫道，這所學校在過去曾被形容「猶如嚴肅的軍營建築」。另一個形容學校的詞則是「陰暗」（cheerless），但克萊兒的心情顯然是樂在其中：

在一片吵雜聲中，位於國王街上的銅管樂團不時傳出陣陣樂聲，但我並沒有因此感到歡樂，反而覺得哀傷。因為不久後我就要目睹死亡：舊校園的死亡。以後離開校園時再也不會經過那道鐵門，穿越卡斯雷爾街，或是得推擠著人群才能進入圖書館。從那之後，我再次回到被廢棄的校園，整理我的書，吃著司康，就像回到自己的家，感覺心安理得、與世無爭。

「舊校園之死」這篇文章充滿了青春年少的自我預視（self-portent）。但是在克萊兒往後的人生，她卻努力壓抑自己性情浪漫的一面，捨棄辭藻華麗的寫作風格。到了成年時期，克萊兒成為一位極度冷酷無情的自我編輯（self-editor），但是從她早期的作品可以看出，十七歲時的年少克萊兒有著強烈的自我意識：

啊，想到那四面牆壁內曾容納數百名女孩！在他們各自的領域，夢想被編織、實現或是破滅。女孩們離開了這些地方，沿著磨損嚴重的石階而下，內心滿是失望，煩惱與擔憂讓她們焦慮不安，其他地方的女孩很難想像得到。

……但是為什麼我要這樣自言自語？你們不過是沒有生命的物體，只是磚塊與灰漿、稻稈與泥土，但是我很難這樣看待你們。對我來說，你們永遠活著，即使是毫無同情心的雙手將你們化為塵土，包括你和你的地板、你的桌子和你的窗戶。當你曾存在的所有遺跡灰飛煙滅，

你和你的記憶仍將永遠留存在我的腦海中，直到我生命的最後一刻。

這是一篇堆砌辭藻的散文作品，洋溢著熱情與詩意，從這些早期作品也可觀察到日後撞擊克萊兒精神海岸線的內在波浪，包括愉快與不愉快的部分。這位個性內斂、外表幹練、兩度取得博士學位的女性，其實內在的情緒感受異常強烈。

五十六年後，克萊兒提到了神經系統過度敏化的問題，她用這個概念解釋引發焦慮必須具備的先決條件，也就是「回應強度提高」：「原本溫和的焦慮狀態變得劇烈；哀傷的事件變成悲劇；怪異的景象變得讓人不安、毛骨悚然；對於愛的感受強烈，光是看到自己所愛的人伸出手，就會讓敏化的人感動到落淚；或許會歇斯底里地表達自己的喜悅。」

克萊兒在靠近住家及雪梨東部郊區中心的新校園，完成最後一年的學業，新校園一直持續存在。她的心跳會隨著課業要求起伏波動，早期時看得出來她對宗教相當虔誠，但是後來的她私底下卻堅定地反宗教。她在高中的最後一年擔任基督教聯合會（Christian Union）副主席，工作內容挺不錯的，例如每星期五安排送花到雪梨醫院。

克萊兒很熱衷課外活動，包括參加模擬法庭，加入辯論團隊，寫詩並因此獲獎，研究法文、數學和機械學，她的植物學研究在校內獲獎，她甚至贏得庫列威斯夫人幽默詩歌獎，由此可證明，看起來土氣的克萊兒確實具有幽默感。人們通常會用「認真」（earnest）形容她日後的學術生涯，

她遺傳了母親的性格，對於自己在這世上所處的位置具有強烈意識。她在校時最後一次參與的辯論任務是擔任正方領隊，辯論題目為「女性應與男性同工同酬」。

一九二一年底，克萊兒取得離校證明，在英語、植物學與地質學等科目取得優異成績，並收到雪梨大學理學院的入學許可。這一次她又成功獲得財務補助，申請到亞拉拉獎學金之後，她終於可以離家，搬到女子學院。根據學校紀錄，「她和另外十二人獲得訓練學院全額獎學金」，這也意味著她入學並不會加重家裡的財務負擔。

她對於老師們心懷感激，還特別指名在雪梨女中教過她的鄧尼克利夫小姐（Miss Dunnicliff）與愛葛妮絲．布魯斯特（Agnes Brewster）是「了不起的女性」。在歷史久遠的女中校刊上她寫道，自己「很感激她的愛，謝謝學校，更感謝他們在學習與生活上帶給我的歡樂」。

一九二二年三月，克萊兒進入女子學院，攻讀理學學士學位。當時的大學仍是男性堡壘，女性科學家的出現成了新聞，但不是每個人都歡迎這樣的發展。

不過，雪梨大學在很早的時候就堅定支持性別平等。一八八一年七月十六日，當時的校長威廉．曼寧（William Manning）宣布「本大學全面開放女性學生入學。女士們！如果他們願意接受，學校將提供他們所有好處和特權，而且完全與男性平等。[6]」但是曼寧卸任後不久，這項政策隨之終止，也沒有任何女學生因為這項政策入學。

即便是克萊兒進入雪梨大學理學院就讀的年代，大學仍極力阻擋女學生入學，這已是行之有

年的慣例，其中最惡劣的例子發生在醫學院。在二十世紀初，醫學院院長湯瑪斯・安德森・史都華教授（Thomas Anderson Stuart）雖然對大學要求他招收的女學生彬彬有禮，但是他原本強烈反對女學生入學。一八八一年，大學評議會決定招收女大學生時，他就曾表示反對：「我認為對一名女性來說，最適合她的地方就是家庭，最適合她的角色功能是成為男人的妻子，最適合所有女性的角色功能就是成為我們未來世代的母親。」

他明確反對女性進入醫學院就讀，對於那些選擇不聽從他建議的人來說，醫學院的做法特別令人反感。女學生的成績時常被評為不及格。她們畢業後還得面臨新的阻礙：如何找到工作。

其中一個案例是潔西・阿斯皮納爾博士（Dr Jessie Aspinall）。一九〇六年，她獲得皇家艾爾佛列德王子醫院（Royal Prince Alfred Hospital）的長期任用資格。所有人都以為必定會自動發出確認書，因此將她排入輪值表中，就在她實際工作了十天之後，長期以來僅僅擔任橡皮圖章的醫院聯合委員會最後將她的名字剔除，她被迫離開。這件事引發軒然大波，新南威爾斯政府被捲入其中，連州長也無可倖免。某家地方報紙的報導成功激起群眾的憤慨，阿斯皮納爾博士因此登上了國際新聞。〔7〕

這正是當時常見的情況。澳洲第一位女醫生是在美國接受教育的。正因為女醫生面臨重重阻礙，露西・古萊特博士（Dr Lucy Gullett）和哈莉特・畢芬博士（Dr Harriet Biffen）在一九二〇年代成立了瑞秋佛斯特醫院（Rachel Forster Hospital），仿效墨爾本女子醫院（Melbourne Women's Hospital）的

模式，成為一家「專為女性、由女性經營」的醫院。畢芬博士在一八九八年畢業之前，有五次成績被評為不及格（第四年就有四次被評為不及格）。〔8〕

在一九二二年底，克萊兒的化學成績及格（pass）、動物學成績良好（credit）、植物學成績優異（distinction）〔9〕。不過她不僅學習物理學，一九二三年還選修了哲學與「邏輯與精神心理學」（Logical and Mental Psychology）。

克萊兒的努力值得稱許，但是在第二年上半年，她離開了女子學院，搬回家住。這個決定實在令人不解，因為當時她已經為第二年的學業申請到第二筆亞拉拉獎學金，女子學院名冊的紀錄寫道，她在「一九二三年五月，也就是四旬節學期（Lent term）〔10〕結束後離開了學院」。她只離開家一年。或許是因為很想家，也可能是她只獲得「一半」獎學金，若是如此就代表她的父母必須負擔其餘費用，但是這樣的犧牲她承擔不起。

這些年雪梨女中和女子學院都有約略報導克萊兒的成就、她的旅行、以及她的著作，但是後

6 *The Sydney Mail.* 16 July 1881. p154.
7 Hutton Neve, M. *This Mad Folly!: the history of Australia's pioneer women doctors.* Library of Australian History. 1980.
8 ibid.
9 譯註：澳洲大學成績分成四等級，分別為「優異」（High Distinction，八十五～一〇〇分）、「優秀」（Distinction，七十五～八十四分）、「良好」（Credit，六十五～七十四分）、「及格」（Pass，五十～六十四分）。
10 譯註：部分英國和澳洲大學一年分成三學期，四旬節學期通常是每年一月到三月中。

來她的檔案卻不見了蹤影。二〇一三年，也就是她畢業九十多年後、她的第一本書出版五十一年後、她過世二十三年後，這所知名的菁英學校慶祝一百三十週年校慶，其中一個慶祝活動列出了優秀老女孩名單，當中就有克萊兒，只不過紀錄相當簡短，僅僅寫著：「非常早期的醫學院畢業生，專長是神經學。」

這段紀錄是對的，但也是錯的。克萊兒確實有修讀神經學，但她這一生的主要成就卻沒有記載在當中。克萊兒的足跡踏遍全球，卻在該檔案紀錄中完全被抹去。

3 維克斯的轉變 The Evolution of Claire

如果說維克斯的早期教育受到某個概念影響，那就是演化論。當時許多科學領域持續研究查爾斯・達爾文（Charles Darwin）這個知名理論，十九世紀末、二十世紀初也有許多人努力擴展它，試圖找出動物與人類之間的關聯。一九二四年，維克斯將學術興趣縮小至動物學，好專心研究關於演化的爭論。

維克斯選定動物學作為她的專業領域，也因此有機會接觸到這領域一位頂尖的學者，也就是她的系主任、動物學系查里斯教授（Challis Professor）[1]蘭斯洛特・哈里森（Launcelot Harrison），他身材高大、待人寬厚、興趣多元，由於過去累積的工作經歷，因此得以進入劍橋。第一次世界大戰時，哈里森的專長終於派上用場。當時他擔任英國陸軍顧問，負責指導軍隊應對中東地區的蟲媒

1 一八八〇年代，澳洲富商和慈善家，約翰・亨利・查里斯（John Henry Challis）在遺囑中註明將遺產捐贈給雪梨大學，於是學校利用這筆捐款設立了七個新的教授席位：解剖學、動物學、工程學、歷史、法律、邏輯和精神哲學以及現代文學，並冠上這位富商的姓氏。

傳染病風險，成功拯救無數生命。

維克斯終於遇到一位不論是在生活、工作上都能平等對待女性的老師。就這點而言，哈里森可說是學術界的異數，他對女性態度開明，他的作家太太艾美．梅克（Amy Mack）就是明證。梅克比哈里森年長四歲，寫作時冠上娘家姓氏，是真正的女性主義者。儘管婦女參政運動已經取得顯著成果，但是依據當時的標準，兩人的結合依舊相當少見。

一九〇七至一九一四年間，梅克負責編輯《雪梨晨鋒報》（*Sydney Morning Herald*）「女性版」，她因為撰寫關於澳洲灌木的作品而聞名全國，每當提到澳洲灌木，她都是以大寫字母開頭。梅克撰寫的《灌木曆書》（*A Bush Calendar*）於一九〇九年出版，內容博大精深，頗受外界好評，「受到所有自然史學生喜愛」[2]。維克斯和梅克熟識，親眼見證她如何藉由寫作建立個人的生涯，以及在這些大受歡迎的著作和文章背後，累積了多少學問。

哈里森思想開放，「帶領他的學系成為大學裡最活躍、最進步的學系之一」，他重新調整課程，鼓勵更多元的研究主題。他的學生發現，這個生物學分支「是促進新知發現的動力所在」[3]。在一九二〇年代，演化就是「新知」之一。維克斯跟隨哈里森廣泛地認識當時最先進的科學研究主題，希望能啟發人類行為方面的研究。

生物學家研究生物，而且必須深入且廣泛地描述生物。哈里森相信，這種需要敏銳觀察的基本砌磚工作是不可或缺的，唯有如此才能奠定最紮實的基礎，回答這個重要問題：驅動演化的因

素是什麼？哈里森想要挑戰以下說法：達爾文著名的天擇理論正是上述問題的答案，而且是唯一的答案。達爾文預料到日後人類會發現基因，這項突破將會主導演化論的發展，至於其他有可能改變生物、動物或人類的影響因素，反而會邊緣化。在哈里森身上，維克斯看到一位走在時代前端的老師，他預期，影響生物命運的因素，不只是變異或基因這麼簡單。

澳洲的生物具有獨特的神祕性。地理位置孤立影響了澳洲大陸動物群的演化，但也因此保有它特有的哺乳動物物種。屬於有袋動物的袋鼠和產卵單孔目哺乳動物，例如針鼴，生殖機制較為古老，因此吸引不少國際學者注意，包括達爾文。

哈里斯除了被形容是「優秀且熱心的老師」〔4〕，更是個不可多得的好導師，許多學生都證實了哈里斯是如何全心全意支持他們、用熱情激勵他們。

哈里森和梅克與動物系學生彼此關係緊密，他曾邀請學生到他位於基拉拉（Killara）的住家賞鳥，他家戶外有一座美麗的花園，緊鄰原始林區的邊緣。「沒有哪朵花、哪棵灌木、甚至沒有哪片葉子或哪隻昆蟲是他不認識的，」其中一位學生說。哈里森家的橡膠樹成了鳥兒棲息地，他都稱這些鳥兒為「我的羽毛朋友」，他會「將手伸入鳥巢中，撫摸牠們，牠們也絲毫不介意。〔5〕」

2 *The West Australian*. 23 August 1926.
3 Walsh, G.P. in the *Australian Dictionary of Biography*.
4 同上。

哈里森特別注意到維克斯，他在她大學最後一年邀請她合作某個研究案。在哈里森的支持之下，接下來的幾年，維克斯的生涯發展歷程就像他的翻版。一九二五年，她取得動物學一級榮譽學位，哈里森也曾經取得這個學位。她在畢業那年獲得大學獎章，哈里森也曾經贏得這個獎章。哈里森畢業後，在雪梨大學擔任動物學系指導員，她也是。後來哈里斯出國深造，她也是。[5]

哈里森是優秀的老師和學者，維克斯則被後世視為動物學領域的開創者，只是沒多久她便捨棄這條生涯路徑。不過她帶走了三樣東西：觀察的重要性、動物和人類共同擁有的遺傳特徵，以及如何將片段知識融入更大範圍的框架中。

• • •

在哈里森的指導下，即將進入榮譽學位年（honours year）[6]的維克斯見識到，哈里森對於演化以及如何最有效執行科學研究，有著源源不絕的想法。一九二四年九月十九日，溫暖宜人的春日傍晚時分，維克斯坐在雪梨大學動物學系大型演講廳的觀眾席中，聆聽這位教授主講的公開講座，題目名為「演化問題的現有位置」（The Present Position of the Evolution Problem），這是三場系列講座的第一場。

哈里森是擁有國際經驗、不怕大人物批評的澳洲人，挑戰主流是當晚他帶給聽眾的啟發。

雖然哈里森公開承認自己是達爾文主義者，但是他也強調，天擇只是眾多可信的演化理論中的一種，他甚至進一步煽風點火，說他相信「拉馬克主義（Lamarckism）〔7〕的異端邪說」，他指出拉馬克主義「相信環境會產生直接效應，而且一般所謂的『後天性特徵』（acquired characteristics）將會固著並遺傳給後代」〔8〕。但是，認可法國自然主義者尚・巴蒂斯特・拉馬克（Jean-Baptiste Lamarck）的論點，等於是在引戰。許多立場堅定的達爾文主義者不認同拉馬克的論述，因為拉馬克認為是環境誘發行為改變，改變了生物，從而推動了演化。不過哈里森認為，在演化戰爭中沒有必要宣告誰是贏家，他強調演化「沒有單一捷徑可走」。

哈里森相信「因應環境變化而引發的功能適應（functional adaptation）」，是促成演化的重要驅動力，為了支持自己的論點，他提出了第二個論述：他認為胚胎學提供了「最顯著的證據」。胚胎學研究個別生命如何從單一的卵細胞，發展成完整的生物，「讓我們清楚知道從水生到陸生模式的生殖演化過程，」他解釋說。

5 *The Australian Worker*. 7 March 1928.

6 澳洲的大學一般為三年即可畢業，榮譽學位年是指一般大學學士課程結束後，再繼續修讀一年，畢業後可取得榮譽學位。

7 譯註：法國生物學家拉馬克提出了兩大演化定律，一是「用進廢退」，當人們愈頻繁使用身體的某個部位，該部位就愈發達，反之則會退化；另一個定律是在某個個體身上發生的改變會傳給下一代。

8 Harrison, L. *The Present Position of the Evolution Problem: being the Livingstone Lectures for 1924*. Marchant & Co. 1925. p36.

「游動的精子必然需要流動的環境，之後精子逐步被花粉管取代，這段過程成了植物演化歷程中最浪漫的篇章；隨著生殖過程逐步改善，更能適應陸地條件，最終構成動物演化史中最迷人的故事。〔9〕」

維克斯理解哈里森的意思，因此這位年僅二十一歲的學者選擇胚胎學，作為榮譽學位年的研究重點。哈里森已經證明動物學具有很好的發展潛力，而且與更重要的存在（existence）問題息息相關。他也是現代主義者，但仍保留某些傳統想法。在最後一場講座中，他提到了「新實驗家」。這些科學家試圖將生物學「從原本只是描述性科學（descriptive science）的可憐位置，提升到與物理學、數學和化學等精確科學（exact science）同等光榮的層級。〔10〕」

哈里森認同這些人的做法，他認為只依賴描述的科學探究，也就是所謂的形態學（morphology），必定會有所限制。「動物學的發展趨勢正在改變。實驗法（experimental method）雖然還在起步階段，但是進步神速，而且得出的結果相當重要，再加上最近生理學的研究已有進展，未來必定會取代目前教科書的純形態學方法。」

但是哈里森也提出重要的警告。他一直堅持觀察是必要的，因為這是實驗的基礎，對於少數自稱實驗家、卻又時常胡亂否定可觀察證據的科學家，他非常不以為然。他含蓄地警告，一旦生物學的研究與自然環境脫鉤，只會得出只能適用於實驗室特定條件的無效結果。哈里森對於科學研究方法提出的觀點，成了維克斯的參考依據。「在這些極端案例之間，還有非常多情緒比較沒

那麼反覆無常的工作者，他們一點一滴地逐步累積知識。實驗必定是未來的希望所在，但是現在沒有必要將觀察、甚至推測等研究方法排除在外。自然界持續在演化，我們必須同時在自然界與實驗室研究演化的問題。」

當維克斯開始了她在動物學系的榮譽學士課程，某些想法在她內心引起了共鳴。胚胎學、環境與實驗，是哈里森論述的三大核心，深入田野或自然界觀察則是共通的基礎。雖然她的教授認同實驗法未來將占有重要地位，但是他仍堅持必須培養完美的證據觀察力。

如果你沒有參觀過自然環境中的動物園，那麼成為動物學家就毫無意義。一九二五年，維克斯接受哈里森的邀請，加入一小群科學家，前往原始地帶進行山野考察，她針對蜥蜴所做的深入研究，後來讓她在動物學界建立永久的名聲。

在哈里森教授帶領下，維克斯在科學史上占有了一席之地。早期他提供的紮實訓練，為她的第二生涯奠定基礎。不過，他的一個重要貢獻其實是偶然發生的——他將維克斯介紹給他的一個朋友，這個朋友不僅拯救了維克斯，更在陰暗的焦慮迷霧中引進第一道光芒。

9 ibid. p.13.
10 ibid. p53.

4 遇見奧魯索 Meeting Marcel

巴林頓高地（Barrington Tops）位於雪梨北方二百二十五公里處，最高峰海拔一千五百公尺，屬於澳洲大分水山脈（Great Dividing Range）的一部分。這片高地就位在古老的花崗岩山峰之間，在地理上具有一定重要性，地質年代可回溯至三到四億年前。五千萬年前的地表抬升與火山活動，留下了令人讚嘆的荒野地貌，如今這個地區已列入世界遺產。

哈里森教授邀維克斯參加四個星期的跨領域科學考察，地點就在巴林頓高地，他說這地方還沒有得到科學界太多關注。當時維克斯年僅二十二歲，已取得資格攻讀動物學系榮譽學位課程。

這次考察不僅是冒險，也是機會。在一九二〇年代，這地區相對較難進入，而且杳無人煙，完全符合哈里森的興趣。

他愛上了這片景致。「山毛櫸森林是這片壯闊高地上最美的風景之一，永不枯竭的巴林頓水源隱沒在森林肅穆的神祕氛圍之中……你必須和巴林頓高地的溪流一起生活，才能真正體會這一切。我無法告訴你。」〔1〕

當時是一月，正值澳洲的仲夏，但是在那樣的海拔高度，天氣有可能難以逆料，考察隊將會住帳篷。十五名科學家當中，多數人比維克斯年長、資歷也比她深，其中有少數人先前就曾受邀加入考察團。

由於當時沒有人知道巴林頓高地的大致地形，因此哈里森的考察團裡有地質學家和地理學家，此外還有植物學家、昆蟲學家和動物學家。進行動物學田野調查時，需要體力充沛且頭腦靈活。維克斯的任務是找出懷孕的小型蜥蜴「石龍子」（skink）的位置並進行研究。澳洲是研究某些爬蟲類的絕佳地點，特別是蜥蜴。在演化研究領域，爬蟲類向來具有特殊的吸引力，因為牠們既能胎生，也能卵生。

就在達爾文撰寫的《物種起源》（*The Origin of Species*）出版大約六十年後，從卵生到胎生的演化過程吸引了一名年輕女性的注意。達爾文也認為，胚胎學對於追蹤演化型態非常重要，而此時的維克斯正參與由導師發起的學術調查研究。

就某方面來說，維克斯確實追隨著達爾文的腳步。當年達爾文搭乘小獵犬號航行全球，旅程的最後階段他抵達澳洲，受這座島嶼大陸的爬蟲動物深深吸引。一八三六年，人在荷伯特（Hobart）的達爾文因為對爬蟲動物深感興趣，幾乎斷送了當時仍未起步的生涯。他撿起一條蛇，端詳後發現牠懷孕了，但是他沒有看到蛇蛋。「腹部因為懷有小動物而脹破：結果一條小蛇出現了……這情形竟然發生在游蛇（Coluber）身上，不覺得奇怪嗎？」他在動物學日記中寫道。事實上，引

發他科學研究興趣的那條蛇並不是游蛇。那是毒蛇，可能是銅頭蝮（copperhead）或是虎蛇（tiger snake），不論是哪一種，一旦被咬就會喪命〔2〕。

維克斯在出發前往巴林頓高地之前，已經獲得必要的金錢援助，她可以選擇蜥蜴胚胎學作為動物學榮譽學位課程的研究重點。不論是出於她自己的意願，還是受到哈里森引導，結果顯示這次選擇創造了豐碩的成果。當時雖然尚未充分理解蜥蜴的生殖型態，但仍有助於人們了解哺乳動物生殖機制的演化型態。

從維克斯日後所出版、探討焦慮的書來看，研究蜥蜴確實是很好的開始。人們常使用「爬蟲腦」（reptile brain）〔3〕這種非科學化的說詞指稱戰鬥、逃跑或是僵住不動等原始生存機制，這也是維克斯理解焦慮的關鍵。所有生物，即使是最微小的細菌，都具有這種本能衝動。很早的時候維克斯便明白，許多人類行為其實與無法自主控制、但能提高生存機率的反應的演化有關。

研究爬蟲動物需要四處探查各種棲息地。巴林頓高地是一片荒野，哈里森與他這個十五名科學家組成的團隊，首先必須設法前往這片高地。在一九二〇年代，後勤作業相當複雜，需要動用四輛福特汽車載運人員與物資，進入地勢崎嶇不平、與外界隔絕的山區。

1 *The Newcastle Sun*. 9 February 1925. p6.

2 Nicholas, F.W. & Nicholas, J.M. *Charles Darwin in Australia*. Cambridge University Press. 2002. p124.

3「爬蟲腦」指的是較古老的大腦區域，由於結構與功能類似爬蟲動物的大腦而有此稱呼。

「將一夥人送上巴林頓高地是一回事，但是到達那裡又是另一回事，」日後哈里森寫道。「其中一輛車跟丟了，器材與物資放在一台借來的車子上，與考察團分開而行；此外，車程將近八小時，早上七點半就得出發，但是前往巴林頓高地的道路滿是坑洞，中途車子故障好幾次，常常要人下來推車或索性改成步行。」〔4〕

哈里森相信，巴林頓高地的美麗和壯觀足以和喜馬拉雅山匹敵。他曾說：「我不記得以前看過如此壯麗或令人滿意的景觀。〔5〕」，由此可以看出，哈里森就如同那一代的澳洲人，旅遊足跡遍布各地。女性和男性一樣熱衷出國〔6〕——在一八七〇到一九四〇年間，女性為了冒險、談戀愛、深造，以及因機緣湊巧而前往歐洲的人數，甚至多於男性。〔7〕

在哈里森教授帶領的小型考察團中，可以看到在當時仍相當少見的性別盲（gender blindness）現象，例如男性與女性的人數比例相當。他也邀請擁有豐富資源的太太艾美．梅克加入，這次旅行成為她與丈夫之間的一場良性競爭，事後兩人分別在不同的報紙上，刊登這次考察團的科學研究成果。

哈里森的考察團除了梅克、包括維克斯在內的三名大學生以及系上的兩名女職員，還有三位科學研究所的學生，分別是：專攻蒼蠅與蚊子研究的約瑟芬．班克羅夫特博士（Dr Josephine Bancroft）、研究興趣以蜻蜓和蚱蜢為主的伊妮德．米契爾小姐（Miss Enid Mitchell）、以及攻讀地理學的萊斯莉．霍爾小姐（Miss Lesley Hall）。〔8〕維克斯是團隊中最年輕、最資淺的人。

巴林頓高地的原野之美或許成了自身的詛咒，而且不論好壞，所有團隊成員必須緊密相處二十二天。連日下雨讓情況變得更糟。與維克斯一起上學的萊斯莉·霍爾，後來在舊校刊《紀事》上刊登的一篇文章中寫道：「我們在那裡停留了三星期，雨下個不停，大部分時候都是濛濛細雨，濕氣逼人。」

梅克和哈里森詳細記錄了這次考察經歷。他的報導文章趣味橫生，最後是刊登在《新堡太陽報》（*The Newcastle Sun*），新堡是最接近巴林頓高地的城市；至於他身為記者的太太，則選擇將文章刊登在名氣更響亮、發行市場以首都為主的《雪梨晨鋒報》。

下午三點時，哈里森的團隊抵達了四處積水的營地。先遣隊還沒有完全修復營地，帳篷也還沒搭好，原本預期停歇的雨勢依舊沒日沒夜地下著。更糟的是，載運物資的貨車遲到了。根據哈里森的描述，隔天，某些幸運的成員在物資到達之前由於沒有衣服可穿，得以「吃飽曬足」地睡覺消磨下午時光。「其餘成員則是渾身濕透，狼狽地待在狹長草原上；只有橡膠長筒靴能完全隔

4 *The Newcastle Sun*. 23 January 1925.
5 *The Newcastle Herald*. 24 January 1925. p1.
6 *The Newcastle Herald*. 24 January 1925. p1.
7 Woollacott, A. *To Try Her Fortune in London: Australian women, colonialism, and modernity*. Oxford University Press. 2001.
8 *The Maitland Daily Mercury*. 17 February 1925. p4.

絕雨水。入夜時，營地裡幾乎沒有乾透的衣服可穿。」〔9〕

哈里森預期會感染雙肺炎（double pneumonia），但梅克卻開心地向大家報告，當地人說起床時無論天氣多潮濕，都不會感冒。這句話顯然對她有效。

直到夜幕降臨，載運物資的貨車才終於抵達。「女孩們的歡呼聲震耳欲聾，因為有困難，所以她們無法穿著晚禮服現身，只能在防水布下吃完沉悶的一餐，防水布旁煙霧瀰漫的火堆上方，有好幾條繩子掛滿濕透的衣服。」這段期間，「他們頂著細雨紛飛的天氣，用有限的器具煮晚餐，然後分送給分散各處的帳篷，這真的不是鬧著玩的。」〔10〕

但他們可沒打算就此打退堂鼓，於是就在雨中展開了這回巴林頓高地探險之旅。哈里森後來寫的五篇報導文章中，有些文章的標題刻意凸顯潮濕天氣造成的影響，像是：「全身濕透的科學家」、「雨中的一天」、「對抗大雨」、「幻想破滅」。〔11〕

一開始，四十餘歲的哈里森與他太太擔心某些任務太耗體力，但事後證明他們多慮了。「有一、兩個女孩外表看來似乎比較虛弱，一開始令我有些焦慮，但是後來她們的氣色卻愈來愈紅潤，身材也愈來愈豐滿，」梅克語調感性地描繪年輕女孩當時的情況。〔12〕

研究團隊可以在巴林頓河清洗衣物，年輕女孩們「彎下身在河邊用乾淨的水源沖洗白色衣物，看起來就像一群森林裡的精靈。金髮、黑髮，有高有矮，在任何時期或鄉間都可以看到像她們一樣耀眼的妙齡女孩，」梅克寫道。〔13〕

其中黑色短髮的女孩正是維克斯，她在河邊洗衣的情景真的是雙重驚奇。家裡所有人都圍繞著維克斯的輝煌生涯打轉，在家向來是她母親負責洗衣的。范是個務實的母親，但正如同她的外孫女所說的，他們一向不用整理床鋪。

但是維克斯是很稱職的同伴，報紙的報導形容她「個性活潑」〔14〕。她反應機智，受到身邊所有人喜愛。其中一名考察團成員特別引起她的興趣。

身材高大、皮膚黝黑的地理學家馬賽爾・奧魯索（Marcel Aurousseau）是圈外人。他心不甘情不願地被召回澳洲處理家庭問題，不得不辭去位於紐約的美國地理學會（American Geographical Society）的工作。哈里森是他「大學時期的好朋友」〔15〕，哈里森發現他在雪梨的生活枯燥乏味、毫無方向，便邀請他加入巴林頓高地考察團。報紙稱呼他「首席地理學家」。

奧魯索在八十六歲時回憶這段旅程，認為這是他人生中一段漫無目的的休息時間。「我為了

9 *The Newcastle Sun*. 20 January 1925. p5.

10 ibid.

11 *The Newcastle Sun*. 20 January 1925, p5 (twice); 30 January 1925, p7; 3 February 1925, p2.

12 *The Sydney Morning Herald*. 6 February 1925. p3.

13 *The Newcastle Sun*. 30 January 1925. p7.

14 *The Sun* (Sydney). 18 December 1930. p25.

15 口述歷史。澳洲國家圖書館。由哈澤爾・德・貝格（Hazel de Berg）記錄。一九七七年，六月三十日。

一年當中最美好的時光，留在了雪梨。度過了只能說是無所事事的十二個月後，我參加了由已故的哈里森教授帶領的巴林頓高地小型考察團，但是我沒有讓自己變得有用，也沒有靠著受過的訓練或能力賺錢維生。」〔16〕

奧魯索經常如此自嘲。後來他臨時退出考察團，不過是由於家庭因素不得已的。他和哈里森都是令人尊敬的科學家，也都成了「戰爭英雄」，只不過原因大不相同：哈里森發揮蟲媒傳染病的專業知識，拯救了數千人的性命；奧魯索則是因為在戰場上表現英勇。

奧魯索不斷轉換不同學科，旅行各國，花費多年尋找明確的生涯方向。但是選擇太多了。後來他寫道：「一開始我是個夢想家……我學到非常多知識，並且利用某些知識賺錢維生，但我並非為了賺錢才去學這些。我可以成為人類學家、動物學家、航海家、歷史學家，或其他多種身分，但這些領域實在太有趣了，我害怕自己陷入其中，因為它們會讓我沉迷一段時間。」〔17〕

對於第一次世界大戰的槍林彈雨，這兩個男人記憶猶新；相較之下，巴林頓高地持續數週的雨勢，就顯得舒適許多。梅克在寫給雪梨讀者的報導中提到：「我們的營地領導人在戰爭服役期間，曾在帆布下生活多年，所以他們完全知道要如何搭建舒適的營地；他們將帳篷完全展開、挖好排水溝，附近還有取之不盡的木材，讓我們可以日夜不停地生火。在雪梨度過整整一星期的雨天之後，我們再也不覺得有什麼不舒服。」

當時奧魯索三十四歲，比維克斯年長十二歲。這次考察行程讓這兩個擁有學術天賦的人得以

相遇。奧魯索生於一八九一年，和維克斯一樣，也是家中四個小孩當中的老大。兩人都在知名的精英學校接受教育；奧魯索就讀雪梨男子中學（Sydney Boys High School）。由於年齡差距，兩人的就學時間並未重疊，生命經歷也明顯不同。維克斯曾短暫就讀女子學院，但一年後就返回家中。

相反的，奧魯索曾在三大洲生活過，取得化學與地質學雙榮譽學位之後，加入軍隊打仗。他獲得非常多獎項與科學大學獎章，就在他倆相遇後的那一年，維克斯也取得同等成就。這名才華洋溢的學者還曾在索姆（Somme）服役，此地發生多次戰役，它們真實呈現了戰爭的恐怖。維克斯當時仍未被恐懼綁架；但奧魯索早已切身感受過強烈的恐懼。

奧魯索和哈里森一樣，一開始只是士兵，離開軍隊時已升為上尉，但是服役的第一年，他在名聞歷史、死傷慘烈的波濟耶爾（Pozières）與穆奎特農場（Mouquet Farm）戰役中「嚴重」受傷。官方歷史學家查爾斯·比恩（Charles Bean）花費三章篇幅，描述了一場持續四星期的戰役，當時澳洲軍隊試圖將一條英國防線向前推進幾百公尺，希望藉此成功拿下穆奎特農場。

> 讀者必定將許多情況視為理所當然，包括滿目瘡痍的土地、四處散布的彈坑，年輕男性的屍體躺臥在戰壕牆邊或彈坑中，撇開身上堆積的灰塵不談，有些人看上去就像睡著一般；有

16 Ibid.

17 Varpian, T. et al. 'In Memoriam'. *Australian Geographer* 16(1). 1984. p1.

些屍體斷成兩截；有些已經腐爛、浮腫、變色。[18]

一九一六年，奧魯索在索姆受傷，被送往倫敦醫院，年底前再度重返戰場。在他於一九七〇年代向哈澤爾·德·貝格（Hazel de Berg）陳述的口述歷史中，僅有一次提到他在戰爭期間經歷的痛苦折磨。

奧魯索以極為謹慎的語氣說道，一九一五暨一九一六年的冬季，「我不希望重新經歷一次。**太殘酷了**。」他稍微加重語氣說出最後一句話之前，還稍微停頓了一下，關於戰爭有多恐怖，他僅僅這樣說。他的許多回憶都非常滑稽可笑。「在索姆的那年冬天，彈坑內的積水全部凝結成硬梆梆的冰塊，四處找不到液態水。我們派人出去，結果只拿到裝滿冰塊的沙袋。」

奧魯索在他的連長身亡之後，便負責帶領部隊。一九一六年十月十三日，喬治五世國王頒發軍功十字勳章給奧魯索，表彰他的「特殊英勇行為」。他回到澳洲後，新聞標題則大力讚揚：榮耀歸於英雄。

不過他的表演能力比不上他的英勇事蹟。一九一七年二月，雪梨晚報《晚間新聞》（*The Evening News*）特派員H·N·索斯威爾（H. N. Southwell）在報導中寫道，他「受到一名澳洲女士邀請，到位於皮卡迪利（Piccadilly）的一家女性俱樂部喝茶，在那裡遇到了一名受傷的澳洲士兵[19]」，這名女士正是梅克，原本她決心將丈夫的好友、戰爭英雄奧魯索介紹給全世界，結果未能得償所願。三

個人聊的盡是雪梨、大教堂、倫敦、書籍、音樂和「其他許多事情」，完全沒有提到奧魯索的英勇事蹟。索斯威爾離開時沒有得到任何故事。

「我努力要讓奧魯索先生告訴我他的事情，因為就在上星期六他走進白金漢宮，國王親自將軍功十字勳章別在他胸前。但是這個傢伙實在太謙虛了，絕口不提這次獲得勳章的相關英勇事蹟。」進行後續報導時，索斯威爾只能依靠奧魯索描述的少許事實，比如他說他在埃及待了七個月，「在那裡我學到了一些沙地方面的地理學；接著我去了法國，在血腥的索姆戰役經歷了最重要的戰爭體驗。」就這樣。

索斯威爾不得不參考官方的戰爭報告，其中提到奧魯索「在原本的連長身亡後接下指揮任務，樹立良好典範，激勵了所有官兵。在某次夜襲行動中，他帶領部隊勇猛向前推進，直到自己身受重傷。」

與索斯威爾會面後不久，傷口已經復原的奧魯索重新回到前線擔任連長，結果再次受傷，一九一九年六月他終於回到澳洲。當時擔任法國與比利時的英國遠征軍總司令的陸軍元帥道格拉斯・黑格爵士（Field Marshal Sir Douglas Haig）在發出的快信中，提到了奧魯索的事蹟。後來奧魯索

18 Bean, C. *Official History of Australia in the War of 1914–1918, vol.3: the Australian Imperial Force in France, 1916*. Angus & Robertson. 1923.p728.

19 *The Evening News* (Sydney). 3 February 1917.p6.

也獲頒法國英勇十字勳章（French Croix de Guerre）。〔20〕

多年後，人在巴林頓高地的奧魯索發現，自己深受維克斯吸引。他的朋友哈里森便是因為她展現出的智慧與嚴謹的工作倫理，而對她留下深刻印象。除了獎學金與科學，還有其他因素促使兩人走到了一起。他們都具有幽默感，也都熱愛音樂。維克斯出身音樂家庭，奧魯索會演奏木管樂器，而且收藏了一批精美的木製樂器，各種尺寸都有，他曾告訴他的姪甥，這麼做是為了幫助自己掌握絕對音準（perfect pitch）。

維克斯熱情而有活力，奧魯索顯得較為懶散。她享受著大眾的關注，他則不太喜歡成為眾人的焦點。奧魯索說話用詞優美、語調沉穩，感覺像英國人，但他的姓氏透露了他的高盧血統。

巴林頓高地考察行程結束後，奧魯索回到雪梨，但無事可做，於是他決定離開澳洲。「我清楚知道，自己不能再為我的家庭做些什麼，我必須為自己做點事。〔21〕」他選擇自己最熟悉的一件事，那就是出國，前往歐洲。

當他再次見到維克斯，已經是四年後。他們兩人在倫敦重逢，當時奧魯索的未來仍充滿不確定，但維克斯已經在學術界嶄露頭角，更因為對於演化的學術研究貢獻卓著而獲得國際讚賞。

20 Siers, R. & Walker, C. *Ancestry: stories of multicultural Anzacs*. Department of Veterans' Affairs. 2015. https://www.awm.gov.au/sites/default/files/Ancestry_2015.pdf

21 口述歷史。同註13。

5 蜥蜴寶寶與蜥蜴腦
Lizard Babies and the Lizard Brain

在巴林頓高地經歷三星期的潮濕天氣，對維克斯來說是很好的投資。這次冒險之旅為她在科學界的國際生涯奠定了初期的基礎，她在高海拔地區捕捉懷孕的蜥蜴，然後解剖、描述與展示，成功創造了動物學歷史。

哈里森對她的研究品質印象非常深刻，於是邀請她合作一項探險之旅，就此正式開啟了她的爬蟲動物研究生涯。他們共同撰寫的論文〈論石龍子蜥蜴胎盤的出現〉（On the Occurance of Placentation in the Scincid Lizard）於一九二五年十一月二十五日由新南威爾斯林奈學會（*Linnean Society of New South Wales*）發表，哈里森是第一作者，但是維克斯名字也出現在作者欄。

不論是在當時或現在，若要衡量學術研究成功與否，都是以發表研究論文為主，不過募集資金也很重要。林奈學會是在一八七四年由威廉．麥克利爵士（Sir William Macleay）成立，在此之前他曾批評皇家學會（Royal Society）竟能容許「不具科學性」的論文發表，皇家學會是最早成立的殖民機構，目的是為了推動科學研究。〔1〕一九〇五年，林奈學會以麥克利爵士之名成立獎學金。

麥克利獎學金主要資助有天分的生物學家。他們會提供優惠的補貼，而且思想先進，其中一項條款的開頭寫著：「其他符合條件的女性，同樣有資格參加林奈麥克利獎學金的甄選」。有幾名女性順利獲得獎學金，包括維克斯在內，她因為一篇關於高海拔蜥蜴胎生的合著論文而入選。〔2〕

蜥蜴是胚胎研究的理想對象，與哺乳動物不同的是，蜥蜴的演化轉換（evolutionary transition）仍在持續進行。我們無法直接研究人類的生殖演化，因為沒有任何過渡性案例，而且沒有人類會產卵。那麼，蜥蜴能否提供關於哺乳動物胎生的某些線索？

維克斯將焦點轉向蜥蜴的那段時期，科學界認為爬蟲動物大多是卵生，是胎生的哺乳動物的前身。但是維克斯的研究讓人們更加理解某種動物如何胎生，以及牠為何實際上是胎生動物〔3〕。她將爬蟲動物與其他脊椎動物對照，特別是哺乳動物，因為這兩類動物擁有類似的胚胎或胎盤薄膜。雖然爬蟲動物的胎盤構造較為簡單，但是我們依舊可藉此理解哺乳動物胎盤生成的演化過程：一開始是在陸地上產卵，最終演化為胎生。

維克斯首先必須收集蜥蜴，這項工作非常耗時，因為她必須找到已經懷孕的小蜥蜴。哈里森和維克斯事先選定好要研究的蜥蜴物種，結果找到九隻懷孕的蜥蜴，他們提到許多雄性蜥蜴會在研究過程中死亡，他們通常很難分辨死亡蜥蜴的性別，因為「外表看來沒有任何不同」。

他們費盡心思，苦心研究。維克斯仔細調查胎盤生長的不同階段變化，從卵巢排卵開始，然後運用體內的食物來源餵養與支持胎兒生長，直到出生為止。由於蜥蜴體型嬌小，長度僅有五

十到六十毫米，維克斯必須具備敏銳的觀察力，以及精密解剖和切割動物組織的天賦——這正是「組織學」（histology）。多年後維克斯認為，此時她接受的科學訓練，在她日後成為醫師時幫助她提升了診斷能力。

他們為林奈學會發表的這篇論文超過十五頁，引用了早期國際上針對相同領域發表的研究報告，並描述了這些研究成果。人們已知許多毒蛇為胎生，另外只有兩種蜥蜴被認定為胎生。哈里森和維克斯大幅擴展了胎生的物種，但是他們有更大的企圖：探究蜥蜴的胎盤演化與哺乳動物的生殖演化之間有哪些相近之處，希望為國際的演化研究提供新觀點。

「對於在胚胎學領域經驗薄弱的研究人員來說，去挑戰那些已提交過論文的優秀學者，似乎顯得有些狂妄自大，但是我們強烈覺得，從功能、而非從形態學觀點去考量，一定更能清楚了解早期個體發生史（ontogeny）的相關事實。」〔4〕

白話來說，他們正在探究生物所處環境如何成為影響生物適應及生存的決定性因素。他們提

1 Hoare, M. & Rutledge, M. in the *Australian Dictionary of Biography*.
2 Harrison, L. & Weekes, H.C. 'On the Occurrence of Placentation in The Scincid Lizard Lygosoma entrecasteauxi'. *Proceedings of the Linnean Society of New South Wales* 50. 1925.
3 Shine, R. 'Evolution of an Evolutionary Hypothesis: a history of changing ideas about the adaptive significance of viviparity in reptiles'. *Journal of Herpetology* 48(2). June 2014. pp147–61.
4 Harrison & Weekes, op. cit.

出了一個戲劇化的案例作為證明：他們研究的澳洲石龍子南方草原蝘蜥（*Lygosoma entrecasteauxii*）〔5〕與另一種距離澳洲遙遠、銅蜥屬（*Chalcides*）的石龍子有驚人相似之處，一八九〇年代義大利學者埃爾科萊·加科米尼（Ercole Giacomini）曾經研究後者。

儘管這兩種石龍子來自不同的屬，彼此之間「並非密切相關」，但值得注意的是，兩者都是胎生、而非卵生。這兩種石龍子的胎盤發展也是各自獨立。牠們的共通點在於，都生活在高海拔地方。環境似乎是影響牠們適應的決定性因素。至於牠們究竟透過什麼方式適應環境，哈里森和維克斯並沒有大膽提出解釋，但是環境的重要性似乎無庸置疑。

他們宣稱，這些有趣的見解也可應用在哺乳動物的演化研究：為了因應環境而引發的功能適應過程，促成了演化。最後他們得出了一個「必然的結論」：「長出胎盤就是功能適應的過程，在特定前提下，在許多不同場合獨立發生，直到更高等哺乳動物完成演化，轉變為胎盤模式。」

後來哈里森曾在維克斯申請獎學金時，寫了一封信為她背書，信中談到這項研究時，他非常大方地說這是他們兩人合作的研究，因為維克斯主要負責觀察工作，而這也為她日後建立自己的理論提供了基本素材。不過在往後十年持續研究蜥蜴的過程中，維克斯一直仿效哈里森的做法，試圖針對她在其中發現的奇特生物學現象，提出宏觀性解釋。

第一篇論文發表後，哈里森離開了這個研究領域，將蜥蜴研究留給維克斯。他不僅是她的導師，後來也成了她的贊助人。一九二六年維克斯畢業時，不僅獲得榮譽學位與大學獎章，還贏得

每年由哈里森教授頒發的「特殊獎」。報紙報導，「芳齡二十四歲的維克斯小姐已經擁有最璀璨的學術生涯」，文章標題包括〈女學生贏得大學獎章〉[6]和〈大學的第一人〉。報導指稱她是已故約翰．紐蘭的外孫女，是阿德雷德的專家維奧莉特．普魯默博士的表妹。隻字未提她父親的祖先。

一九二七年，有四十一名學生取得雪梨大學科學學士學位，當中有十五位是女性，但是多數女學生日後將「全心投入教育系學系中真正有利可圖的工作」。換句話說，她們將成為老師。[7]

此時維克斯正在規劃自己的學術生涯。哈里森選中她頒予「特殊獎」，並提供她工作機會，成為動物系的員工，擔任指導員。接著維克斯開始攻讀動物學博士學位，當時她已經取得政府提供的研究獎學金，分配到一間房間和一間實驗室，每年的獎金為一百五十英鎊。不過這個金額遠低於一九二八年澳洲成年女性的平均年薪，大約是二百五十英鎊以上。[8]

但維克斯獲得麥克利獎學金後，收入便大幅增加，麥克利獎學金金額豐厚，而且不分性別。一九二八年，澳洲成年女性的平均週薪，大約只略多於當時男性週薪的五三％。維克斯不願委屈

5 編註：這個物種現在已不屬於這個屬，而移到了*Peudemoia*屬，或可稱為南方草原擬島蜥。本段學名部分的翻譯與更迭，謝謝中山大學生物科學系顏聖紘副教授指正與釋疑。

6 *The Sun*. 24 April 1926.

7 *Table Talk*. 20 October 1927. p5.

8 *Official Year Book of the Commonwealth of Australia, no. 23: 1930*. Commonwealth Bureau of Census and Statistics. 1930. p377.

自己，後來她運用林奈學會提供的優渥收入，申請另一份獎學金。「我獲得新威爾斯林奈學會提供的麥克利獎學金。我保有自己的房間，每年有四百英鎊的收入。一九二七年十一月和一九二八年我再度獲得這個獎學金的資助，所以可以持續領取這筆獎學金到一九二九年十一月為止。過去四年，我總共領取九百五十英鎊的獎金，」她寫道。

哈里森曾親自寫信給林奈學會，支持維克斯申請麥克利獎學金，在信中他特別提到她的性別：「我與哈澤爾．克萊兒．維克斯小姐認識五年，她是我們系上的學生及研究人員。在她申請獎學金時，她的學術生涯正全速起飛，所以毋須我再贅述。但我想要強調的是，她是第一位獲得動物學大學獎章的女性。」

為了確保這項事實不會遭曲解，哈里森補充寫道：「這筆獎學金不僅是要保留傳統，更是為了彰顯優異的成就。」他開始大篇幅說明維克斯的情況。

一九二五年，邁入榮譽學位年的維克斯小姐開始與我共同研究，學生與研究員之間常有巨大落差，但她在非常短的時間內便迎頭趕上。她證明了自己是優秀的技術人員及能力卓越的繪圖員，而且過沒多久，在解說正在處理的複雜結構的各個部分時，她展現出清楚詮釋的出色才能。在她與我合著、刊登於當年「學會報告」的短篇論文中，我負責的事僅限於核實她的研究，並提出與研究相關的理論思考，當時她的能力還不足以處理這部分。但是這一年，

維克斯小姐完全有能力獨立作業，僅僅在某些次要問題上徵詢我的意見；她收集自己需要的材料、設定自己的問題、著手設計解決方案，因此有充分理由說她是傑出的學者。她有幸找到了未來有機會取得豐碩成果、而且在演化動物學上具有舉足輕重地位的研究領域。我大膽推測，她的研究對於形態學的重要性，絕對不亞於莫瑞博士（Dr Murray）的研究對於實驗的重要性。

維克斯小姐具備成為能幹的研究人員需要的所有特質，而且她對自己的研究工作懷抱無比的熱忱。從她目前已完成、但未發表的研究成果可明顯看出，她的研究領域將會廣泛地引起一般大眾的興趣。她個人的品行無可挑剔，而且她的個性與她這個人都相當討人喜歡。

我非常有信心，並強烈建議維克斯小姐申請獎學金。我可以承諾，如果她獲選，必定會創造出許多對她個人與學會的信譽具有一定重要性的研究成果。

一直以來，林奈學會便有頒發獎學金給女性研究人員的良好紀錄。雖然前十名都是男性，但是一九一八年，麥克利獎學金首度頒發給女性：寄生蟲學家薇拉．艾爾文—史密斯（Vera Irwin-Smith）；而後自一九一八年至維克斯獲得獎學金的一九二七年間，九位得主當中有六位是女性。

維克斯達成了哈里森的期望。之後她並沒有與自己的導師合作，而是獨力完成七篇論文，成為這個特殊領域舉足輕重的人物。她遵循哈里森的格言：觀察力的重要性無可取代，是建立任何

新理論不可或缺的基礎。她爬山、收集懷孕的蜥蜴、解剖與描述這些蜥蜴，然後運用她的研究，針對生殖演化提出全新的解釋：寒冷氣候的影響。

維克斯的名聲主要建立在以下兩大基礎之上：她證明了蜥蜴的胎盤演化歷經三個步驟，另外她提出了寒冷氣候理論，這個理論主要是基於她的觀察：生活在高海拔的蜥蜴多半為胎生。在未來的十年，她由於在演化領域取得的學術成就而享譽國際。

維克斯的早期研究促使她將注意力放在動物與人類之間的共通處。她從爬蟲動物著手進行長期研究，但她獲得的不只是生殖系統方面的知識。蜥蜴會表現出恐懼，牠們會僵住不動、牠們會逃跑、牠們會戰鬥。人類也一樣。

身為生物學家，維克斯深入觀察所有生物都擁有的神經系統——這些本能不受意識控制。這是了解原始大腦（primal brain）的第一塊磚，後來她理解到這與人類的激發（arousal）模式密切相關。維克斯也學習到，生物會在適應環境的過程中改變自己。這種與生俱來的覺察力進一步受到哈里森激勵，他要維克斯仔細研究在生活中觀察到的證據。演化科學便是透過研究動物本能，了解人類心智與人類行為如何運作。

6 死亡的陰影
The Shadow of Death

一九二八年，維克斯即將完成博士學位。過去她因為哈里森的贊助、他的學術成就以及他立下的典範而獲益匪淺，但是毫無預警地，她失去了這位導師。二月二十日，哈里森因腦溢血過世，年僅四十七歲。媒體大篇幅報導這場悲劇。

> 星期一晚上，雪梨的哈里森教授在納魯瑪（Narooma）驟然離世。過去幾天他在當地度假，星期一他吃完午餐後去釣魚，結果突然發病。經過幾位醫生進行呼吸道搶救，終於讓他恢復正常呼吸，但是病患身體衰弱，最終在傍晚五點三十分逝世。哈里森教授年僅四十七歲，是澳洲本土培養的最傑出動物學學者之一。〔1〕

各方感言不斷湧入。上天奪走了澳洲「絕頂聰明的動物學學者」〔2〕。「他是個有才華、具獨創

1 *Dungog Chronicle*. 28 February 1928.
2 *The Sun*. 21 February 1928.

性的老師，他的學生承襲了他的性格，澳洲動物學界就此失去了一名偉人，」博物館受託人理事會（Museum Trustees）表示。

許多人因為哈里森離世而嚴重受到影響，維克斯正是其中之一。當時她二十五歲，學術生涯平步青雲。如今她失去了自己的立足點。她的學術生涯曾面臨兩道陰影，哈里森教授離世投下了第一道陰影。

哈里森在戰爭期間曾感染斑疹傷寒和瘧疾，導致健康受損，但是他從未向人抱怨自己長期忍受嚴重的關節炎，所以維克斯認識的他是個身體健壯、充滿活力的人，有能力帶領科學考察團在荒野待上三星期。由於腦溢血意外，瞬間她失去了恩師，某種恐懼情緒向她席捲而來，沒多久她發現自己原本健康無虞的身體，出乎意料地開始變得衰弱。

哈里森過世後，維克斯也跟著生病，後來她寫信給杜邦，提到那年夏天的天氣異常炎熱潮濕。她的「實驗室在三樓（沒有電梯）」。維克斯出現了一連串令人憂心的症狀，包括心悸，「我真的嚇到了，常常因此突然驚醒」。

接下來的兩年她持續承受著痛苦，一開始是醫生誤診她感染了結核病，認定必須將她送往國內的療養院，她被迫與家人隔離，放棄原本忙碌的職業生活，唯有恐懼常伴左右。

六個月後她離開療養院，歷經短暫的復原期，但不成功；一九二八年十二月十四日她回到大學，完成博士課程。現在的她狀態比先前離開時還要糟糕。她快要承受不住了，她感覺自己被囚

禁在不明所以的痛苦之中，她不知道要如何逃離這一切。來自各方的期待很高，特別是來自她自己，但是再也沒有哈里森教授能給予她支持和指引。

維克斯知道現在外界對她的期待是什麼，她不能滿足於現有的成就。只要是有抱負的澳洲學者，共同的生涯選擇便是出國留學。奧魯索和哈里森都曾離開澳洲到國外深造，戰爭爆發的那一年，哈里森選擇到英格蘭的劍橋大學留學，奧魯索則是在戰後前往美國。熟悉這兩人生涯歷程的維克斯，自然是追隨他們的腳步，努力累積自己的國際經驗。

十九世紀最後數十年，澳洲爆發出國熱潮，學者紛紛運用他們在大英帝國的人脈與全球網絡。倫敦是當時全球最大城市，吸引了許多學者前往。對澳洲人來說，它不僅是文明的中心，更是「家」。對於野心勃勃的學者而言，它是走向世界的跳板。

「過去這幾十年來，愈來愈多澳洲人前往倫敦朝聖，特別的是也包括女性在內，這反映出這段期間現代化發展益發加速，」史學家安吉拉・伍拉考特（Angela Woollacott）在她的著作《在倫敦碰運氣》（*To Try Her Fortune in London: Australian women, colonialism, and modernity*）中寫道。「一開始在一八七〇年代每年大約只有數千人，到了一八八〇年代末至世紀之交，前往英國的澳洲人和紐西蘭人增加至每年大約一萬人，兩次大戰期間更是成長兩倍。」〔3〕

3 Woollacott, A. *To Try Her Fortune in London: Australian women, colonialism, and modernity*. Oxford University Press. 2001.

維克斯追隨哈里森樹立的典範，實現他的最後一個信念。她研究過胚胎學，理解環境對於演化的影響，現在她想要成為實驗家。她的發展路徑明確，但是原本看似非凡的成就，如今卻變成難以承受的痛苦。現在的她幾乎對所有事情感到害怕，尤其害怕失敗。

失去導師令她深感震驚，加上在療養院待了半年，這些經歷在維克斯的身上留下了後遺症，她時常心跳加速，完全無法視而不見。她內心感到非常害怕。

她努力不懈地繼續完成博士課程，隱藏起緊張不安的情緒，對外展現出充滿自信、懷抱理想的年輕學者形象，但是維克斯對自我的認知與外界對她的認知，兩者之間存在著明顯落差。

她的心臟在胸口不停地劇烈跳動，承受的壓力也愈來愈大。哈里森的戰場經歷與留學劍橋的經驗，讓他在倫敦科學圈享有極高的名氣，因此維克斯針對於蜥蜴生殖演化提出的嶄新觀點，必定會引發國際關注。哈里森成功地讓威廉．麥克布萊德教授（William MacBride）注意到維克斯的蜥蜴研究，麥克布萊德是知名的英國動物學家，任教於倫敦帝國學院（Imperial College of Science and Technology）。

這點對維克斯來說非常有用，因為她想要申請洛克斐勒獎學金（Rockefeller Fellowship），支持她在倫敦大學學院（University College London）為期兩年的研究工作。麥克布萊德願意為她寫推薦信給洛克斐勒基金會。他提到自己「從未見過維克斯小姐，但是我對於原本由已故哈里森教授開始、維克斯小姐持續進行的不同胎生蜥蜴物種的胎盤演化研究，感到非常有興趣。」〔4〕

麥克布萊德是成就卓著的動物學家，但是充滿爭議，在持續不歇的演化論戰中，他認同的是拉馬克、而非達爾文的觀點，他喜好與人爭辯，所以雖然享譽國際是一項資產，但並非全然是一件好事。麥克布萊德也是個優生學家，他曾提議，任何年薪低於四百英鎊的男性應該「接受輸精管切除術絕育」。〔5〕身為年薪高於四百英鎊的女性，維克斯正好跨越了這道障礙！

撇開麥克布萊德對於社會工程（social engineering）抱持的觀點不談，他相信維克斯的研究填補了生殖演化論述的某些空缺。「器官應該是獨立演變而成，但是歷經多次演變過程、不是僅有一次，與大家熟知的高等動物的胎盤相似，這確實是很特別的現象，對我來說，這將有助於人們理解變異與演化過程，」他寫道。最後他做出結論，「如果維克斯小姐能獲得支持繼續調查，將有利於科學發展。」

此時維克斯需要做出關乎生涯成功的重要決定，雖然現在她並非處於最佳狀態，但她的計畫卻非常有企圖心。身為實驗家，她的目標是運用她的蜥蜴研究結論，協助解釋有袋動物與哺乳動物的胎盤演化，但不是透過田野調查，而是在實驗室進行。

倫敦大學學院的解剖學系正好適合她，主要基於幾個原因。首先，對於希望在自己的學術領域站穩腳步的澳洲人來說，這個地方正好適得其所。此外，維克斯並非第一位在這所學校從事研

4 維克斯提交的洛克斐勒獎學金申請書。洛克斐勒基金會提供。

5 Hogben, L. *Lancelot Hogben, Scientific Humanist*. Merlin Press. 1998.

究的澳洲女科學家。一九二四年，來自墨爾本大學的動物學家葛妮絲・布坎南博士（Dr Gwyneth Buchanan），率先開啟了這條生涯發展路徑。

更確切地說，在胚胎學教授詹姆斯・希爾（James Hill）的指導下，維克斯終於有機會與被譽為胚胎學「大師」的教授合作。這名蘇格蘭人的學術生涯起步於數十年前的澳洲，和維克斯一樣，他也曾在雪梨大學動物學系擔任指導員。希爾對於地方動物誌深感興趣，因此積極鼓勵學者找出演化序列中失落的環節，若要理解哺乳動物轉變為胎生的演化過程，有袋動物和單孔類動物（均為卵生，包括鴨嘴獸、針鼴）提供了可能的線索。

不過與澳洲有關聯的最重要人物，是博學多聞的倫敦大學學院解剖學系主任葛拉夫頓・艾略特・史密斯爵士（Sir Grafton Elliot Smith），他的學術興趣相當廣泛，主要專業研究領域是神經解剖學，專長是靈長類動物的大腦演化。艾略特・史密斯是名聞全球的學者，也是同世代中極具爭議性的科學家。他跨越不同學科，偶爾讓某些同事感到失望或是引發爭論。就這一點來看，當時被形容為「反抗者與不可知論者的歸屬之地」的倫敦大學學院，倒是非常適合他。[6]

希爾聽說過維克斯的研究，艾略特・史密斯知道她名聲響亮，這兩個男人都相當懷念已故的哈里森，他們三人擁有相同的生涯成就，也都贏得了雪梨大學動物學哈斯威爾獎（Haswell Prize）。

維克斯順利進入倫敦大學學院後，需要找到資金支持自己的研究，時機正好站在她這一邊。前不久洛克斐勒基金會提供一筆新獎學金資助澳洲的研究。

洛克斐勒基金會成立於一九一三年，是第一個，也是規模龐大、極為重要的慈善基金，資金主要來自於洛克斐勒創辦的標準石油（Standard Oil），官方目標是「促進全球人類的福祉」。這個家族慈善機構也無可避免地遭到地方批評，不斷談到他們「影響力無所不在」，最早出現的言論可追溯至一九一七年，當時《科學》（*Science*）雜誌的編輯詹姆斯・麥基恩・卡泰爾（James McKeen Cattell）抱怨他們「試圖主導全國教育事務，從小學到大學全部插手其中。」〔7〕

第一次世界大戰結束後，科學成為奠定美國國力的基礎。科學機構愈來愈依賴洛克斐勒基金會慷慨解囊，基金會取代政府成為推動軟性外交的非官方機構，從此開啟了「學術科學與私有部門之間穩定而緊密的合作」。〔8〕

正當美國向全球展現國力之際，澳洲成了基金會關注的對象。由於當時澳洲的研究資金基礎仍未成熟，澳洲也很歡迎基金會提供資金。此外自然科學、社會科學、醫學和公共衛生，正好是洛克斐勒獎學金主要贊助的研究領域——維克斯在對的時間點，選擇了對的研究領域。

艾略特・史密斯在洛克斐勒基金會建立了穩固的人脈，長期以來擔任基金會與雪梨大學之間的媒介。他持續不斷地拓展人脈，成為維克斯重要的支持者。他以前的學生開枝散葉，如今散布

6 Dawson, W.R. (ed.) *Sir Grafton Elliot Smith: a biographical record by his colleagues*. Jonathan Cape. 1938. p186.
7 Kay, L.E. *The Molecular Vision of Life: Caltech, the Rockefeller Foundation, and the rise of the new biology*. Oxford University Press. 1996.
8 ibid.

於全球學術界，掌管世界各地的大學系所。

維克斯順利找到申請洛克斐勒獎學金需要的推薦人。雖然哈里森已過世，但是他生前為她申請麥克利獎學金所撰寫的推薦信內容再度被引用。哈里森過世後接任動物學系主任的威廉・達金（William Dakin）形容維克斯「在特殊領域取得了非凡成就」，他還說到維克斯展現出自身的「獨創性」，此外也提到許多他認識的名人，他寫道自己「湊巧去年人在倫敦，當時麥克布萊德教授曾討論到她的研究，而且稱讚不已。」〔9〕

另一名推薦人是達金的同事派翠克・莫瑞（Patrick Murray），哈里森曾好意地將他的研究與維克斯進行比較。他寫道，「對她的能力與認真的態度給予最高評價。維克斯小姐擁有極高的知識素養，再加上努力認真的工作習慣，因此她的研究調查必定能獲得成功。她絕對是這個學系頂尖的研究員，我們很榮幸能夠培養出這樣一位學者，如果她能獲得獎學金，我認為不會有人質疑並要求她證明這是她應得的。」

莫瑞沒有忘記，他必須代表維克斯人生中最重要、但如今已無法發言的支持者說話。「我誠摯地希望她的申請能獲得通過，或許我可以這麼說，假使哈里森教授仍在世，必定會迫不及待地寫推薦信幫助她，因為他曾告訴所有認識她的人，他非常欣賞維克斯小姐的能力和天賦。」

林奈學會也在背後積極運作，祕書長亞瑟・瓦爾卡姆（Arthur B. Walkom）表示，學會有充分理由對於她的任命感到滿意，因為她持續研究不同蛇類與蜥蜴的胎盤生成，並取得值得關注的重要

> 成果，影響了人們對於哺乳綱動物胎盤生成的理解。
>
> 就我個人對於她的研究所做的觀察，我會毫不猶豫地斷言，她不僅有能力持續這項研究，還具備了少有的研究熱情，這是成功完成研究不可或缺的要素。我認為，對於最終決定旅行獎學金名單的委員會來說，讓她取得獎學金能夠創造最令人滿意的成果，因此我強烈支持她的申請。

維克斯個人的申請書除了包含她的學術紀錄，還列出她曾經獲得的獎項，包括動物學哈斯威爾獎、動物學哈里森教授獎、凱爾德獎學金（Caird Scholarship）、大學獎章，以及政府研究獎學金。

> 我已經完成四年的研究。一九二五年，我在哈里森教授的指導下研究爬蟲動物的胎盤生成。一九二六年，我持續進行爬蟲動物研究，並開始收集自己的研究素材，因此有時必須旅行數千英里，前往荒蕪人煙的鄉間。
>
> 透過這種方式，我可以提供醫學院的研究人員相關素材。（在當時動物學系通常歸屬於醫學

9 摘自雪梨大學的達金教授為維克斯申請洛克斐勒獎學金撰寫的推薦信。

院）。一九二七和一九二八年，我完成了三篇論文，其中一篇首次記錄了蛇類的胎盤生成。

她強調自己的研究對於蜥蜴以外的動物演化具有重要意義，並指出研究已獲得國際肯定：

> 今年我在蜥蜴身上發現了有趣的胎盤生成條件，我希望這個研究結果，能促使我更加清楚理解有袋動物和其他哺乳動物胎盤的演化意義。麥克布萊德教授認為這項研究有其重要性，我非常榮幸收到他寄來的祝賀信。

她的企圖心是進行實驗，此外還需要累積海外經驗，因為她已經「仔細搜尋過東澳地區，這地方提供了我的研究工作需要的素材，但如今已經消耗得差不多，現在我正進行的研究需要完整調查所有胎生爬蟲動物。」

接著她提出大膽的構想。「我希望最終能出版一本著作，詳細描述爬蟲動物的胎盤生成，以及它對哺乳動物綱胎盤生成的影響。這同時需要進行實驗與形態觀察。但我想要強調的是，我不只是為了收集研究素材而遠行。」

換句話說，她不再只是形態學家或敘述者，而是徹頭徹尾的現代科學家。她提出了「關於實驗胚胎學的有趣問題，並贏得了雪梨實驗家的讚許」。她希望能與希爾教授合作，因此申請兩年

的獎學金，她還提到希望能立即開始。但是並沒有紀錄顯示她計劃進行什麼樣的實驗工作。

維克斯計劃一旦完成研究便返回雪梨，她可以回到雪梨大學，重拾動物學系的講師工作，或是在醫學院擔任解剖學講師。「後者已經邀請我去任職。」

在獲得多人背書之後，維克斯終於贏得了豐厚的獎學金，但是期限僅有一年。審核流程長達六個月。一九二九年六月二十八日，洛克斐勒基金會的W・E・提斯戴爾（W.E. Tisdale）寫信說將會提供她獎學金，「期限不超過十二個月，時間是一九二九暨一九三〇學年度，從一九二九年十月一日開始，每月補貼一百二十美元，可用來支應生活開銷、學費和設備等必要費用，以及往返澳洲雪梨和英格蘭倫敦的旅行支出，讓她得以在倫敦大學學院與希爾教授合作研究爬蟲動物的胎盤生成。」

維克斯已經完成博士論文，一年內就能取得理學博士學位。由於她的研究紮實，澳洲博物館的動物學家詹姆斯・金霍恩（James R. Kinghorn）在一篇探討新南威爾斯出現蝘蜥屬（*Lygosoma*）新物種的學術論文中宣告，他「將這個新物種命名為維克斯蝘蜥（*Lygosoma weekesae*）。」[10][11]表面上看來，她儼然是個成功人士。

10 Kinghorn, J.R. 'A New Species of Lygosoma from New South Wales'. *Proceedings of the Linnean Society of New South Wales* 54. 1929. pp32–3.

11 編註：這個物種現在已經改隸 *Leolopisma* 這個屬，或可改稱「維克斯滑蜥」。本段學名部分的翻譯與更迭，謝謝中山大學生物科學系顏聖紘副教授指正與釋疑。

7 沉沒與漂浮 Sinking and Floating

一九二九年八月二十二日，情緒不穩的維克斯登上一艘荷蘭輪船前往倫敦，海上航行時間超過一個月。紐西蘭號（SS Nieuw Zealand）和姊妹船紐荷蘭號（SS Nieuw Holland）是戰前航行澳洲與亞洲之間最豪華的兩艘輪船。二十六歲的維克斯在專業上取得的成就，令同世代多數男性紛紛走避。她頂著榮譽學位、博士學位、獎學金得主，以及專業領域傑出科學家的光環，遠赴海外發展。

前往歐洲的漫長旅程中途，輪船會在亞洲各地港口短暫停靠，雖然旅程令人心神嚮往，但是航程一開始，維克斯腦中所想的全是劇烈的心跳。「一九二九年，我從雪梨坐船到英格蘭，前往倫敦大學，在船上時經常出現心悸！」之後她寫道。她的心情確實很興奮，但是身體的問題讓她分心，覺得心煩意亂。

幸運的是，由於厭惡孤單，她與朋友希斯莉．凡斯（Cecily Vance）同行。女子學院在一九二九年八月四日出刊的雜誌上，報導了維克斯出發前往倫敦的消息，文中寫說維克斯「提議到倫敦大學工作（原文如此寫）」，順帶提到凡斯是一名「建築系的熱心學生」。

她倆是在女子學院相遇的。凡斯畢業於人文學系，比維克斯大一歲，出身富有且成功的商業家庭。她的父親非常具有創業精神，原本在凱阿瑪（Kiama）這個小鎮擔任貨倉管理員，後來成為克萊德工程公司（Clyde Engineering）的合夥人。這家公司在十九世紀末搭上工業化熱潮而獲利，凡斯的父親也因此累積了大筆財富，就在凡斯與維克斯前往倫敦的前一年，他不幸過世。

維克斯一家人都稱呼凡斯為蘇茲（Suze），而不是希斯莉。對於家庭無力負擔學費的維克斯來說，若要進入女子學院就讀，取得獎學金必然是好處多多；但是凡斯不同，她的家庭有能力負擔學費。這兩名年輕女子的關係延續了一輩子，這段關係對維克斯來說意義非凡。

由於在海上航行期間緊密接觸，凡斯看到維克斯因為劇烈心跳以及隨之引發的恐懼情緒，展露出最脆弱、最沮喪的一面。但出乎意料的是，大自然竟成了維克斯的救贖。海洋的起伏波動正好掩蓋了維克斯的心悸，很快的這段航程不僅讓她得以放鬆，她甚至開始懷抱希望，以為自己將會從不明的折磨中永遠康復。她重新恢復鎮靜，這兩年來第一次感覺到精神舒暢。

「這趟輪船之旅真的很神奇，輪船的律動和振動反而讓我忽略了自己身體的振動，」維克斯八十歲時告訴一名記者說。海洋的搖晃減緩了她的痛苦，重新喚醒她原本外向的性格，她成了船上相當受歡迎的乘客。五十多年後，紐西蘭號上的另一名乘客仍清楚記得維克斯。她說維克斯相當具有個人魅力，總是被人群圍繞，因為她「身上帶著光環」。[1]她和維克斯在船上建立了良好的友誼，抵達倫敦之後兩人仍保持聯繫，後來還一起攀登庇里牛斯山。

維克斯喜歡與人為伍，不會逃避親密關係，而且正因為她用心經營與朋友之間的親密關係，因此往後每次出國或是返家時，都能找到旅伴同行。維克斯常常收到邀請，希望她陪伴某個人，每次她都會毫不猶豫地同意。

在船上她變得精神煥發，和許多人成了好友，包括一對已婚夫妻：荷蘭第一位女科學家泰德耶．克拉席納．克雷－喬利斯（Tettje Clasina Clay-Jolles）和她丈夫雅各布．克雷（Jacob Clay）。他們之前被派往爪哇，克雷就在當地的萬隆理工學院（Institute of Technology in Bandung）擔任物理學教授，認識維克斯時他們正要返回荷蘭，因為克雷獲得阿姆斯特丹大學的實驗物理學教授職位。兩人因為合作發現大氣輻射會隨著地理緯度不同出現而變化，聲名大噪，在當時這項發現引發激烈的質疑，但最後證實他們的論點是對的。

維克斯也與一位荷蘭女孩狄內克．梅爾茲（Dieneke Merz）成為朋友，梅爾茲是在爪哇登上紐西蘭號，幾個月後兩人一同在荷蘭騎自行車旅行各地。梅爾茲後來成了維克斯一輩子的好友。這趟海上行程也讓維克斯與凡斯的友誼更加緊密。

維克斯抵達倫敦時，正好遇上喧囂的二〇年代尾聲。一九二九年十月二十九日星期二，華爾街股市崩盤，接著迎來經濟大蕭條。金融圈陷入恐慌，持續多年。恐懼成了那個時代的基調。

1 一位不知名的女性打電話給大衛．強森（David Johnson）工作的紐西蘭電台。

維克斯回到陸地後，再度因為心跳劇烈而備受折磨。「當我到了倫敦，離開了船上的環境，周遭瞬間恢復寧靜，我再次聽到自己的身體。我害怕自己的反應，感到驚恐、也很困擾，所以我不想一個人安靜地待著。我希望身邊一直有人陪伴。」

她又回到原本的生活型態。到了晚上，她會先醒著，然後才漸漸入睡。她的心跳加速，沒多久就變成心悸。「我會連續好幾個小時坐著，我擔心如果一躺下來就會死。」〔2〕

症狀復發產生極為嚴重的後果。現在的她已經沒有任何出路。正因為這次經驗帶來的影響，多年後她能夠懂得該如何提供建議給病患和讀者。她知道，當恐懼情緒復發，伴隨而來的只有絕望，患者極度渴望死去，卻又求而不得。

維克斯在五十多歲時寫了第一本關於焦慮的自助書，當時她用了一個非常具有代表性的實用單字形容這種狀態：「挫敗」（setback）。她勸告說這不是被擊敗，相反的應該將這種狀態視為練習的機會。壓力、恐懼和恐慌有可能復發，但是人們可以學會如何駕馭令人畏懼的海浪，安然返回岸邊。透過這種方法就可徹底打破日後她所說的「恐懼的習慣」（the habit of fear）。

但維克斯現在只是一名身在倫敦的年輕研究人員。雖然她從未寫出自己的故事，但她在第四本著作中確實曾簡短提到，一九二九年一位二十六歲的女子如何提心吊膽地在倫敦生活。維克斯寫道，當恐懼情緒復發，焦慮的內在聲音「達到高峰。這道聲音說：『一切再度出現了！所有東西。每個家族成員。我們全都在這。現在你要怎麼做？現在你已經不可能康復，你知道的！』」〔3〕

她強烈感受到自己陷入矛盾的情境中：「我擁有生活所需的一切，這我知道，我已經達成這麼多成就，我的一生就展現在眼前，但我卻失去了行動能力。」維克斯才剛抵達倫敦，但是她感覺自己已瀕臨崩潰。她在倫敦大學學院內自己的實驗室開始工作之後沒多久，一名朋友「飛快爬樓梯上樓」來見她。她沒有任何掩飾，一開口就對他說：「哎，約翰，我再也無法忍受這一切了。我受夠了！」〔4〕

這名朋友知道她心跳劇烈、陷入莫名的痛苦，但他並沒有感到意外或擔憂，只是聳聳肩。「這沒什麼，」他說，「這只是焦慮的症狀，我們躲在戰壕裡的時候也會出現這些症狀。」

他告訴維克斯，她的心臟之所以持續快速跳動，是因為她被自己激烈的心跳嚇壞了。她的心跳被她的恐懼制約。這說法當下聽起來確實有些道理。「所以我一直都是這樣對待自己？」她問說。「他回答說『是的』，然後笑了出來，」日後她回想時說道。

他的話引起了身為科學家的維克斯的注意。戰爭正好提供了實證案例：士兵因為感到害怕，心跳開始加速，即使之後威脅解除，心臟仍持續劇烈跳動。約翰提到，當時他們因為心跳加速而

2 接受BBC瑪莉安・福斯特（Marian Foster）的訪談。一九八六年。《關於焦慮的最新自救手冊》（*The Latest Help for Your Nerves*），第四十六頁。

3 一九八三年五月七日，在紐約白原市醫院恐懼症與焦慮症診所舉辦的第四屆恐懼症研討會上，發表的演說內容。

4 一九八三年福斯特在英國廣播公司主持的《卵石磨坊》（*Pebble Mill at One*）電視節目第六集的訪談內容。

感到苦惱，這反而促使他們的身體受到激發，並做好準備應對恐慌的情緒。他們的心臟沒有任何問題，只是因為被恐懼的情緒纏繞，導致身體難以承受，因此心智上認定某件事出了嚴重差錯，進而加深了恐懼。

維克斯經歷過心智與身體之間形成的強力循環，如今某個對這種感受再熟悉不過的人提出了解釋：這個人是一名士兵。在所有情緒當中，恐懼是一種原始情緒，出自於生存本能。一旦維克斯因為身體的感受而覺得害怕，就會形成惡性循環。

維克斯已經發現，恐懼無法藉由理性的大腦消除。在這場戰鬥中，思考注定會輸給感受。維克斯的基本認知能力為她贏得獎學金、獎章與機會，卻敵不過懼怕的**感受**。她極力想消除這種**感受**，她努力抵抗這種**感受**卻徒勞無功，這種**感受**引發了惶恐不安的想法。

她發現自己原來是被恐懼所驚嚇，這個真相對她意義重大。令維克斯震驚的是，過去她諮詢過好幾名醫生和專家，卻沒有人向她解釋恐懼如何對身體產生如此令人困擾的影響。

很快地她便掌握重點，她必須停止對抗恐懼，因為恐懼是本能反應，對抗只會造成反效果。奮力抵抗、嘗試理性思考或想辦法運用意志力，都只是白費力氣。日後她說，這是相當具突破性的見解。

「那個朋友告訴我原因之後，我盡可能保持鎮定，『好吧，如果有必要，心悸時我就去睡覺。』」當她不再與自己的症狀費力交戰後，她的心跳開始回復正常。「症狀全消失了，」她這樣說。當

她知道「恐懼」要嚇唬她，便決定對這個症狀視而不見。她選擇接受心悸，而不是反抗。不去戰鬥、不去反抗。所以關鍵字是接受（acceptance）。

維克斯轉變得非常快。過去因為不了解是什麼原因讓她感到不舒服，維克斯整個人變得一蹶不振，但是現在她的心情卻異常興奮，原本不明所以的痛苦如今得到了解釋，她也因此獲得解放。有了全新的理解，她再度奪回掌控權。

就在約翰說出那段頗為實用的解釋後的一個月內，維克斯相信自己已經痊癒，而且不久之後就「到瑞士爬山」。但事情並非她在多年後所說的那樣簡單。那個人並不是「約翰」，而是奧魯索，她對一般讀者隱瞞了他與眾不同的名字與聲望。此外，得知這個令人欣喜的見解，並非意謂著她自此擺脫焦慮，而是促使她理解、並讓未來的路更為平穩。

一路引領她逐步理解恐懼情緒的關鍵是生物學。不過，也與奧魯索曾向她提過的第一次世界大戰的可怕實驗有關。戰爭實驗室既考驗人的心智，也考驗身體，可藉此觀察實驗操作對於神經系統有何影響，作為承平時期的參考。當時的科學並沒有教導士兵奧魯索打仗時雖必須全力拚戰，但面對戰場外的恐懼時一定得卸除武裝，至於他是如何學會這個方法的，維克斯並未明說。不過這個方法對奧魯索有效，後來也對維克斯有效。

奧魯索為日後維克斯寫出暢銷書埋下了種子，但現在她仍需要累積幾年的專業醫療經驗，才可能發展出接受恐懼情緒的高明見解，進而對焦慮狀態有全面的理解。此外，年輕的維克斯對於

自己的焦慮激發模式仍有許多疑問，有待進一步釐清。

維克斯在書中提出了她所謂的「較為單純的神經疾病類型」，這正是她經歷的狀態。隨著生活經驗累積與日後接受醫學教育，她認識到更為複雜的神經疾病狀態。不過奧魯索提出的簡單解釋帶給她強烈的震撼。「一個簡單的解釋，當場治癒了我！」她寫道。「你現在還會懷疑我為什麼總是想辦法提出簡單的解釋嗎？你看，我以前從來不會帶著『神經』入睡；事實上，我太用力抵抗。」她在打字完成的信件邊緣空白處，手寫了一行小字：「所以我『不抵抗。』」〔5〕

另一個新發現是，她的痛苦延續很長一段時間，但治癒過程卻非常快速。因為一段令她信服的解釋，長達兩年的心理折磨幾乎在當下就獲得療癒。雖然不是每個讀過她著作的讀者都能立即康復，但許多讀者和她一樣，由於發現有人能夠同理他們的不知所措與恐懼狀態，而感到寬慰。

維克斯在第一本書中選擇以第三人稱描述，避免讀者知道那些內容出自她的親身經歷。某個「學生」有「心跳劇烈、手汗、反胃」的問題，總是想盡辦法「反抗」。一名「朋友」解釋說，許多士兵在前線也曾經歷類似的緊張情緒，直到他們理解，原來自己只是被緊張情緒給嚇唬。「他建議年輕人不要被自己的緊張情緒嚇唬，漂浮經過所有自憐和恐懼的暗示，繼續自己的工作。」

如果說「接受」是最終目的地，「漂浮」就好比是你的馬車。你要做的是順從，這正好跟身體與心智的反射性回應行為相反。你得放手，放下意志力。你要「漂浮」著。這是一門藝術，也是一門科學。「漂浮」這概念讓人聯想到佛教禪宗，而非西方的經驗主義，奧魯索埋下的種子，

為維克斯日後發展的治療方法奠定了基礎。在她日後提出的各種簡單概念中，這是最難解釋的部分，卻是她所提倡的「接受恐懼」的關鍵。

人們很容易混淆「漂浮」與「放鬆」，其實這兩種概念大不相同。「這確實是放鬆，」她後來在第四本書中寫道，「但不僅是如此；是放鬆同時繼續行動。面對、放鬆，然後漂浮而過。漂浮的意思不是躺下，然後盯著天花板思考：『我再也不需要努力，我放棄掙扎。我只要在這裡一直躺在床上，什麼事也不做。』」〔6〕

當初奧魯索同樣是建議她繼續工作、拋開自憐。這令人聯想到斯多葛主義（stoicism）的隱性價值觀，不過這提議確實有效且實用。忙碌的人，也就是維克斯所寫的「漂浮前進，付諸行動」的人，比起了無生氣、情緒苦悶、只想躺在床上放鬆的人，更有可能打破按下警鈴的習慣。

> 練習讓自己的身體向上浮起、遠離生病的患者，不需要找到康復的方法。就好比他不再掌控自己的身體，而是讓身體自行設法走出迷宮。人類的身體非常擅於治療肉體的傷疤，不需要我們的指引；同樣的，我們的身體也能自行治癒敏化的神經，只要給予身體機會，同時避免讓過於好奇的手指抓傷傷疤。讓身體漂浮，而不要去抓。〔7〕

5 寫給杜邦的信件，一九八九年一月十五日。
6 *More Help for your Nerves*, p35.
7 ibid.

8 達爾文與問題的核心
Darwin and the Heart of the Matter

「我也因為心悸和心痛的毛病而備受困擾。就和許多年輕人一樣，特別是那些只懂皮毛醫學知識的人，我以為自己得了心臟病。」

——達爾文〔1〕

達爾文很清楚劇烈心跳以及無法控制心跳的挫敗感。恐懼可以綁架一個人。個性敏感且聰穎過人的達爾文，一輩子都在忍受疾病與焦慮反覆發作。但是焦慮並沒有阻礙他的學術發展，反而影響了他對什麼感到興趣。關於他搭乘小獵犬號進行第二次遠航任務，以及這趟旅程與他的開創性研究之間有何關係，大家早已耳熟能詳，但這次旅程之所以令他難忘，另一個原因是未知且不受控制的內水（internal waters）攪亂了他的情緒。

1 Barlow, N. (ed.) *The Autobiography of Charles Darwin, 1809–1882.* Collins. 1958.

二十二歲的達爾文在出發時，多次出現心搏過速（tachycardia）。當這名個性強悍的科學家返家時，有位學者形容他就是一名「病人」〔2〕，另一名學者則稱他「虛弱的隱士」〔3〕。還有一個學者宣稱，在小獵犬號航行期間，達爾文「幾乎持續生病」整整五年。〔4〕

從現代觀點來看，早期的考察旅程實在令人驚嘆。對於容易緊張的人來說，十九世紀與二十世紀初期的海上航行任務，完全無助於放鬆。不僅航程漫長乏味，而且連續好幾年只能待在可怕的海上，與世隔絕、沉悶無趣。如果達爾文以過去的歷史為借鏡，就不會對小獵犬號第一次遠航任務感到放心。

一八二八年八月，在小獵犬號這次處女航期間，指揮官普林格．史托克艦長（Captain Pringle Stokes）在船艦於行經火地島（Tierra del Fuego）附近波濤洶湧的危險海域時，舉槍自盡。英國皇家海軍軍官、同時也是專攻氣象學研究的科學家羅伯特．費茲洛伊艦長（Captain Robert FitzRoy）臨危受命，接替史托克的職務。

之後費茲洛伊被任命為第二次遠航任務的指揮官。這一次他已經知道，海象變得惡劣時，人們會失去理智。他的家族就曾發生過自殺事件：一八二二年，他任職於政府部門的舅舅卡斯爾雷子爵（Viscount Castlereagh）割喉自殺。

費茲洛伊在規劃第二次遠航任務時，不僅要因應船艦外的暴風雨，也要為船艦內的暴風雨做好準備。他需要有人協助所有人保持頭腦清醒，同時制訂相關規範，禁止大家與任何低下階層的

人交朋友。達爾文的社會地位足以與艦長匹敵，因此被選中負責航行期間的品格教育，一方面幫助大家更有安全感，一方面也確保觀測在科學上更加可信。

達爾文或許不喜歡被賦予頭腦清醒的救世主角色，但是當他加入這次遠航任務，便了解到自己的科學興趣必須排在第二位。這次小獵犬號的主要任務，是勘測海洋的長期溫度與短期流動變化，確保未來的水手能安全通過。

姑且不論小獵犬號第二次遠航任務達成了什麼海上成就，它確實影響了科學發展的歷史。達爾文將這次遠航期間累積的自然研究成果寫成《物種起源》，於一八九五年出版；接著在一八七一年，他出版了《人類的起源》（*The Descent of Men*），這本書再次印證敏銳的眼光與專注的大腦對於科學至關重要。嚴謹觀察細節構成了達爾文理論的基礎，也讓他的理論更具權威。儘管達爾文得不斷忍受疾病與緊張帶來的困擾，但他的研究產量驚人。他診斷自己的問題是過度激發（overarousal），但沒有談到他在思考上的問題，所有討論都集中於他的情緒問題，也就是不受控的情緒反應。由於他太過敏感，因此即便是歡樂的情緒，對他來說也是挑戰。

「我因為某種相當罕見的健康問題備受折磨，我不能讓自己的精神變得興奮，否則就會生病，

2 Ruse, M. 'Is Evolution a Secular Religion?' *Science* 299(5612). 7 March 2003. p1523.

3 Pickering, G. *Creative Malady*. Oxford University Press. 1974. p34.

4 Pasnau, R.O. 'Darwin's Illness: a biopsychosocial perspective'. *Psychosomatics* 31(2). 1990. pp121–8.

我想我可能無法和你交談，因為對我來說，交談過程會充滿太多歡樂，」他在一八六二年寫信給某個朋友時說道。〔5〕

對於過度敏化的人來說，即使是歡樂的情緒，也會讓他們覺得過於激烈；維克斯後來也提到這一點。達爾文早已知道，硬幣的另一面更陰暗無光，緊張的體驗會因此被徹底放大。他保護自己的方式，就是避開任何可能刺激神經緊張的事情。達爾文選擇遠離、而非接受自己的症狀，每當他出現神經疾病時便一再重複這種模式，但這正是維克斯後來極力要打破的行為模式。

達爾文詳細記錄了自己的健康問題，但也因此證明了維克斯透過自學而提出的治療方法確實可行，日後達爾文的名字成了演化論的同義詞，形塑未來數個世代的科學發展。這或許可以解釋，為什麼他的頭兩本著作的光芒，蓋過了他的最後一本著作《人和動物的情感表達》（*The Expression of the Emotions in Man and Animals*）。

這項開創性研究〔6〕寫於一八七二年，自此之後達爾文的學術研究領域，拓展至過去幾乎不曾有人仔細描繪的心智海洋。這本著作也為他贏得「第一位心理學家」的稱號。不過，他是從演化與生物學觀點來寫這本書的。達爾文辨認出不同的情緒，例如氣憤、恐懼與厭惡，他深入研究臉部表情，最終做出以下結論：情緒表達有共通性，在其他物種身上也看得到，這在演化上具有重要意義。〔7〕達爾文認為情緒具有功能性目的，受到生物學與演化驅動，透過身體反應表現於外。

「我們幾乎不曾理解人類的某些情緒，例如在極端恐懼時毛髮豎起，或是滿腔怒火時露出牙

齒，但是人們相信，人類曾在低階許多、更接近動物的狀態下生存，」達爾文寫道。[8]

他將自己對於遺傳行為、也就是與生俱來的動物性反應的理解，應用在情緒研究，進一步將他的演化理論延伸至情緒行為。雖然他相信，後天學習的情緒行為有可能會遺傳，但是他的基本論點在於，某些強烈情緒的表達是不受控的。

> 每個人都承認，現在的人類與更低階動物展現的主要表現行動（expressive action），都是與生俱來或遺傳而來的，也就是說並非由個人學習而得。有些表現行動與學習或模仿沒有太大關聯，這些行動在最早期的時候就已經出現，而且一輩子不受我們控制；例如，臉紅時皮膚下的動脈血管會舒張，生氣時心跳會加速。[9]

5 達爾文信件三八七九。「達爾文通信計畫」（Darwin Correspondence Project）：https://www.darwinproject.ac.uk/letter/DCP-LETT-3879.xml
6 Ekman, P. 'Darwin's Contributions to Our Understanding of Emotional Expressions'. *Philosophical Transactions of the Royal Society B* 364(1535). 12 December 2009.
7 ibid.
8 Darwin, C. *The Expression of the Emotions in Man and* Animals. John Murray. 1872. p12.
9 ibid.

這是人類首度為了理解心智和身體的生物運作而進行廣泛的研究，兩者之間透過自律神經系統形成交互關係（interrelationship），這也正是維克斯研究的核心。但是在科學界，她的著作遭逢的命運和達爾文如出一轍。加州大學洛杉磯分校（UCLA）精神醫學與生物行為科學系的艾倫．史庫爾博士（Dr Allan Schore）於二〇一三年指出，「上世紀多數時候」自律神經系統不受到重視。但是近年出現了「典範轉移」，從認知轉向情緒，焦點再度回到人的身體。[10]還有其他學者抱持和史庫爾相同的看法，十九世紀時生物學與人類問題的研究原本是相互融合，但是「在二十世紀多數時候，這兩個領域卻是各自獨立發展。」[11]

《人和動物的情感表達》出版十年後，達爾文過世，享壽七十三歲。時至今日，依舊有人質疑這本著作書名揭示的作者企圖心：情緒要如何管控？這本書隱約透露心智與身體會彼此合作，而且人類與動物的情緒表達有些是共通的，這也意謂著情緒表達是源自於大腦內較為古老的區域，是在演化初期發展形成的生存機制，不受意識控制。

維克斯進行研究時，達爾文與佛洛伊德兩人的理論主導了當代的思想發展。就某方面來說，她的生涯發展與這兩位科學巨擘近似。他們三人一開始都是生物學家，早期都對動物的演化深感興趣，而因為自身精神上的騷動而得到啟發，開始研究人類情緒。他們都承認，在身體通力合作之下，人的心智被劫持。他們都研究過自律神經系統，這部分的身體不受人類控制。他們也都理解，自己會被愚弄。

維克斯投入演化研究後，對於焦慮有更深入的理解，進而提出更可行的治療方法。身為生物學家，維克斯理解人類的動物本性，了解心智屬於身體的一部分，只接受演化的指令，不受意識控制。逃離威脅、瞇著眼看太陽、在氧氣稀薄時用力呼吸，這些都是與生俱來的本能。恐懼與飢餓、愛與性慾通常與外顯行為有關，不受人類管控。動物與人類透過**非自願**行為而成功存活。據信這些無意識的本能反應是有特定功能的。

佛洛伊德自己對達爾文的演化論非常著迷，他自述演化論「強烈吸引我，它們帶來了希望，促使我們對於世界的理解大幅躍進」。[12]佛洛伊德觀察到，「人類幼稚的自戀兩度受到科學之手的沉重打擊」，一是哥白尼揭露了地球並非宇宙中心，二是達爾文發現人類與動物之間具有延續性，破除了人類中心的想法。

如果人類是動物的延伸，也就代表自由意志或有意識的意圖（intention）對於人類情緒行為的影響力較低。如果說達爾文將生物決定論的觀點應用在情緒研究，那麼佛洛伊德則是更進一步，他認為「多數人類行為是由驅力（drive）所引起，這些驅力大部分是無意識的，因此並非是『自由

10 Schore, A. *The Dr Drew Podcast* 65. 12 June 2013.

11 Wilson, D.S. & Hayes, S.C. *Evolution and Contextual Behavioural Science: an integrated framework for understanding, predicting, and influencing human behaviour*. Context Press. 2018.

12 Freud, S. *An Autobiographical Study*. 1925.

意志』造成的結果。」不過，達爾文「交給了佛洛伊德一項最有力的工具，那就是演化論強調人類行為是動態的、出自於本能，而且最重要的一點，人類行為是非理性的。」〔13〕

佛洛伊德進一步抨擊「理性人」（rational man）概念，結果引發激烈爭論。他特別強調人類的無助，指出人類「甚至不是自己居所的主人，對於自己的心靈無意識進行的活動，也只知道些許零碎訊息。」〔14〕

原本佛洛伊德認同焦慮源自於生物遺傳的說法，並指出這種遺傳的價值在於它能幫助個人存活。恐懼具有保護與實用的功能。〔15〕但是他的一位傳記作家提到，佛洛伊德其實相當矛盾，「他承認自己積欠了生物學界巨額的知識債（intellectual debt）。的確，佛洛伊德終於達成了心理學與生物學整合的突破性成就時，他卻主動抹除生物學對於這項創意結合的貢獻。」〔16〕

佛洛伊德常被稱為「精神界的達爾文」，他詳細記錄了自己的內在生活，其中最為人所知的，就是他深入探究並辨識出不被接受的性幻想概念。他也看出人類努力想要了解自己這件事，與達爾文提出的努力求生存的概念之間，其實是互通的。達爾文在研究人類的心智演化時，列舉出人類與動物行為的「本能」，後來佛洛伊德的理論也採用這些本能。但這是達爾文花費數十年跨越海洋、旅行各大洲，審慎觀察所獲得的成果，比起佛洛伊德的內在探索更具有實證意義。數十年後，缺乏實證確實對佛洛伊德的信徒造成困擾，他的許多論述經不起更深入的檢驗。

在《人和動物的情感表達》書中，達爾文舉出許多動物和人類的情緒行為，認為它們可提供

給有情緒問題的病患作為參考指引：

如果任由情緒的外顯跡象表露出來，只會進一步激化情緒。另一方面，如果盡可能壓抑所有外顯跡象，便能讓情緒獲得舒緩。放任暴力姿態外顯的人會變得更加暴怒；無法控制恐懼徵兆的人，會更強烈感受到恐懼；如果一個人被悲傷所淹沒、長期變得消極，那麼他將失去讓心智恢復彈性的最佳機會。造成這些結果的部分原因在於，幾乎所有情緒與它們的外顯表現之間存在密切關係；另外有部分原因則是情緒會直接影響心臟，進而影響大腦。即使只是模擬情緒，依舊會在我們的心智激發出同樣的情緒。〔17〕

達爾文或許是「第一位心理學家」，但後來卻是威廉・詹姆斯（William James）成了家喻戶曉的「美國心理學之父」——他曾花費超過一千四百頁的篇幅，探討心智與身體之間的關係。他是小

13 Sulloway, F. Freud, *Biologist of the Mind*. Harvard University Press. 1979. p276.
14 Freud, S. *A General Introduction to Psychoanalysis*. 一九一五～一九七年的演講內容，一九二〇年被翻譯成英文。
15 Brenner, C. *An Elementary Textbook of Psychoanalysis*. Anchor Books. 1974. p70.
16 Sulloway, op. cit. p4.
17 Darwin, op. cit. p219.

說家亨利・詹姆斯（Henry James）的哥哥，原本接受醫師訓練，很可能由於身心飽受煎熬（他生前的健康狀況一直不穩，而且不時會憂鬱症發作〔18〕），在進入哈佛大學後轉而攻讀心理學與哲學，爾後在一八九〇年出版他的代表作《心理學原理》（*The Principles of Psychology*）。即便到了二〇一八年，威廉・詹姆斯採取的方法仍被形容為「非常的現代」。〔19〕詹姆斯宣稱，人們開始真正理解心智與大腦之間的連結，「這樣的科學成就將會使過往的成就相形失色許多。」〔20〕

在詹姆斯努力破解自身的情緒密碼時，他曾詢問是否有可能在不引起生理激發（physiological arousal）的情況下感受到情緒。他採取達爾文在最後一本書中提到的方法，證明了兩者之間確實存在關聯。詹姆斯的著作探討的是生理心理學。他具體證明神經系統如何在不涉及意識思考下，讓身體做好準備；他也證明了人類的情緒通常無法控制。

恐懼是一種原始情緒。在身體的所有自主反應中，面對威脅時產生的無意識反應是不可改變的。人們有可能控制飢餓，甚至性慾，但是很難壓抑想要逃離大熊攻擊的本能。詹姆斯運用熊作為案例雖然讓人印象深刻，卻遭批評家嘲笑說，他的意思是逃跑這舉動就是恐懼本身。有人用漫畫嘲諷他的著作，暗指恐懼只不過是身體變化所引發的知覺（sensation），「詹姆斯的意思是，身體的回饋反應是情緒的必要條件。」〔21〕

一八九四年，詹姆斯寫道，如果「沒有感受到心跳加快或呼吸短促，沒有感受到嘴唇顫抖或雙腿發軟，沒有感受到雞皮疙瘩或內臟攪動」，就不可能感受到恐懼。

但不是每個人都認同這樣的說法。有個學者甚至堅稱，我們完全不需要身體參與就能引發情緒。哲學家路德維希．維根斯坦（Ludwig Wittgenstein）也認同身體不需要參與其中。「一個人可能會說他的靈魂感到悲痛，而不會說是他的胃，因為你不會期待藉由舒緩胃部不舒服的感覺來治癒悲痛。」詹姆斯必定不會同意這點，維克斯也一樣。在她還是年輕的理工科學生時，就被恐懼所綁架，而且她的身體明顯感受到恐懼，她的恐懼主要是由心悸所引起。所以，原本是自律神經系統引發了恐懼，但隨後因為意識到恐懼，反而讓這樣的感受久久揮之不去，進而觸發自主反應，最終形成惡性循環。詹姆斯協助開啟了關於情緒的漫長爭辯，至此時仍沒有任何定論。情緒究竟是什麼？存在於何處？是由哪些事物組成？

一九一五年，就在達爾文死後多年、詹姆斯過世五年後，哈佛大學畢業的美國醫生暨生理學家華特．布拉福．坎農（Walter Bradford Cannon）將科學帶入實驗室，希望藉此了解情緒如何透過身體外顯。他針對貓與狗的自律神經系統進行實驗，測量牠們感到恐懼時，心臟、肺部、消化系

18 Richardson, R.D. *William James: in the maelstrom of American modernism*. Houghton Mifflin Harcourt. 2006. p89.
19 Wilson & Hayes, op. cit.
20 James, W. *The Principles of Psychology*. Henry Holt & Co. 1890.
21 Ellsworth, P.C. 'William James and Emotion: is a century of fame worth a century of misunderstanding?' *Psychological Review* 101(2). 1994. pp222–9.

統與血液會出現什麼變化；這項實驗也為體細胞醫學奠定基礎。坎農在他所寫的《痛苦、飢餓、恐懼與憤怒的身體變化：近期與情緒興奮的功能相關的研究報告》（*Bodily Changes in Pain, Hunger, Fear, and Rage: an account of recent researches into the function of emotional excitement*）書中，詳細說明了心智與身體之間的連結，或者更確切地說，是大腦與身體之間的連結。

畢竟，人們對於坎農的印象來自他針對恐懼及其生理來源，也就是自律神經系統所做的研究。他提出了實驗證據，證明身為大腦警報中心的交感神經系統，如何刺激身體的反應。當人們感到恐懼或憤怒，血液會迅速流向重要器官，準備做出他所說的、而且所有人都耳熟能詳的「戰鬥或逃跑」行動。心跳加速時，呼吸會變得急促、消化暫停、血液準備凝結。

坎農於一九〇〇年自醫學院畢業，一九〇六年擔任哈佛大學生理學系主任，當時他提出更多心智與身體相互連結的證據，後來也被精神分析與早期行為主義學者引用。

坎農針對交感神經系統與副交感神經系統進行的研究獲得具體成果，讓人們更加了解與壓力及焦慮有關的生物學原理。一旦證明心智與身體之間存在回饋機制，人們就更能理解心臟病、腸胃疾病、糖尿病與甲狀腺疾病等，都與壓力有關。

坎農的開創性實驗包括監測貓咪受到狗兒驚嚇時，血液中的胃液、糖分與腎上腺素濃度的變化。維克斯的導師哈里森教授必定會對這項研究拍手叫好，他堅信唯有透過嚴謹的觀察與測量，才足以支撐乃至建立理論。坎農書中有一章的標題是〈證明腎上腺分泌與神經控制的方法〉

（Methods of Demonstrating Adrenal Secretion and its Nervous Control）。坎農的實驗結果顯示，當交感神經被強烈激發，就會刺激腎上腺素分泌，讓動物的身體為緊急狀況做好準備。

> 血糖升高、腎上腺素分泌、循環不良引發的痛苦，以及情緒的激動被打斷……生物機能會去適應可能引發痛苦與情緒激動的野外生活，例如必須做出戰鬥或逃跑的反應。在這些情況下，血液會更快速凝結，這也是一種適應過程，對生物非常有助益。特別是正處於致命戰鬥的掙扎時，保留血液無庸置疑是非常重要的。〔22〕

後來坎農開始深入探究心身疾病。

> 我們向來被教導要處理具體、而且可證明的身體變化，因此很可能會非常輕忽甚或忽略情緒不安的影響；或者稱那些愛抱怨的病患「神經質」，我們可能會告訴他們「回家吧，忘掉這一切」，然後對後果冷漠以對。但是情緒不安確實會對生物產生具體、而且可證明的影響。〔23〕

22 Cannon, W.B. *Bodily Changes in Pain, Hunger, Fear, and Rage: an account of recent researches into the function of emotional excitement.* Appleton. 1915. p211.

23 Cannon, W.B. *The Role of Emotion in Disease.* 1936.

他證明了戰鬥或逃跑的本能對於所有主要器官造成的影響，並提出了絕妙的比喻，雖然這比喻可能不是很正確：「即使什麼事也沒做，但是人們感到恐懼、擔憂或焦慮時會干擾消化流程，這時候很明顯的身體會繼續為『戰時編制』做好準備，但事實上沒有發生任何『戰爭』，也沒有任何戰鬥或掙扎。」坎農在他最後一本著作中，將戰爭這個比喻說得更完整，他提到「內心的交戰會如何深入影響整個人，以及在內在恢復平靜後，會如何奇蹟般地恢復健康與快樂」。

對於自律神經系統，以及人們在恐懼時做出戰或逃等本能反應的生物機制，維克斯有深入的理解，她是據此提出重要的焦慮理論與治療方法的。所有現存的生物都擁有共通的演化「內嵌元件」。恐懼的存在有其目的。一隻蜥蜴可能會直覺地逃離動物學家。她知道熊或其他動物的臉上最先閃過的恐懼表情，是無法用任何方法壓制或控制的。

維克斯也運用動物案例，說明心智與身體之間的連結。「你有沒有看過動物受到驚嚇後，因為恐懼而靜止不動或是準備逃跑？牠的鼻孔和瞳孔放大，心跳加快，呼吸急促，這時候自律神經系統中的交感神經已準備好要戰鬥或逃跑。」

達爾文寫的《人和動物的情感表達》激發了往後百年科學家前仆後繼進行動物實驗，以理解人類的情緒反應。〔24〕但是外界對於這類研究仍有疑惑：動物真的能像人類一樣感受到情緒嗎？當時多數人認為確實如此，因此他們有正當理由進行動物實驗，其成果日後可作為治療人類的參考。但是說到人類和動物的情緒反應有哪些共通之處，依舊充滿爭議，如今有科學家表示，這個

問題將永遠無法獲得證實。[25]

動物有可能看起來受到驚嚇，甚至感到害怕，但是牠們感受恐懼和焦慮的方式，真的可以拿來和人類做比較嗎？藥理學界打賭說，答案是肯定的，抗憂鬱藥物正是基於老鼠受驚的實驗結果開發出來的。但是這勢必會引發一個問題：這些實驗結果能否轉移？將動物與人類的情緒進行類比的做法一直受到挑戰，最早可回溯至一九五一年[26]，晚近的則有二〇一五年美國神經科學家約瑟夫・李竇（Joseph LeDoux）提出的批評。[27]

達爾文最後一本著作出版將近一世紀後，維克斯將人們對於心智與身體連結的演化過程的理解，以及對於複雜的人類大腦的見解，融合在一起。一旦了解神經，也就意謂著了解所有動物共有的原始生存反應與相異之處。但是，她堅持以生物學家的觀點理解心智與身體，至於佛洛伊德的心理學推測，她絲毫不感興趣。維克斯透過神經系統理解心智與身體的連結，她繼承了十九世紀的研究傳統，只不過這項傳統長期受到排擠。

維克斯開始理解和管理自己的恐慌發作，但是不論達爾文承受什麼樣的痛苦折磨，他都曾避

24 Dalgleish, T. 'The Emotional Brain.' *Nature Reviews Neuroscience* 5(7). July 2004. p582.
25 Barrett, L.F. *How Emotions Are Made: the secret life of the brain.* Pan Books. 2016.
26 Tinbergen, N. *The Study of Instinct.* Oxford University Press. 1951. pp4–5.
27 LeDoux, J. *Anxious: the modern mind in the age of anxiety* (UK edition). Oneworld. 2015.

開讓他感到壓力的情境，而且往後一生變得非常依賴他的太太艾瑪（Emma）給予他平靜以及全心的支持。同樣的，維克斯也找到了自己的靈魂伴侶，這個人在保護與發揚維克斯才華所付出的心力，恐怕不下於艾瑪給予達爾文的支持。

維克斯學會如何管理焦慮，並將自己得到的啟發分享給其他人，她認為心跳快速只是焦慮的其中一種外顯行為。她想要告訴所有人，雖然我們無法時時藉由意志去控制心跳，但是心跳確實是能控制的。她提出的方法將會改變治療的歷史，而且正如同巴洛博士的觀察，她的治療方法讓無數病患獲益匪淺。維克斯是第一個指出以下矛盾現象的人：唯有徹底放棄控制，才能掌控某些神經疾病。

9 轉投跨領域名師門下
Now, Here Was a Teacher

一九二九年，是維克斯人生的轉捩點。她了解到自己被恐懼「愚弄」，她也很感激在遭受焦躁情緒折磨之際，依舊順利完成博士學位。

「我受苦時依舊持續工作。我提交了理學博士論文，順利取得學位。我還記得每次工作時，如果我的身體靠在打字機上，心臟就會與打字機相互碰撞，但我還是繼續工作，完成了論文。」這不僅僅是一篇炫耀文。原本無法承受的痛苦，如今已經承受得住。結果證明她的身體比她以為的要強壯，她也在書中提到了這點。

奧魯索對士兵在戰壕中經歷的恐懼所提出的解釋不僅「簡單」，而且他對自己的診斷很有信心。面對維克斯的痛苦，奧魯索表現出沒什麼大不了的態度，這讓維克斯跟著放下心來。這又是另一個啟發。信心是會傳染的，她有充分的理由相信奧魯索。

維克斯需要奧魯索的沉穩，他第一次針對恐懼說出了改變維克斯認知的那段話，兩人的關係也因此變得更加親密。就在這個時候，兩人也開始有了交集。維克斯在倫頓大學學院的研究

需要進行田野調查，她計劃研究生活在歐洲高海拔地區的蜥蜴，好跟澳洲的石龍子進行對照。奧魯索非常熟悉庇里牛斯山的地形，他曾經從巴黎步行到馬德里，在這段漫長旅程中需要跨越庇里牛斯山，後來他還將這段旅程寫成書。他是維克斯這次探索之旅的完美伴侶。就在某個時間點，體型高大、擁有聰明才智的奧魯索，向身材極為嬌小、同樣具備聰明才智的維克斯求婚。維克斯接受了。

奧魯索為她指引了新方向。恐懼會對心智和身體產生劇烈影響，這樣的看法使得她改變了學術興趣。維克斯離開澳洲前，原本的興趣是神經學與大腦研究，但現在她轉而對具有個人優勢的新領域產生好奇。

她的眼前出現了與新興趣相關的重要機會，但這個機會並沒有立即找上門。維克斯首度抵達倫敦大學學院時，她期待成為胚胎學領域的實驗家，與希爾教授合作在實驗室裡操控自然運作。此外，她還得持續進行田野研究，因為她需要收集更多在歐洲高海拔地區生活的懷孕蜥蜴，以支持她提出的寒冷氣候理論。

但是在一九二〇年代末期，維克斯的主修學科動物學與它的夥伴解剖學一樣，已失去了優勢。「達爾文和赫胥黎的聲勢逐漸衰退；解剖刀與注射針開始生鏽，」生物化學與生理學吸引了非常多最優秀的學生，生物學不再受到青睞，實驗研究成了熱門選擇。〔1〕

維克斯逐漸意識到蜥蜴研究的限制。她已經獲得國際認可，但是她花費了四年深入研究這些

生物，其中兩年她感到壓力沉重，心中開始有了疑問：關於這類爬蟲動物的研究還可以多深入？她還想研究得多深入？

現在她已經恢復最佳的健康狀態，她感到異常興奮。激發猶如兩面刃，現在的她感受到生活、旅行、以及免於恐懼的歡樂，內心不再懼怕。多年後她說，對於有些人從未經歷過神經疾病她感到遺憾，或許是因為她知道，爬下另一面山坡時的喜悅究竟是什麼樣的感受。

在這一年的年底前，一九二九年十一月，也就是維克斯的新課程開始還不滿六個月時，與希爾博士合作研究的她，開始受到解剖學系主任、同樣是澳洲人的艾略特・史密斯爵士的力場所吸引。雖然兩位教授都讓她印象深刻，但相較於英國學術生活拘泥於形式，艾略特・史密斯的無禮舉止反而令她覺得熟悉。

維克斯仍持續與希爾教授合作研究，但是一年後，洛克斐勒基金會記錄了一則訊息，內容摘錄自W・J・羅賓斯（W. J. Robbins）日誌中記載的維克斯檔案資料：「正與希爾教授合作。在聽取希爾教授與艾略特・史密斯的建議後，將會擬定最後的計畫。」

那些計畫預示了日後維克斯將徹底改變研究方向。當時維克斯正考慮離開希爾教授，轉而與六十歲的艾略特・史密斯合作，後者不僅是個富有個人魅力的老師，也是全球頂尖的大腦研究學

1 口述歷史。澳洲國家圖書館。由哈澤爾・德・貝格記錄。一九七七年六月三十日。

者。兼具這兩種特徵實在令人難以抗拒。儘管解剖學已失去光彩，但是大腦與神經系統的研究正方興未艾。根據艾略特．史密斯的朋友兼同事法蘭克．戈爾比教授（Frank Golby）的說法，神經系統「是身體的一部分，是最熱門的領域，吸引最多注意力。」〔2〕

戈爾比和維克斯一樣研究過蜥蜴，但後來對於這項研究的未來可能性不再抱有期望，特別是他曾嘗試移除爬蟲動物的大腦，結果只發現牠們「除了會出現某種呆滯狀態之外，外表看起來相當正常。」戈爾比的結論是，「在現有的爬蟲動物身上，並沒有找到有助於理解哺乳動物大腦演化的證據。」

當維克斯知道自己有機會在此領域最頂尖學者的指導下研究神經系統，感到相當興奮，她考慮延長在倫敦大學學院的研究工作，並自行支付艾略特．史密斯的課程費用。如果她想要研究神經系統，那麼她別無選擇，因為洛克斐勒獎學金的期限只有一年，其中大部分獎金都投入了她向基金會承諾的蜥蜴研究。

一九二〇年代初期，研究學者在學術圈大玩跳房子遊戲是很常見的情況，即使他們已經有專長領域，仍不斷在不同學科之間轉換。有位傑出的學者強烈反對二十世紀初期快速朝向專業化的發展趨勢。「近幾年，專業化的熱潮已經演變成嚴重的禍害。愈來愈常看到人們帶著質疑，看待那些背叛原有專業知識、在狹隘的興趣範圍外取得成就的人，」威廉．瑞佛斯（W. H. R. Rivers）警告說〔3〕，他是劍橋大學的學者，學術研究領域廣泛，橫跨人類學、神經學、心理學與民族學。

當代的學者至今依舊對此抱怨不已。「簡單來說，有非常多專業等著我們去學習與傳授，但是只有我們打破學科間的界限，不同的概念型態才有可能相互產生關聯。」[4]

不過在倫敦大學學院解剖學系，在艾略特・史密斯指導下，維克斯不會面臨研究窄化的風險。艾略特・史密斯被譽為全球最偉大的比較神經學家[5]，這世上沒有比他更優秀的跨界學者，他是個博學多聞、令人信服的學者與老師，學術生涯開始於自然科學，之後跨足神經學，接著又拓展至人類學和心理學。他不是個會被限制在框架中的人。

艾略特・史密斯的傳記提到他在學術知識上具有不錯的運動天賦（athleticism）。「他精通大腦形態學，因此得以在如同蜘蛛網般的解剖研究網絡中占有核心地位，他敏銳地意識到解剖手法的改變，可以輕鬆快速地跨足其他周邊領域。他在神經學、眼科學、精神分析、心理學、動物學以及人類古生物學等領域貢獻良多，這些領域的知識日後也融入他的神經形態學研究。」[6]

2 *The News* (Adelaide). 7 May 1937. p7.
3 Saito, A. *Bartlett, Culture, and Cognition*. Routledge. 2000. p33.
4 Wilson, D.S. & Hayes, S.C. *Evolution and Contextual Behavioural Science: an integrated framework for understanding, predicting, and influencing human behaviour*. Context Press. 2018.
5 Derricourt, R. 'The Australian who Rewrote World History'. *Inside Story*. 10 August 2015. https://insidestory.org.au/the-australian-who-rewrote-world-history/
6 Dawson, W.R. (ed.) *Sir Grafton Elliot Smith: a biographical record by his colleagues*. Jonathan Cape. 1938. p185.

艾略特．史密斯相信，生物學提供了關於心智與心理學的見解。〔7〕在他職涯剛起步的一九〇〇年，當時擔任開羅大學（Cairo University）解剖學教授的他，首開先例運用X光掃描大約擁有六千年歷史的埃及木乃伊大腦，也因此建立了他在器官演化領域的權威地位，特別在人類與其他木乃伊有所差異的器官這方面。從男孩時期直到生命結束，「哺乳動物的神經系統是他始終不變、真心熱愛的興趣。」〔8〕

這位「精力最旺盛、最好辯的人」證明了自己「有能力清楚而有智慧地與非專業人員溝通抽象的生物研究的本質與成果」。〔9〕維克斯日後出版的焦慮方面的書，證明了她擁有同樣的天賦。

奧魯索帶領維克斯來到十字路口，艾略特．史密斯則引導她走上這條道路。維克斯曾經把自己當作實驗對象，在新訂婚的未婚夫協助下治癒了自己。現在她經由一位老師引介，了解生物學家如何看待大腦和神經系統，若要談到身而為人的體驗，這位老師的理解可說最廣泛多元。

除了都對心智的奧祕深感興趣，他們兩人還有其他共同點。與維克斯及奧魯索一樣，艾略特．史密斯也熱愛音樂，而且和維克斯一樣喜歡唱歌。反對女子進入醫學院就讀的雪梨大學醫學院院長史都華教過艾略特．史密斯生理學，他記得艾略特．史密斯「是個非常優秀的男低音……如果當時他選擇歌劇而非解剖學，或許也會像現在一樣成功。」〔10〕

維克斯在第一年接近尾聲時，終於下定決心，轉向神經學領域，接受艾略特．史密斯與他的同事、同樣澳洲籍的尤娜．菲爾丁博士（Dr Una Fielding）的指導。除了維克斯發現自己對神經系

統感興趣之外，另一個考量是奧魯索。當時她沒有計劃返回澳洲。

維克斯的洛克斐勒紀錄檔案中提到，她「仔細考量過從希爾教授轉到艾略特・史密斯門下的事情。維克斯深知，獎學金的期限只剩三個月，這段期間她只能進行較小規模的胚胎學研究，同時間相關的神經學問題也能有所進展。她計劃運用自身的獎金資源，繼續留下來與菲爾丁和（艾略特）史密斯博士一起研究，直到一九三一年十月為止」。這段評語最後的簽名只有大寫字母WET，這個人只用了短短幾個字總結了他對維克斯的看法：「她非常優秀。」

成為艾略特・史密斯的指導學生後，維克斯選修了「無管腺」（ductless gland）這門課程，這是解剖學的稱法，後來改稱為內分泌系統，這是人體的化學信使（chemical messenger），負責控制荷爾蒙分泌。內分泌系統與她的蜥蜴研究有些關聯，而且在生殖上扮演重要角色，但是它牽涉的範圍更廣、能夠反映更為整體的樣貌，因此吸引維克斯的興趣。無管腺會與神經系統、也就是人體的電子信使（electrical messenger）聯手合作。

7 Elliot Smith, G. *The Evolution of the Mind*. Royal Institution of Great Britain. 1934.
8 Dawson, op. cit.
9 Waldron, H.A. 'The Study of the Human Remains from Nubia: the contribution of Grafton Elliot Smith and his colleagues to palaeopathology'. *Medical History* 44(3). August 2000. p385.
10 *The Sydney Morning Herald*. 25 June 1914.

荷爾蒙活動會影響神經系統的說法，源自於古代的研究。在西元第二世紀，第一位現代實驗生理學家、馬可・奧理略（Marcus Aurelius）[11]的宮廷醫師、被稱為「佩加蒙的蓋倫」（Galen of Pergamon）[12]的希臘人提到，血液中的「生命靈氣」（vital spirits）控制了人體機能，「神經」是心智與身體之間的調解者。但這個說法後來被時間凍結，「從蓋倫到文藝復興的這段期間，醫學科學頂多維持不變」。[13]

艾略特・史密斯的課程教導維克斯相關的基本知識，多年後她在第一本著作中應用了這些知識。在當時，關於神經的學術研究成果不多，因此《幸福就在轉念後》於一九六二年出版時，被認為是幫助人們從「當代醫學觀點理解神經問題」。[14]這本書的第二章標題是〈我們的神經系統如何運作〉（How Our Nervous System Works）。軀體的神經系統控制四肢、頭部和軀幹的運動，「我們多多少少可以依照自己的意願控制它，所以才會如此取名。」[15]與它相反的是自律神經系統，「控制內臟器官，包括心臟、血管、肺部、腸道等，甚至包含唾液與汗水的分泌。」自律神經系統包含兩大部分：交感神經與副交感神經，前者會「強化動物的防禦機制，以應對周遭的各種危險，例如極端氣溫、缺水、遭受敵人攻擊等」。

正如同坎農指出的，交感神經系統負責分泌腎上腺素，這是做出戰鬥或逃跑本能反應的關鍵，也是生存不可或缺的機制，但如果過度反應，就會變成詛咒。如同維克斯所說，對於被交感神經支配的人來說，「交感」一詞顯然不太精確。副交感神經的作用則是牽制交感神經。「當我們

過度緊張，交感神經就會開始主宰副交感神經，我們會意識到某些器官正在運作。沒有壓力的健康身體應該處於平靜的狀態。」

艾略特・史密斯並非佛洛伊德信徒，雖然精神分析技巧已被廣泛應用多年，但是他仍強烈反對佛洛伊德所稱的「新的性科學」（new Science of Sexology），艾略特・史密斯的一位同事曾說，艾略特・史密斯懷疑「一些迂腐的學究和偽科學江湖術士，刻意藏身在他們稱之為『心理學』的準科學架構背後尋求庇護，目的是為了持續發表大量文獻，艾略特・史密斯稱這些文獻是含蓄（且略為隱晦）的淫穢作品。」〔16〕

這就是艾略特・史密斯抱持的態度，因此他訓練精神科醫生時，堅持引導他們從生物學觀點理解神經系統。

「來到倫敦之前的幾年，我習慣這樣教導日後將取得精神醫學文憑的學生，精神醫學也是另

11 譯註：公元一二一～一八〇年，羅馬帝國皇帝，被授予「凱撒」的稱號，素有「哲學家皇帝」之稱。
12 譯註：公元一二九～二〇〇年，古羅馬時代的醫生與哲學家，主要貢獻是在醫學、解剖學與生理學。
13 Ackerknecht, E.H. 'The History of the Discovery of the Vegetative (Autonomic) Nervous System'. *Medical History* 18(1). January 1974. pp1–8.
14 Davis, D.L. & Whitten, R.G. 'Medical and Popular Traditions of Nerves'. *Social Science and Medicine* 26(12). 1988. pp1209–21.
15 *Self Help for Your Nerves* p5.
16 Dawson, op. cit. p60.

一種形式的神經學，主要是解釋大腦的機能，可作為中樞神經病理解剖學的入門，」艾略特・史密斯在他所寫的《自傳的片段》（*Fragments of an Autobiography*）中說道。[17]維克斯從他身上學習到，「單純的生物學家雖然會嚴謹地討論生物議題，但也會注意解剖事實隱含的某些心理學意涵，他們解釋心智與心智運作時，還會評論其中涉及的神經面向。」[18]

艾略特・史密斯教導維克斯恐懼的運作模式，同時讓她第一次見識到如何運用專業知識提出解釋，讓人們理解當這個實用的警報無法關閉時，會引發什麼問題。

17 ibid.
18 Elliot Smith, op. cit. p2.

10 啟發寫作風格與主題的著作

A Template for a Book

第一次世界大戰爆發時，佛洛伊德已將近六十歲。雖然戰爭提供了理解精神與身體疼痛的大好機會，但是佛洛伊德並沒有像同時代的心理學家一樣，自願到前線治療暴增的傷患。他沒有「看過其中任何一個人，戰爭期間他埋首撰寫抽象的理論論文以及《精神分析引論》（*Introductory Lectures*）這本書，分析自己的女兒安娜（Anna），為那些有能力支付費用的私人病患看診。」〔1〕

佛洛伊德沒有趁此機會理解戰爭創傷，仍持續將焦點放在早期兒童經驗，融入他所堅信的心理建構（psychic construct）概念。他認為所有精神官能症都源自與性有關的成因，戰爭並未改變他的想法。他的一位傳記作家指出，他提出的某些「關於戰爭精神官能症的結論，其實是錯誤的……但不幸的是，這些結論仍持續存在，因為它們早已經與他的名字和名聲聯繫在一起。」〔2〕

在同盟國這一邊，英國精神醫學出現了不一樣的改變。心理學家威廉・瑞佛斯寫道，「有大

1 Breger, L. *Freud: darkness in the midst of vision.* John Wiley & Sons. 2000. p260.

2 ibid.

量證據顯示，之所以出現病態的緊張與精神狀態，似乎與戰爭帶來的驚嚇及壓力直接有關」，他明確反對以下說法：有證據顯示其背後的原因是壓抑的性情結。〔3〕

在當時，佛洛伊德成了理解戰後創傷的一大阻礙，這個問題有長達半世紀沒有被搬上檯面，直到一九七〇年代末期砲彈驚恐症（shell shock）再度出現，被認定為創傷後驚嚇症候群，當時的西方政府想盡辦法治療從越南返國、情緒低落的受傷士兵。不過最值得注意的是，佛洛伊德「完全忽略恐懼是戰場上最有說服力、最強烈的情緒感受」。〔4〕

正當佛洛伊德遠離戰爭創傷之際，艾略特．史密斯和同事湯姆．哈瑟利．皮爾（T. H. Pear）反倒著手探究這問題。與佛洛伊德不同的是，他們看到了恐懼。難以承受的恐懼。接著他們直覺想到另一件事：「這是相當複雜但真實存在的狀態，是一種擔憂自己會感到恐懼的狀態」。這個疾病對於心智與身體造成的後果，也讓他們感到詫異。治療患有砲彈驚恐症的士兵兩年後，艾略特．史密斯對於神經疾病的問題，已經有了明確的主張，甚至捲起衣袖積極投入精神醫學的辯論。

一九一七年，《砲彈驚恐症及其教訓》（*Shell Shock and Its Lessons*）出版。這本語氣熱情急迫的專書主張，治療患有砲彈驚恐症的士兵時應心懷同情，還提到應該全面改革戰後的心理健康領域。

艾略特．史密斯和皮爾觀察離開戰場的士兵後表示，所有患有砲彈驚恐症的士兵，表現出的症狀沒有任何不同：「因為砲彈驚恐症沒有出現新的症狀或不適。人們在日常生活中就已經看過所有症狀……這些症狀在戰爭爆發前就已存在，也不會因為和平到來而奇蹟般地消失。」〔5〕

在戰爭期間治療士兵所得到的啟發，同樣適用於和平時期。艾略特・史密斯和皮爾建議關閉收容所，由醫院附屬的診所中心取代，讓醫生累積治療精神病的經驗。他們堅持醫生必須重新接受教育，了解心智與身體的關係。其中最引起爭議的一點是，他們認為只要醫生採取正確的治療方法，神經疾病是可以治癒的。

艾略特・史密斯在前述著作的緒論中指出，「長期以來，我們的國家面對這些問題的態度反覆無常、漠不關心、充滿迷信，或是因為感到無能為力而選擇忽略，甚至心生恐懼」，他期望未來能以更進步的態度面對這些問題。他建議戰後應發展「精神疾病治療科學」。

他們注意到法國心理治療先驅朱爾・戴哲因（Jules Dejerine）的研究成果，「他主張情感上的同情是最簡單有效的治療方式」〔6〕，他們的著作與官方以及大眾對於「精神錯亂（insanity）或精神薄弱（mental weakness）」的態度有所抵觸。

艾略特・史密斯和皮爾觀察到，學術界並未從先前的戰爭中，學到如何治療患有神經疾病的士兵與公民，對於這一點他們兩人頗有微詞。他們在《砲彈驚恐症及其教訓》的結尾寫道：「我

3 ibid.
4 ibid. p242.
5 Elliot Smith, G. & Pear, T.H. *Shell Shock and Its Lessons*. Longmans, Green & Co. 1917.
6 Shephard, B. *Headhunters: the pioneers of neuroscience*. Vintage. 2014. p194.

們已經打混半個世紀，而且比以前更懶散。如今戰爭給我們上了一堂課。我們還要再次遺忘嗎？」

「是的」，這是上述問句的唯一答案。《砲彈驚恐症及其教訓》一開始就遭外界忽略，然後徹底遺忘。人們沒有學到任何教訓，士兵承受的精神痛苦長達數十年沒有獲得治療，也不被承認。未來還會爆發另一場世界大戰以及無數戰火。人類花了整整六十三年，之後官方才終於認定、醫學界最終承認確實有戰後創傷這回事。

但是人們關於艾略特．史密斯的記憶，並非他在早期對於砲彈驚恐症提出的見解，根據歷史記載，艾略特．史密斯極容易受騙上當，更糟的是還曾捲入皮爾當人（Piltdown Man）騙局。（這是一次化石造假事件，原本被認定自此填補了從猿類演化至人類過程中失落的環節，但事後證明發現的化石是由人類頭骨、紅毛猩猩的下顎與黑猩猩的牙齒化石組成。）

但是，有位醫生注意到《砲彈驚恐症及其教訓》這本書。如果說維克斯的著作有任何參考範例，應該就是這本書。有證據顯示維克斯讀過這本書：第一，在五十年後維克斯出版的著作中，她對於神經疾病採取的態度與治療方法，與他們兩人在第一次世界大戰期間出版的這本著作完全相同；第二，時機點提供了間接證據。

維克斯發現，患有砲彈驚恐症的士兵，經歷過令他們不安的精神與身體症狀，它們與曾讓她痛苦不堪的症狀雷同。不久之後，艾略特．史密斯向她提到了探討戰鬥與逃跑機制，以及這項機制與腎上腺之間關聯的最新學術研究成果。

住在倫敦的澳洲學者不多，奧魯索應該早就認識艾略特．史密斯。他們都曾就讀雪梨大學，都是哈里森的朋友。他們都曾在第一次世界大戰中服役，只不過經歷大不相同。奧魯索有可能聽過《砲彈驚恐症及其教訓》這本書，然後推薦給維克斯。或者，也許是艾略特．史密斯有意讓他的學生對神經系統有更廣泛的認知，因此向她提到了這本書。

維克斯究竟是如何知道這本書的，已經不可考，但神奇的是，她日後的著作確實與這本書的觀點不謀而合。一開始探討醫學科學，接著依據她自身的經歷，證明恐懼會如何擾亂心智與身體。此外對於治療病患，她提出了不同於過去且更為樂觀的觀點。這在當時是很不尋常的事，而且一直是如此。

政府看到的是一群懦夫，艾略特．史密斯和皮爾看到的卻是一群勇者。他們宣稱，最嚴重、最令人苦惱的症狀會發生在「過去不曾表現出正常程度膽怯心理的病患身上，他們因為性格『膽大妄為』而被注意到，因此在前線特別容易被選為通訊員、狙擊手與擔架兵」。曾擔任士兵的戰爭詩人西格夫里．薩松（Siegfried Sassoon）就是一個例子，只不過他們沒有提及他的名字。

「這在患有砲彈驚恐症，而且在軍中服役十五到二十年、長期處於極度緊張狀態的資深士官身上很常見。這些人不能稱為懦夫或『神經病』」。〔7〕

或者，如同多年後維克斯寫道：「這些人是我見過最勇敢的一群人。他們必須解決問題，只不過他們的內在缺乏解決問題需要的能力。」關於第二點，艾略特．史密斯寫道，「他的內在與

外在相互交戰：他試圖動用叛軍擊敗敵軍。」

艾略特．史密斯和皮爾並不讚賞「面對危險似乎不會感到恐懼的人。我們幾乎不會用『勇敢』來形容這些人。真正勇敢的人是能感受到恐懼，然後克服它，或是不讓這樣的情緒阻礙自己執行任務。」

《砲彈驚恐症及其教訓》行文充滿自信，像是以老師的口吻對讀者說話，而且活用日常比喻，維克斯日後出版的著作，寫作風格也是如此，但這也有可能是三位作者都偏愛澳洲人習慣的那種直言不諱風格。她必定同樣堅信，「只要身處的環境對一個人來說足夠『艱難』，那麼幾乎任何人都有可能罹患精神官能症。」

艾略特．史密斯和皮爾的用意，是顛覆專業人員和大眾的認知：以為某些人相較於其他人更可能發瘋，而且認為神經疾病無法治癒。「神經衰弱的人表現出的行為與正常人相較，只不過是程度上有所不同，」這兩位學者表示。

他們抨擊一般大眾認為士兵已「失去理智」或「喪失理性」的說法。用這種說法「描述這樣的情況是非常不恰當的。這些不久前才經歷地雷爆炸、藏身於地洞中、親眼目睹或聽到戰友受傷，或是得知其他駭人消息的士兵，不論他們的心智狀態如何，他們抵達英格蘭的醫院時，理智和意識並未喪失，只是以令他們感到痛苦的高效率方式運作。」

艾略特．史密斯和皮爾雖然是學者，但選擇為一般大眾寫書，維克斯也是刻意這麼做。在他

們著作的緒論中，都提到不斷「被醫學專業人員與一般大眾要求，撰寫一本淺顯易懂的非技術性書籍，解釋那種疾病或相關複合症的確定事實，不過我們已採用官方的命名，稱那種疾病為砲彈驚恐症」。維克斯在解釋她為何決定為一般大眾撰寫自助類書籍時，也提出了類似說法，一般預料身為學者的她應該會鎖定專業讀者，但是她說，她看到有廣大群眾亟欲理解這類疾病。

巧合的是，這兩個人都將精神疾病治療與結核病歸為同一類。兩者之間有明顯的共通之處，那就是多數人相信這兩種疾病都是遺傳而來，而且這個缺陷會遺傳給後代。維克斯曾罹患這兩種疾病，不過從艾略特．史密斯和皮爾的觀點來看，兩種疾病都遭到汙名化，他們駁斥遺傳可以解釋一切的說法。後來維克斯也明確反對憂鬱症是遺傳的說法。談到治療精神障礙，這種反遺傳的立場充滿了挑釁意味，因為成立精神病院正是基於精神疾病是遺傳而來這個假設，體制內支持遺傳觀點的勢力相當龐大，原因在於當時大家對於怎麼治療精神疾病仍充滿爭議。

在《砲彈驚恐症及其教訓》中，艾略特．史密斯和皮爾更偏向以「心理學」觀點說明精神疾病。他們認為，若要避免發生悲劇、監禁、或是被貼上精神失常的標籤，關鍵就在於及早發現，然後向病患清楚地解釋他們的症狀，教導他們如何治癒自己。

「理解」是關鍵字。艾略特．史密斯和皮爾寫道：「戰爭期間的特殊醫院最成功的做法，就是

7 Elliot Smith & Pear, op. cit.

幫助病患理解他的奇怪症狀（許多症狀只有病患自己覺得不尋常），驅除恐懼的感受，當他們對自己的情況有了全新的認識，就能靠一己之力恢復健康。」

四十年後，維克斯則寫道：「理解神經疾病是關鍵，唯有如此，我們才能真正了解導致神經疾病的康復變得如此困難的莫名體驗是什麼——前一分種還觸手可及，下一分鐘卻消失無蹤。理解是治癒的先決條件。」〔8〕

維克斯和他們兩人的著作在寫作風格上有不少相似之處。他們都喜愛使用斜體或粗體字，維克斯第一本著作的第一位書評家就曾輕蔑地批評說，這正是自助類書籍的典型特色。就連某些關鍵字詞的使用都異常相似。艾略特・史密斯和皮爾反對以下主張：「一旦成了瘋子，就永遠是瘋子。」他們表示這種說法「不僅殘酷，而且毫無道理」，維克斯也做出相同的回應，而且幾乎一字不差，多年後的一九八三年，維克斯在第四屆全國恐懼症研討會上發表演說時，就指責醫學界以精神醫學的態度看待他們的病患：「一旦成了懦夫，就永遠是懦夫。」

他們都談到神經與神經疾病，半世紀後維克斯也使用了這些字眼。而且就算她沒有讀到這些字，也必定認同他們的觀點：醫生應該要明白，不要「將幾乎所有注意力都投注在病患的疾病上」，許多醫生其實心裡非常清楚，「吸引他們注意的疾病，其中有不少的情況極端複雜，但不全然是心理因素」。她因為理解身心因素引起的焦慮，而建立了自己的名聲。

和維克斯一樣，艾略特・史密斯和皮爾同樣想告訴人們如何治癒自己，並提供病患康復需要

的重要支持、希望與信心。但他們的重點是恐懼，因此看到他們的書就會聯想到維克斯的著作。「如果說行為舉止可作為評斷清醒與否的標準，」利物浦北方的馬格豪爾醫院（Maghull Hospital）中的許多病患「持平地說，頭腦非常清醒；但是他們愈來愈害怕出現這些不正常現象，然後被診斷為精神錯亂的初期症狀，或是更常見的被直接斷定為患有精神錯亂的跡象。」

他們兩人辨識出重要的現象，這些現象後來也成為維克斯診斷的核心，那就是害怕恐懼情緒，這是她所提出最歷久不衰的見解，幫助世人理解、治療與治癒神經疾病。她最早指出懼曠症怕的並非「廣場」或外部世界，而是害怕與外出有關的沉重感受再度出現。害怕那樣的感受再度復發。

艾略特．史密斯和皮爾找到情緒崩潰最重要的源頭之一是「強烈而頻繁復發的情緒」。維克斯創造了「敏化」一詞，向病患說明為什麼他們會被這種莫名且惱人的感受襲擊。正如同艾略特．史密斯和皮爾所說的，「這些困擾的特徵是情緒不穩定以及被放大，而不是理智喪失或受損。」

所以答案是什麼？如何治療被情緒反應支配的人？艾略特．史密斯和皮爾認為，答案在負責治療的醫生身上。《砲彈驚恐症及其教訓》特別花一整章說明，他們認為醫生必須更深入理解心理學，以及心智擾亂會如何干擾身體。

他們兩人都相信，信心是一切，而訓練有素的醫生可以帶給病患信心。他們認同坎農的「暗

8 *More Help for your Nerves*, p1.

示性」實驗研究。「我們不能忽略『砲彈驚恐症』的症狀出現時，交感神經系統、腎上腺與甲狀腺所扮演的角色……」

這是面對心理痛苦時應採取的醫療做法，如果維克斯讀過他們的著作，她必定能明白，「當人們第一次向他的夥伴求助，想解決身體或心智的痛苦時」，他是否有信心「指導者有能力展現效率」，將會是關鍵。「有能力說服病患相信自己能康復，相信醫學建議能幫助他們康復，這是擔任醫生應具備的最重要條件。」正因為如此，維克斯堅持，出版社必須在書封上顯眼的位置提到她是醫生。

在《砲彈驚恐症及其教訓》中，史密斯和皮爾認為，神經症狀與長期情緒壓抑有關。不過他們僅僅是觀察到這個現象，沒有提出解決問題的建議。後來維克斯找到了答案，一個非正統的答案，也就是日後她提出的處方——「接受症狀」。這個反直覺的做法，是她從奧魯索身上獲得的啟發。士兵接受訓練學會如何戰鬥；患有神經疾病的人則是出於本能，想要抵抗折磨他們的症狀。維克斯的處方則是放下武器，結束戰鬥。

《砲彈驚恐症及其教訓》這本書就停在醫師的門前，兩位作者沒有繼續清楚說明心智與身體之間的連結，因為他們時間有限，書的篇幅也有限。不過艾略特．史密斯和皮爾建議其他人應該繼續解決這個「最令人著迷的問題」，包括「透過情緒干擾造成身體機能失常的機制」。而若要著手解決這個問題，「就必須廣泛涉獵臨床醫學的絕大多數領域」。

他們承認，他倆的這本著作並非一本「精神疾病治療完全手冊」，他們必須把這個工作交給其他人。一九六二年，維克斯以受過醫學訓練的醫師身分，撰寫了那本「手冊」，運用一般人能理解的語言解釋神經系統如何運作，並詳細說明所有相關的身體系統如何與強烈的情緒感受相互結合，進而引發如此怪異的症狀與強烈的痛苦。

11 寒冷氣候的生活 Life in a Cold Climate

在倫敦大學學院實驗室待了七個月之後，在轉投入艾略特．史密斯門下之前，維克斯中斷了學術研究工作，休了長假，與朋友凡斯和未婚夫奧魯索一同旅行。這次旅行並非完全與工作無關，除了從事三人共同熱愛的活動，維克斯也可趁機收集庇里牛斯山的蜥蜴。她不僅擁有洛克斐勒基金會的獎學金，還獲得皇家學會補助，可以用來支付她在奧文尼、庇里牛斯山和法國阿爾卑斯山的田野研究。

維克斯獲准延遲後半段的獎學金期限，一九三〇年五月三十日，她動身出發，開始了生平第一次歐洲短期旅遊，她計劃去叨擾那些毫無戒心、生活在高海拔的蜥蜴。一九三〇年六月三十日，艾略特．史密斯寫了幾封介紹信給其他有可能協助維克斯的學者。

這次休息時機正好，可能也是一次慶祝之旅。維克斯的心理和身體皆已恢復健康，幾星期前的五月五日，她的論文獲得通過，順利取得雪梨大學理學博士學位，只不過她並未出席。她的博士論文題目展現出她的企圖心：〈爬蟲動物的胎盤生成及其對哺乳動物演化歷史的可能影響〉。

一九三〇年四月，《雪梨晨鋒報》報導「維克斯小姐有望成為第一位榮獲雪梨大學理學博士的女性。審查委員指出，她的論文對於動物學專業知識與理解，作出了卓越的原創貢獻。」他們甚至刊登了一張維克斯的照片，上面寫著她的出生名哈澤爾，在正式場合她依舊會使用這個名字。《新堡先鋒報》（*The Newcastle Herald*）報導，「維克斯小姐是唯一取得『理學博士』學位的女性，但是由於她即將前往歐洲，她不會出席領取學位證書」。顯然維克斯「沒有耐心與其他學術圈的科學家討論她在爬蟲動物胎盤生成的重要發現，但是她的發現將會對哺乳動物的演化歷史帶來重大影響」。

如今奧魯索的未來完全以維克斯為主。他在倫敦時有大量空閒時間，讓他自己變得有用的唯一方法就是規劃行程，全力協助那位研究高海拔蜥蜴的女性。維克斯和凡斯很開心有機會讓自己汗流浹背。這是一趟冒險之旅、不是豪華旅遊，多數時間他們都在健行或騎自行車。這麼多年來，維克斯第一次可以帶著無比輕鬆的心情旅遊，這次經驗太過難忘，後來她甚至因此將旅遊轉變成個人事業。

維克斯深深被歐洲吸引，澳洲報紙報導了這段令人激動的發現之旅。一位社會專欄作家寫道，「老實說，我羨慕他們可以開心享受著我最想做的事情，如果我走運的話，我也想去歐洲旅行。我會去西班牙境內的庇里牛斯山腳下美不勝收的村莊。這兩個人（凡斯和維克斯）在這次旅行期間遊歷歐洲大部分地方，而且四度徒步翻越庇里牛斯山。」

奧魯索已經來過這地區非常多次，他帶著她們走訪位於西班牙東北部、鄰近法國邊境的哈卡（Jaca）。在西班牙，維克斯學會如何在預算有限的情況下旅行。這兩名女性發現，她們每天只需要五先令就能生存。

如今維克斯已重拾自信，重新排定自己的優先事項，她決定將學術研究重心轉向大腦。這次旅行也激起了她對語言的好奇心，這也是奧魯索的愛好之一。她花錢去上瑞典語課程，她告訴澳洲報紙媒體，她和凡斯的語言知識更加充實，「大概新學了三種語言」。〔1〕

維克斯再度充滿活力地盡情享受人生，卻愈來愈沒有把握未來能安於妻子這個角色。她與奧魯索的關係成了她博士後生活的支柱，是他讓維克斯恢復清醒，他更是她極為在乎的人。但是就在奧魯索幫助維克斯的身體健康恢復穩定的同時，也激發了她對這世界的廣泛興趣。除了安定下來照顧丈夫，現在維克斯心裡還有其他更多想做的事。

維克斯和奧魯索在他們的餘生中，仍持續彼此分享對於音樂、旅行和寫作的熱愛。其中寫作為他們帶來最大的生涯成就與滿足，但是兩人之間持久的關係有了新變化。奧魯索拯救了她，維克斯心懷感激，也從未忘記這份恩情。這份感激之情成為奠定兩人友誼的穩固基礎，但不必然是愛情，而且無論如何，她已經決定返回澳洲。最終維克斯解除了婚約。

1 *The Sun*. 3 March 1932.

那段時間對奧魯索來說非常難熬。他的朋友伯特・柏透斯（Bert Birtles）寫道，對他來說這是一段「精神休眠期，沒有明確的目標」，不過奧魯索或許是為了淨化心靈，「已開始思考要撰寫一本小說，描述五位地位舉足輕重的女性故事」。〔2〕他的前未婚妻是其中一位。

如今經濟大蕭條開始衝擊人們的日常生活，由於經濟壓力，奧魯索不得不中斷原本的文學抱負。他重新回到科學領域，獲得皇家地理學會（Royal Geographical Society）的工作，開始認真從事他所說的「在肯辛頓的苦差事」。

一九三一年十月二日，也就是維克斯抵達倫敦的兩年後，她完成了在倫敦大學學院的研究，接下來的六個月她和凡斯再度前往歐洲旅遊。這一次這兩名年輕女性選擇北方的斯堪地那維亞半島，維克斯新學會的瑞典語正好派上用場。他們騎著自行車從瑞典越過邊境前往挪威，直到回家的時候到了為止。〔3〕

他們搭乘英國遠洋客輪歐紹瓦號（SS Orsova），在一九三二年三月九日抵達雪梨。就和奧魯索一樣，維克斯必須重新適應這個時代。在此之前，她的生活絲毫未受到經濟大蕭條所衝擊。倫敦讓她有機會接觸到更寬廣、更都會的生活。

一九二〇年代，新一波戰後能量引爆，挑戰維多利亞時代公眾道德的藝術、書籍和流行時尚大量湧現。大衛・赫伯特・勞倫斯（D. H. Lawrence）撰寫了含有露骨性愛情節的小說《查泰萊夫人的情人》（*Lady Chatterley's Lover*），顛覆了關於性愛主導的傳統觀念。這本書於一九二八年在義大利

祕密出版，同年喬納森．凱普（Jonathan Cape）出版了史上第一本同志小說《寂寞之牆》（*The Wall of Loneliness*）。這兩本書的命運如出一轍：引發大眾強烈抗議，從此被禁了數十年。

一如往常，最能反映時代象徵的莫過於時尚表述。就以女性解放為例，短髮象徵心智獨立，還引發了關於女性氣質是否受到摒棄的激烈公開辯論。維克斯對於服飾或時尚沒有特別感興趣，但仍舊加入了這股時尚潮流，選擇了最男性化、被稱為伊頓鮑伯（Eton Bob）或伊頓頭（Eton crop）的髮型。

她的頭髮剪短至接近頭部的位置，還剃掉後腦尾端的頭髮，削去兩側的捲髮。一九三二年三月九日出刊的《雪梨郵報》（*The Sydney Mail*）的「女性世界」欄位刊登了一張大照片，照片中的她神色敏感而警戒，有著柔和圓潤的五官、一頭極短的深色頭髮、以及一雙靈動大眼。如果沒有那串珍珠，看起來就像是張年輕男子的照片。

維克斯頂著鮑伯頭回到澳洲，媒體自然也注意到了。她的外表和兩年前出國時已大不相同，另外她也累積了更廣泛的生活歷練，歐洲更是給予她音樂與藝術方面的薰陶。她在洛克斐勒獎學金申請書上寫下的「未來計畫」，也就是回到雪梨大學教授動物學，早已被拋諸腦後。蜥蜴和實驗室對她已失去了吸引力。

2 Birtles, B. 'Marcel Aurousseau: poetry, people, and places'. *Meanjin* 29. December 1968.

3 The Sun, op. cit.

她曾經遠赴倫敦，與希爾教授合作研究蜥蜴，返回澳洲後卻再也沒有提起他。她僅僅提到「與艾略特．史密斯教授合作研究」。她告訴媒體，自己的專長研究領域是「神經學，也就是研究神經與無管腺的機能，希望未來能在醫學院持續這個領域的研究。」

很顯然，她沒有絲毫猶豫。「維克斯博士回到雪梨後立即進入狀況，她下飛機四天後，也就是今天，便馬不停蹄地開始醫學院的研究工作。她是第一位取得雪梨大學理學博士的女性。」〔4〕

但是這段描述掩蓋了真相。維克斯這次重新回到雪梨大學其實充滿挑戰，她原本期望在神經學領域獲得學術工作機會，可惜經濟大蕭條終結了這個企圖。如今工作成了奢侈品。維克斯回到澳洲的那一年，被當時的校長認定是雪梨大學史上最艱困的一年。政府補助被刪減了將近四分之一，所有學術職位的薪資也縮減了百分之十。〔5〕

但是維克斯沒有時間到其他學術單位找工作，只好回任原本在雪梨大學動物學系的職務，但報紙媒體卻錯誤形容這是她的「業餘專案」(pet project)。

維克斯很享受身為一名享譽國際、態度嚴謹的學者，但她已經對原本的專長領域失去了興趣。不過，同時代另一位身材嬌小、和維克斯一樣取得理學博士的澳洲女性艾賽爾．麥克倫南博士(Dr Ethel McLennan)，倒是投入了這個向來吃力不討好的研究領域。「終身投入某個研究需要堅定不移的決心，完全不去考慮那些能讓你名利雙收的尋常人生志向。從事研究的學者從不期望自己變得有錢，如果他們變得有名，多半只是意外。數百人終其一生在做的事情，只不過是將大約

一百條道路標示為『此路不通』和『死胡同』，為後續接手研究的人提供指引。」〔6〕

在蜥蜴研究這條路上，維克斯已經達成她希望獲得的成就。雖然她已經享有國際名聲，但她發現研究是相當孤單的工作。對於厭惡獨處的女性來說，實驗室就像一座牢籠。回到雪梨後，她面臨了更重大的生涯難題，但是除了動物學她別無選擇。接下來的三年，她勉為其難地繼續留在這個領域，卻也因此讓自己的名氣變得更加響亮。她提出的寒冷氣候理論讓她享有盛名，事後證明這項理論對於演化的學術研究影響深遠。

她的著作確實引發不同意見的批評。維克斯離開倫敦之前，參加了一九三一年舉辦的大英帝國與愛爾蘭解剖學會年會，但是在現場她遭遇了另一位學者的挑戰。當時她受邀向學會發表演說，她朗讀了一篇說明「決定爬蟲動物胎生的因素」的論文，論文提到「內分泌活動、氣候等因素，特別是溫度和濕度的變化，決定了某一群或另一群物種是否為胎生或卵生」。

但是艾米爾．祖克坎多博士（Dr Emil Zuckerkandl）卻很不以為然，他「不太相信氣候因素是決定狀態的唯一因素」。這種論述暗指「遺傳與環境之間存在特殊連結」，但是他無法認同這一

4 *The Sun.* 10 March 1932.

5 Morison, P. *J.T. Wilson and the Fraternity of Duckmaloi.* Rodopi. 1997. p88.

6 *The Argus.* 3 September 1935.

點。〔7〕質疑維克斯的人問說為什麼不是突變造成，這樣提問有可能是在暗指維克斯已經被拉馬克主義俘虜，認為蜥蜴的生理構造之所以改變，是因為在寒冷環境生活所致。維克斯的導師哈里森非常景仰拉馬克的學術研究，但是這名法國生物學家一直充滿爭議（不過有些學者根據如今稱為表觀遺傳學〔epigenetics〕的研究新發現，重新評估他提出的概念，表觀遺傳學主要是研究環境的影響會如何導致基因表現產生遺傳性改變，但不會改變DNA序列）。

維克斯明智地遠離演化戰爭，只相信自己的研究。直到數十年後，她為了佛洛伊德，才真正加入了與突變說支持者的論戰。學會的備忘錄記載了她的說法，她說沒有證據顯示卵生或胎生是由突變決定，任何物種都必須花費數千年改變牠們的習慣。

她傾向歸因於環境影響，這從數年後她面對心理健康問題時的態度，就可得到證明。當時許多學者仍堅持憂鬱症是遺傳，但是她表示反對。

「在我看來，憂鬱症並非遺傳，而是環境造成。某位家人的心情很容易因為另一位家人的消沉態度而受到破壞，」她在第四本書中寫道。「另外，如果有好幾位家人有憂鬱症，其他家人也很容易害怕自己終有一天也患上憂鬱症。讓自己變憂鬱的有效方法，就是持續感到害怕……」〔8〕

過去十年，維克斯在澳洲和歐洲收集許多蜥蜴，最終證明在高海拔地區胎生占有優勢。後續不斷有證據證實這點，她也確認了胎盤生成的三個階段，並提出詳細說明。「揭露了『未曾被發現的複雜與多元性』」，理查・西恩（Richard Shine）在將近一世紀後探討這個研究領域時寫道。〔9〕

一九三五年，維克斯完成了為新南威爾斯林奈學會撰寫的八篇論文中的最後一篇，在這篇論文中她結論道，單純的氣壓因素不可能直接導致胎生，因為生活在海平面的某些海蛇同樣演化為胎生。「看來比較有可能的情況是，如果有高海拔相關的外部因素影響了胎生的演化選擇，那麼應該是寒冷的氣候，影響方式或許是直接干擾卵生循環，或者只是提供了最適於突變為胎生的環境條件。」〔10〕

她用壁虎作為例證，壁虎生活在亞熱帶地區，主要以卵生為主。但是在寒冷的紐西蘭地區，壁虎是胎生的，這項發現正好支持她的理論。胎生蜥蜴只會出現在較高海拔的地區，也就是四千英尺以上，她在不同大陸、不同高山棲息地研究的蜥蜴也證實了她的論點，那就是在寒冷的天氣，蜥蜴懷胎的時間會變得更長。接著她指出，「哺乳動物的卵黃囊胎盤的演化歷程有可能與蜥蜴近似」，這也讓她在演化歷史上暫時取得了一席之地。她這最後一篇論文後來被該領域的學術著作引用多達數百次。在這篇論文出版八十年後，當代的動物學學者依舊對維克斯讚賞不已。

7 Zuckerkandl, E. *Proceedings of the Anatomical Society of Great Britain and Ireland*. November 1931.

8 *More Help for Your Nerves*, p117.

9 Shine, R. 'Evolution of an Evolutionary Hypothesis: a history of changing ideas about the adaptive significance of viviparity in reptiles'. *Journal of Herpetology* 48(2). June 2014. pp147–61.

10 Weekes, H.C. 'A Review of Placentation among Reptiles with Particular Regard to the Function and Evolution of the Placenta'. *Journal of Zoology* 105(3). September 1935.

維克斯（1927a, b, 1929, 1930, 1935）對於理解爬蟲動物胎盤生成做出了重大貢獻。她主張採用比對法研究演化型態，她提出的假設至今仍然適用，而且可在譜系學架構下進行測試。她的著作對於近期關於爬蟲動物胎盤形成的研究帶來重要影響，不僅僅是因為她提供了理論基礎，還因為她找到了可持續作為有用參考範例的物種。〔11〕

一九三一至一九三五年間，維克斯持續研究蜥蜴，同時不斷接到公開演講的邀約。她很喜歡外界給予她的這份肯定，直到一九三八年，她一直是新南威爾斯林奈學會內唯一獲得理學博士的女性。不過她受邀公開演講時，偏好談論她的旅遊經驗，比起蜥蜴的胎盤生成，前者更能吸引廣大聽眾的注意力。

私底下可以明顯看出，維克斯在雪梨大學時非常焦躁不安，但在公開場合幾乎看不出來。之前她沒有興趣讓奧魯索成為丈夫，現在則是對學術界感到厭煩。如果說維克斯情緒不穩，那麼這時候她最要好的朋友則是心煩意亂。就如同先前奧魯索陷入的尷尬結果一樣，凡斯戀愛了。

這次戀愛出了問題，但原因不明。儘管多年後維克斯談起這段失敗的戀愛經驗，每次版本都不一樣，不過都提到她非常高興把前未婚夫交給凡斯，她甚至引導凡斯去找他。對凡斯而言，問題不在維克斯，而在她渴望的對象身上。當凡斯匆忙返回英格蘭，重新與奧魯索聯繫後，奧魯索

非常高興，卻絲毫沒有意識到她的興趣不僅僅是當朋友。接下來的十年，他一直沒有看透這點。

日後維克斯向晚輩提到她的訂婚時，每次的版本也都不盡相同。她告訴外甥女法蘭西絲說，她雖然很愛奧魯索，但是已經決定把他「讓給」好友。她說她之所以決定犧牲，是因為她的朋友愛他愛得發狂。但是法蘭西絲不完全相信她的說法。「阿姨偶爾會扮演烈士。她告訴我：『嗯，你知道的，蘇茲非常愛他，所以我選擇退出。』」

但是當維克斯真的想要某個東西時，退讓絕不是她的作風，她對另一位外甥女描述的版本又不太一樣。「她說她訂過婚，」莉莉．盧艾（Lili Louez）回想說道，「我記得她告訴我說，她非常愛這個男人，對方也非常愛她，他和她的一個朋友結婚了。」但莉莉還是很疑惑。她問過阿姨：她可以成為非常優秀的母親，難道她沒有想過生小孩？這一次，莉莉得到了不一樣的答案。維克斯很清楚自己將婚姻視為第二個選擇。她說，她的生涯才是最重要的。

「我永遠不會忘記她對我說，『親愛的，你知道嗎，我已經將我的人生奉獻給醫學。這是我的最愛，我熱愛醫學和科學，如果我結婚了，我就成了妻子，那麼我必須成為最優秀的妻子，就好比我希望成為醫學界最優秀的人。』」莉莉說道。

這是事實，但並非全部。無論做什麼事，維克斯都希望自己是最優秀的。她明白自己的性格

11 Rheubert, J.L. et al. *Reproductive Biology and Phylogeny of Lizards and Tuatara*. CRC Press. 2015. p530.

追求完美，知道必須為此付出什麼情緒代價。後來她勸告說，追求完美的生活會造成反效果。她心知肚明。成為優秀的人、成為最出色的人，是要付出代價的。她也坦承，努力成為最優秀的妻子，就無法擁有璀璨的生涯。

12 貝絲之歌 The Song of Beth

一九三三年，維克斯滿三十歲。她被困在動物學系，努力想在自己的專業領域之外尋求新方向。正當她思索生涯的下一步，她重拾家族對於音樂的熱愛，報名參加新南威爾斯州立音樂學院的兼讀歌唱課程。她很喜歡德國的藝術歌曲，而「學院」當初成立的目的，正是「提供至少與頂尖歐洲音樂學院相等的標準學費」。[1]這次決定徹底改變了維克斯的人生。

音樂是這家族遺產的一部分。許多維克斯家族成員都具備音樂天賦，維克斯不會演奏樂器，但擁有一副好歌喉。在世紀之交，歌舞綜藝表演非常流行，這成了她父親拉爾夫的主要收入來源，他為里卡茲創辦、營利性質的蒂沃利交響樂團以及知名的劇團經理人詹姆斯．卡修斯．威廉森（J. C. Williamson）演奏小提琴和打鼓。拉爾夫「非常受歡迎，總是戴著領結，身邊圍繞著許多波希米亞藝術家」，維克斯的母親范則是在一旁猛力敲打著鍵盤，「總感覺四周樂聲繚繞，」維克斯的弟

1「我們的歷史」。雪梨音樂學院。https://www.sydney.edu.au/music/about/our-history.html

弟在回憶錄中寫道。范很喜歡演奏，但是性格挑剔的布萊恩總會「用自己的刻薄方法」描述當時的場景，他記得她有點像「音樂重鎚手」。他形容范的音樂風格是「媽咪浴盆風」，但是他也承認，「她從不會彈錯音符，而且比我爸還享受音樂演奏」。

拉爾夫．維克斯不只演奏通俗的音樂鬧劇或琅琅上口的旋律，也為雪梨交響樂團演奏，還會自己作曲，而且贏得當地報紙不錯的評價，只不過也招致一些奇怪的嘲諷。他創作的〈四月陣雨〉（April Showers）「曾在皇家劇院（Theatre Royal）與市政廳成功演出」〔2〕，但是一位樂評家卻大肆抨擊他的〈愛的迎接〉（Love's Welcome），這位樂評家認為他的作曲完全符合他得到的評語，「排序過於抒情，講求虛弱無力的美感。音樂如果不夠平凡，就會顯得不合時宜，這樣看來他的音樂確實相當妥當。」〔3〕但是最惡劣的批評是有人形容他的音樂「太像客廳歌謠」。〔4〕

維克斯在二十多歲時，就已經廣泛涉獵並且深入理解古典音樂，歐洲之旅讓她對古典音樂的體悟更上一層樓。音樂學院除了培育正統的音樂家，也針對兼讀學生開設歌唱課程。歌唱家必須能順暢地呼吸，由於維克斯是科學家，她理解呼吸屬於神經系統的某種自主功能，人類擁有部分掌控力。我們可以減緩呼吸的速度。我們可以用鼻子或嘴巴呼吸。可以深呼吸或練習緩慢地呼氣。一旦了解呼吸的生理機能，就能改善呼吸技巧。

歌唱家需要伴奏者，維克斯請到學院相當優秀的古鋼琴老師：伊莉莎白．科爾曼（Elizabeth Coleman）。科爾曼比維克斯大四歲，是廣受讚揚的鋼琴家。她的身材比個頭嬌小的維克斯要高挑，

是個積極參與宗教活動的天主教徒，非常重視行為得體。

一般大眾稱呼她貝西・科爾曼（Bessie Coleman），當時她的職業生涯已相當穩固，相較於維克斯只有零星的媒體簡報，科爾曼已經累積了完整的資料夾。她是音樂學院創始主任、比利時指揮家與小提琴家亨利・費布呂根（Henri Verbrugghen）的門徒。費布呂根於一九一五年上任，教導科爾曼「特殊詮釋技巧」，多年來她一直在他指揮的管理委員合唱團擔任伴奏。

一家地方報紙刊登了一篇標題為〈學院最優秀的學生〉的報導，放了一張科爾曼早期的照片，照片中的她表情嚴肅、五官精緻，留著一頭深色頭髮，迷人的黑色雙眼透露著憂傷。根據報紙報導，科爾曼的學歷甄試是與州立交響樂團合作演奏貝多芬C小調第三號鋼琴協奏曲。「科爾曼小姐對於古典樂的詮釋展現出獨特天賦。她是來自雪梨的女孩，出身記者家庭。」〔5〕

她是出身查茲伍德（Chatswood）的知名雪梨記者科爾曼先生（Mr. FJ Coleman）的女兒〔6〕，年輕時便引起關注。一九〇九年，媒體第一次提到她在音樂領域的才華，當時某家報紙報導，「一名

2 *Australian Town and Country Journal*. 17 October 1906.
3 *The Great Southern Herald*. 27 March 1912.
4 *The Sydney Morning Herald*. October 1906.
5 *The Sun*. 4 January 1922. p8.
6 *The Sunday Sun*. 3 October 1909. p12.

來自雪梨的年輕女子迅速竄紅……年僅十歲的科爾曼小姐已經通過倫敦音樂學院協會（Associate of the London College of Music）的考試，得到八十九分。」

一九二〇年，音樂學院管弦樂團（Conservatorium Orchestra）在市政廳舉辦音樂會，「所有焦點都落在科爾曼的演奏，她對於舒曼A小調的詮釋實在太巧妙了。隔年，她成為我們的育苗園中最超然卓群的花朵之一」[7]，她被任命為古鋼琴教授，並取得了教師與表演文憑。[8]

一九二四年，媒體報導了更多她的正面評價。「科爾曼小姐的古鋼琴獨奏證明她是技巧卓越的女演奏家。此外她具備了少見的特質，具有藝術表達天賦與『靈魂』。」科爾曼小姐不僅擁有超凡的靈魂，「她的伴奏表現更是令人激賞。」

這兩位女性立即建立了互惠的合作關係，維克斯演唱古典歌曲，搭配科爾曼優美的伴奏。不久之後，她們相互改了對方的稱呼，維克斯稱貝西為「貝絲」（Beth），科爾曼則稱維克斯為「克拉拉」（Clara）。兩人的合作關係對維克斯影響深遠，她的注意力因此轉向了全新的方向。歌唱課程逐漸占據她更多時間，不過她白天仍持續在雪梨大學動物系工作。

歌唱課程讓維克斯有機會在音樂領域持續進修，也帶給她許多歡樂。這三年的時間，歌唱家和鋼琴家兩人合作無間，維克斯找到了逃離學術圈的出口。她對自己與才華洋溢的夥伴開始抱持信心，她決定音樂將會是她的生涯、她的未來。

雖然維克斯厭倦了學術研究與孤單的實驗室工作，但依舊非常看重身為理學博士的身分，只

不過舞台帶給她興奮感、唱歌讓她欣喜若狂，與科爾曼合作更讓她心滿意足，因此她下定決心不僅要投入全新的藝術生涯，更要站上國際舞台。現在維克斯計劃要成為專業歌唱家，她拉著科爾曼加入她的冒險事業。在科爾曼的伴奏協助下，維克斯從歐洲舞台起步。

維克斯已準備好關上實驗室大門，但仍非常珍惜科學家身分，因此她想到了兼顧學術身分與新事業的方法，修習解剖學時她研究過呼吸生理學，因此她決定不僅要持續唱歌，還要從「科學」觀點傳授歌唱技巧，她稱之為「歌唱科學」。

多年後，維克斯以醫師身分訓練氣喘患者正確地進行腹式呼吸，包括她的外甥女蒂塔（Tita），蒂塔感謝維克斯重新訓練她的呼吸，解決她的胸腔問題。人們在極度焦慮時會過度換氣，導致血中氧氣濃度飆升，進而引發其他生理副作用。

身為醫生、之後又是一名作家，維克斯提供了實用的建議，教導人們如何放緩呼吸，許多人覺得十分受用，包括澳洲相當知名的詩人萊斯．穆雷（Les Murray），多年來他因為憂鬱症纏身，身體變得衰弱。後來穆雷寫了一本書，描述自己的憂鬱症經驗，他歸功於「維克斯著作中提到的簡單呼吸技巧，有助於降低血液中的酸度，手指不再感到刺痛。血酸來自於過度換氣，也就是吸入過多空氣，促使身體準備好戰鬥或由於心生恐慌而逃跑，但事實上這些行為從未發生。」〔9〕

7 *The Sydney Morning Herald*. 5 December 1921.

8 *The Mudgee Guardian*. 26 April 1928. p9.

維克斯和科爾曼計劃前往歐洲，她倆在歐洲都有人脈，她們希望能因此得到演出機會。維克斯的兩個弟弟布萊恩和艾倫，受到維克斯在海外建立成功事業的激勵，也想碰碰運氣，現在他們兩人都住在倫敦。儘管全球經濟陷入蕭條，但是他倆都在跨國廣告公司工作，因此不愁吃穿。范也跟著加入這次冒險之旅，達爾西也一起同行，所以只剩下拉爾夫一個人在家。

地方報紙報導他們一行人離開澳洲，並提到了兩位職業女性的成就。「維克斯博士和科爾曼小姐在五月二十五日搭乘奧蒙德號（Ormonde）出國深造。維克斯在多年前獲得洛克斐勒獎學金，待在國外三年後回到澳洲，取得麥克利獎學金，重新開始她的科學研究。科爾曼小姐是雪梨音樂學院知名的鋼琴家與導師，學院其他員工為她舉辦了離別派對。這兩位旅人都期待能參加薩爾茲堡音樂節（Salzburg Festival）。維克斯博士的母親維克斯夫人與她的妹妹達爾西，也一起搭乘奧蒙德前往倫敦，探望維克斯夫人的兩位兒子，一位是作家艾倫・維克斯先生，另一位是藝術家布萊恩・維克斯先生。」

奧蒙德號航經位於澳洲另一端的費里曼圖（Fremantle）港口，這次出航引起地方報紙媒體的注意。伯斯的《每日新聞》（*Daily News*）刊登了這兩位女性的合照，照片中維克斯戴著眼鏡和帽子，表情嚴肅地坐著，科爾曼的表情則放鬆許多，她戴著一頂鐘形帽，站在維克斯身後。這份報紙非常簡短地描述了維克斯的抱負。新聞報導的標題包括〈發聲科學。維克斯博士的使命〉與〈理學博士研究唱歌〉，內容形容維克斯是「身材纖細、個性機敏的澳洲人」，並提到她決定研究歌唱，

「並非是革命性的女性反抗行動，而是她選擇以此為人生志向。」

維克斯將她的新生涯實驗視為學術生涯的延伸。「我一直從事科學研究，專長領域是腺體，」她說，「現在我要開始研究發聲生理學，畢竟唱歌也是一門科學。」〔10〕

在報紙的報導中，昨日的貝西・科爾曼如今成了她的「朋友伊莉莎白」，報導提到這位鋼琴家「鼓勵」維克斯，而且在音樂學院擔任她的伴奏。她們一起參加在德國舉行的薩爾茲堡音樂節，接著前往維也納，並計劃留在海外三到四年，維克斯認為英格蘭不僅僅是旅遊勝地，還可以成為前往歐洲其他國家的跳板。她說，澳洲人花費太多時間造訪「自己的家鄉」了。

她們的行程相當緊湊。維克斯是個志向遠大的旅人，兩人計劃前往荷蘭、比利時、法國、義大利、德國、奧地利，甚至捷克斯洛伐克。她們的旅行路線離不開音樂，她們知道每位知名作曲家的家鄉與住家，而且能詳盡評論她們參加的許多場音樂會，甚至包括小提琴演奏。她們回到澳洲後，媒體仔細報導了她們的旅程。《澳洲女性週刊》（*The Australian Women's Weekly*）寫了一篇報導科爾曼的短文〈為英格蘭而生的鋼琴家〉。

他們終於抵達倫敦，維克斯的弟弟布萊恩和艾倫到碼頭接她們。范的這兩個兒子立刻想到，他們的母親常會出現固執且古怪的行為。後來布萊恩告訴他的孩子們，當時他看到范走下跳板時

9 Murray, L. *Killing the Black Dog*. Black Inc. 2009. p7.
10 *Daily News* (Perth). 3 June 1935. p4.

大為震驚，因為她竟然從雪梨帶了自己的床墊過來。

范待在倫敦的期間，是她最小的兒子最後一次與母親長時間相處。不久之後，溫文爾雅的艾倫娶了一名他認為社會階層高於他所出身的平民階級的女子，自此之後便開始疏遠維克斯家族，只偶爾跟他姊姊聯繫。

維克斯與艾倫的關係，沒有像她與布萊恩那般親近，但她與艾倫的共通點是個性壓抑，這正好是布萊恩缺乏的特質。布萊恩總是吵鬧不休，時常惹麻煩，雖然個性和維克斯大不相同，但是與維克斯的關係卻相當緊密。布萊恩曾形容他的家庭非常精明世故。「維克斯家每個人都一樣冷酷精明！我只是不知道如何表現得精明……」

從旅遊的角度來看，這次行程非常令人滿意。范和達爾西與他們共同生活了一年，然後在某個時間點，科爾曼的母親也加入其中。結果這趟旅行出現愈來愈多觀光行程，不久之後可以明顯看出，他們之中只有一個人真的是在歐洲各地遊覽，那個人就是科爾曼，她在自己專業領域的名聲已相當響亮，因此認識了當時歐洲的知名女高音：伊莉莎白・舒曼（Elisabeth Schumann）。

舒曼出生於德國，曾在漢堡歌劇院（Hamburg Opera）演出，之後遠赴紐約，在一九一九至一九三八年間成為維也納國立歌劇院（Vienna State Opera）的明星。在維克斯和科爾曼抵達時，舒曼早已在薩爾茲堡音樂節擔任固定演出嘉賓多年。舒曼性格活潑、舉止優雅，與當時所有頂尖音樂家往來密切，包括威廉・福特萬格勒（Wilhelm Furtwängler）〔11〕、奧托・克倫培勒（Otto Klemperer）〔12〕

和理查・史特勞斯（Richard Strauss）〔13〕。舒曼曾結婚三次，後來為了鬱悶的克倫培勒離開第一任丈夫，之後克倫培勒也成了她的眾多愛人之一。

舒曼大為讚賞科爾曼的才華，曾邀請科爾曼在她演唱三首舒伯特歌曲時擔任鋼琴伴奏，她們在倫敦的艾比路錄音室（Abbey Road Studio）完成錄音。維克斯對這段經歷的感受可說五味雜陳。科爾曼果然不負期望，但維克斯卻是帶著目的而來。維克斯得從零開始，當時她還未在專業上建立個人品牌，只能以科學家身分「推銷」自己。

她自認可以與舒曼之流一較高下，舒曼是知名的女高音，同時也教導歌唱和呼吸技巧。舒曼擁有一副好嗓音，但是不如同時代其他女高音出色，因此她的興趣是吸呼技巧。

眼看著科爾曼成功，維克斯覺得開心不已，然而聽到她的伴奏與舒曼的聲音如此相配，卻也更加凸顯維克斯沒有獲得任何認同的挫敗感。不過，旅行提供了其他慰藉。

在薩爾茲堡，他們參觀了「古樸別致的莫札特故居，莫札特就是在這間小屋寫出《魔笛》（*The*

11 譯註：一八八六～一九五四，德國指揮家與作曲家。一九五二至一九五四年間曾出任柏林愛樂樂團的首席指揮。

12 譯註：一八八五～一九七三，猶太裔德國指揮家與作曲家，曾為科隆歌劇院與倫敦的愛樂管弦樂團的首席指揮。

13 譯註：一八六四～一九四九，德國作曲家與指揮家，知名的創作包括《唐璜》（*Don Juan*）和《唐吉軻德》（*Don Quixote*）交響詩以及《莎樂美》和《最後四首歌》（*Vier letzte Lieder*）等歌劇作品。曾擔任柏林皇家歌劇院和維也納歌劇院的指揮和聲歌手樂指導。

Magic Flute）的樂譜」。他們還參觀了凡爾賽宮，在倫敦待了數個月，去了維也納兩次。

雪梨的報紙報導說這是屬於科爾曼的旅行。[14]基於兩人在專業上的考量，音樂成了這次旅行的主題。根據報紙的報導，她參加了貝多芬音樂課程，「授課地點在貝多芬故居的後院；另一門課是舒伯特作品賞析，地點在舒伯特出生時的住家；她還參加了在市政廳前舉辦、多達兩千人參與的露天合唱表演」。[15]「音樂節當週，她人在奧地利首都，在當地有觀賞不完的各種音樂與戲劇表演。國立歌劇院的歌唱家會在斯德哥爾摩、布拉格、布達佩斯和紐約駐點演出。」[16]

維克斯被降為同伴，但是她依舊忙著撰寫詳細的旅遊筆記。每日出刊的小報《真實》（*Truth*）沒有選擇從科學角度切入，只報導說維克斯「暫時放棄科學，開始訓練她優美的歌聲」。[17]

維克斯的部分遊記後來刊登於雪梨大學女子學院的《通訊簡報》（*Newsletter*），從這些文章可看出她對於音樂理解得多深入：「到目前為止，福特萬格勒和門格爾貝格（Mengelberg）[18]是我印象最深刻的指揮家，托斯卡尼尼（Toscanini）[19]擅長莫札特的歌劇作品，但如果是貝多芬和布拉姆斯的作品，門格爾貝格和福特萬格勒能展現更多元的詮釋方法，我在托斯卡尼尼或其他指揮家身上看不到這樣的功力。」[20]

除了音樂，演奏者的表現技巧也吸引了維克斯的注意力。她提到有位小提琴家「技巧精湛。但是他的錯誤也來自於他的優點。他的琴弓移動過於順暢，以致有時候施力過猛、強行起音，導致音色受到破壞。他的節拍精準到位，但在演奏柴可夫斯基作品時又略嫌優美，倒是門格爾貝格

總會讓樂團的演奏帶有某種俄國人需要的野蠻風格。」

幾個月後，與科爾曼共創音樂生涯的夢想逐漸破滅。維克斯從未教過歌唱課，但她對聲音的熱情依舊不減，數十年後，她一位好友的兒子保羅・斯基恩・基廷（Paul Skene Keating）相信她是真正走在時代前端，他記得她親自向舒曼學習。他說維克斯對於聲音「精通的程度令人難以置信」。「她具備醫學專業，懂得聲音的運作方式，理解聲音的功能，因此能集中心力鑽研這個主題。」她了解正確呼吸與正確姿勢的重要性。斯基恩・基廷記得她曾解釋說，多數人呼吸太淺，幾乎都是用胸腔呼吸，「呼吸應該來自肺部底部，這樣腹部才可以大幅膨脹，然後將最大量的空氣送入肺部。」只要想想你是如何聽到幾個街區外的嬰兒放聲大哭就知道了。「我們常常談論這個話題，但是很長一段時間後人們才願意承認這一點。」

維克斯終其一生都熱愛音樂，但這個才剛起步的生涯不久後便告中斷。在某個時間點，她認

14 *The Sydney Morning Herald.* 4 January 1936.
15 *The Sydney Morning* Herald. 1 August 1936.
16 *The Sydney Morning Herald.* 6 January 1936.
17 *Truth.* 21 June 1936.
18 譯註：全名為威廉・門格爾貝格（Willem Mengelberg，一八七一～一九五一），荷蘭指揮家。
19 譯註：全名為阿圖洛・托斯卡尼尼（Arturo Toscanini，一八六七～一九五七），義大利指揮家。
20 *Newsletter* no. 6. 1937.

清自己並不具有培育歌唱家或成為歌唱家的條件。

這兩個女孩原本計劃在國外生活三到四年，結果只待了兩年，便搭乘愛華特（Awatea）郵輪返國。他們於一九三七年一月八日抵達雪梨，報紙準備好要報導「這兩位才華洋溢的年輕澳洲女性」。這回科爾曼成了報導的主角，維克斯則成了配角，因為她沒有自己的成功事蹟，文章只有提到她運用溝通技巧，協助科爾曼與舒曼合作演出。

很明顯的，維克斯為自己的朋友感到驕傲，她把握每一次機會，強調科爾曼為知名的歐洲女高音伴奏的出色成就。「這真的是極大的榮耀，」維克斯說，「因為舒曼女士從不找女性伴奏，更沒有找過澳洲人伴奏。」維克斯指出，這不僅是專業的合作，日後更轉化為友誼。報紙刊出了詳盡的報導。「他們時常造訪她位在維也納的公寓，夏季時更受邀前往她在巴伐利亞的山間木屋……她在這裡有一間寬敞的音樂起居室，裡面擺放了一台平台鋼琴、一套無線電設備，以及她個人完整的錄音作品。」

科爾曼接受媒體採訪，談到了她對舒曼的看法：「她非常討人喜歡，總是在住家周圍或花園裡唱歌。我們在維也納時聽她演唱莫札特和史特勞斯的歌劇，在阿姆斯特丹和倫敦時聽她演唱藝術歌曲。她最喜愛的作曲家是舒伯特、莫札特和史特勞斯。」

有段時間，維克斯鑽研歌唱劇本，不過《雪梨晨鋒報》似乎對她手中的「巴黎折疊傘」更有興趣，這種雨傘的傘骨非常有彈性，報紙刊登了一張維克斯戴著帽子的大張照片，搭配她開傘和

收傘的畫面，標題寫著「來自巴黎的折疊傘」。他們也很喜歡她身上穿的藏青色、有著圓點圖案與「小圓領設計的寬式短大衣」。「雖然取得理學博士的維克斯小姐以科學化態度嚴肅看待歌唱這件事，但是對於如何聰明選搭服裝和配件，她的品味也相當不錯，」文章的開頭如此寫道。[21]她的確很喜歡大衣，後來她還買了幾件羔羊毛外套，這些大衣相當寬大，穿上後只會露出頭部和腳上的繫帶鞋。但這可能是維克斯第一次、也是最後一次被視為時尚典範，登上報紙媒體。

多數時候，媒體是詢問她關於歌唱「科學」的問題。「科爾曼小姐把她的第一次歐洲旅遊視為單純的度假，只想好好吸收和享受音樂，但是維克斯卻帶有明確的目的，也就是研究唱歌有關的生理學和物理學知識，好讓自己日後有能力『培育歌唱家』」。

報紙報導這位「雪梨女子中學高材生」、「在雪梨大學從事科學研究，擁有精彩的生涯」，她形容這次在國外進修也是「某種科學研究形式」。但維克斯深知這項研究已走到盡頭，只不過她並未對外宣告。不過她倒是公開了自己新的生涯計畫——同樣與她過去所做的一切沒有任何關聯，甚至比起她之前從蜥蜴胎盤生成的研究轉向在世界舞台上表演唱歌，更讓人感到意外。

「維克斯博士遊歷歐洲各地，她結束進修後，曾希望在當地開設一間歐洲旅遊諮詢辦公室，協助其他人以省錢的方式規劃行程，」報紙寫道。這是另一次生涯大翻轉。維克斯不害怕改變，

21 *The Sydney Morning Herald*. 21 January 1937.

面對每一次冒險，她永遠抱持著強烈的企圖心，渴望站上世界舞台。在這名年輕女子身上完全看不出她曾經對人生感到迷惘，她的人生開始變得穩定，這有助於她與科爾曼維繫關係。

但是回到自己的家，她必須做出大幅調整，其中最主要的一點是，兩位女性共同生活兩年後第一次分開。根據《雪梨晨鋒報》的報導，「科爾曼小姐」回家與她的父母、來自查茲伍德的科爾曼夫婦同住，「維克斯博士」則與她妹妹、也就是住在達令角（Darling Point）的穆爾．瑪格羅蘭（Muir Maclaren）太太一起生活。此時是一九三八年，達爾西已經結婚，即將生下第一個孩子法蘭西絲。

不過，維克斯在外生活的時間沒有持續太久。范不願意放開她的女兒們，維克斯和科爾曼也希望兩人同住。雖然花了一點時間，但最終范的兩個女兒生活在一起，一輩子再也沒有分開。

13 維克斯博士的歐洲旅遊諮詢辦公室
Dr Weekes' European Travel Advice Bureau

接下來兩年，維克斯週末從沒有休過假。〔1〕她的工作倫理雖然讓她母親感動，卻也惹怒了其他家人。維克斯總是被排在第一位，只要有人忘記這個范最鍾愛的女兒的需求，范就會提醒他。「噓，維克斯正在工作，或是睡覺。」這對警戒的父母經常這樣對其他家人說。

維克斯眼前的工作確實急迫。回顧過去在科學界或學術界的時光，維克斯沒有任何後悔，但是她在三十五歲這一年決定重新開始。她希望建立新的生涯，而且如同她所說的，她希望自己是「最優秀的」。即使有段時間沒有工作，對她也沒有任何威脅，因為她單身，經濟方面有一定的彈性空間。她可以一直待在家，而且無庸置疑，她是家中最優秀的子女。

在維克斯家，成功與順從的壓力一直存在。所有孩子都感受到這份壓力，布萊恩的天分與叛逆性格便因為家庭的約束而遭到扭曲。多年後的一九八五年，布萊恩在寫給女兒芭芭拉（Babara）

1 *The Advertiser* (Adelaide). 18 April 1939. p6.

的信中就感嘆，他的父母期望每個孩子都能成為「他們教養的翻版」。這是「摧毀個人靈魂的幼蟲主義，每個孩子都複製相同的模式」，他寫道，「沒有任何維克斯家人會在工作崗位上打混，我們太害怕失敗了。」〔2〕

一九三七年十二月十八日，《澳洲女性週刊》報導了維克斯的旅遊諮詢辦公室。「維克斯博士在歐洲生活和進修多年，她深知澳洲人可以用遠低於一般人認知的費用在歐洲旅遊，現在她的目標就是教導他們該怎麼做。」〔3〕

如果說，維克斯突然放棄亮眼的科學研究生涯似乎過於衝動，那麼決定成立旅遊諮詢辦公室這記險招，就更顯得異想天開。她看到有的人靠著文字為生，雖然結果有好有壞，但是她已想好藉由為報紙撰寫專欄，來支撐她營運行將成立的旅遊諮詢辦公室。奧魯索也寫了幾本旅遊書，只不過沒有帶來任何收入；馬克為報紙媒體寫稿，因而成為知名的澳洲灌木專家。此外，維克斯在媒體業也有「人脈」。

至於旅遊，維克斯相信自己比多數澳洲人知道得更多，她還提到即使是有經驗的遊客，也很喜歡英國。她離開安穩而嚴肅的專業領域，選擇真心熱愛的領域，抱著十足的信心往充滿實驗性質的生涯前進。如今她的個人生活開心快樂，也因此更能容忍不確定性。

維克斯明白不能單靠寫作維生，但是以專家身分撰寫報紙專欄是很有效的行銷工具，可藉此推銷她的旅遊辦公室。一九二九年創辦的雪梨小報《星期日太陽衛報》（*The Sunday Sun and Guardian*），

是當時相當成功的澳洲報紙媒體，主要服務地區以澳洲最大的首府城市為主，發行量超過二十五萬份[4]，因此能接觸到廣泛的讀者。

維克斯的妹婿穆爾．瑪格羅蘭是記者，不過後來證明真正的關鍵聯繫窗口是貝絲．科爾曼的父親佛烈德（Fred），他是《星期日太陽報》負責州地區新聞的記者。歷經一番說服之後，維克斯很快開始每週撰寫專欄。

她規劃的新事業包含三大部分，前兩部分必須相互合作。專欄讓她有機會宣傳在雪梨的旅遊辦公室，讀者可以從她的辦公室取得與歐洲旅遊有關的所有資訊。最後，她可以依靠國際遊客賺錢。她觀察到旅遊諮詢市場仍有一塊空缺，那就是她所說的「專為海外遊客撰寫的完整官方澳洲旅遊指南」。這本指南預計達五百頁，參考了知名的《貝德克爾指南》（*Baedeker Guides*），《貝德克爾指南》自十九世紀以來便主導了旅遊市場，維克斯自己旅遊時也多半參考它。維克斯預計在一九三九年底完成她的澳洲旅遊指南，她計劃前往澳洲各地旅遊，進行研究與寫作。

維克斯告訴《澳洲女性週刊》她「正在撰寫一本書的架構」，但同時仍與各領域的專家簽約合作，例如熟知南澳洲的紅酒產業與阿德雷德早期歷史的專家。「這本指南會非常完整，」她承諾。

2 布萊恩寫給她女兒芭芭拉的信件，大約是一九八五年八、九月。
3 *The Australian Women's Weekly*. 18 December 1937. p25.
4 Souter, G. *Company of Heralds*. Melbourne University Press. 1981. p625.

就如同之前她大肆聲張，激勵自己下定決心在國際上獲得成功，這次她也這麼告訴報紙媒體，「這本指南將會在全球發行；事實上，我們希望能及早完成，在紐約舉辦的世界博覽會現場銷售。」

和之前推廣「歌唱是科學」的情況有點類似，這次計畫同樣面臨了特殊的挑戰。首先得解決澳洲與海外市場距離遙遠的問題。接下來兩年，維克斯沒有一天休息，每個星期都忙著撰寫專欄、研究指南，同時遊說他人提供這本指南需要的資訊，或資助她的新事業，包括直接提供現金或付費買廣告。到各地旅行時，她會向當地的地方議會、旅行社、航運公司和州政府做簡報。

她選擇的主題，也就是澳洲，其實相當複雜。就面積來說，它是全球第六大國家、最大的島嶼大陸，地理特色豐富程度遠高於歷史或觀光文化。從雪梨到伯斯長達三千公里的範圍，通用的語言幾乎相同，甚至沒有地方黑話。受壓迫的澳洲原住民歷經數世紀努力保存的文化，雖然有人懂得欣賞，但是好幾世代以來一直無法引起主流的興趣。在當時，澳洲原住民不能表達自己的意見，沒有投票權，未受到尊重。

不論澳洲想要在觀光市場上做什麼嘗試，絕對不會是歐洲的翻版。如果澳洲人離開城市，他們會「跑去鄉下」。這裡有美麗的海岸，但是要去游泳還得走一段路，另外生態旅遊也無法引起大眾的興趣。眾所周知，澳洲人對此一直耿耿於懷，總會感到自卑。

維克斯明白自己的任務重大。「傳奇的歷史和澳洲人定居的故事素材不夠豐富，所以可以直

接捨棄，」她在一九三九年對一位記者說。[5]直接描寫歐洲，比起在澳洲找出歐洲特色更為容易，這正是她撰寫旅遊指南時努力做到。她寫到新南威爾斯州濱海城鎮的小型旅館時，便會想起英格蘭的小旅館。每週在《星期日太陽報》為澳洲人撰寫歐洲旅遊專欄，提供豐富的觀光客資訊，對她來說是一種放鬆。

這個專欄的目的是「幫助澳洲人用省錢的方法旅遊歐洲」。《星期日太陽報》推出她的「獨特旅遊服務」，邀請讀者寫信給維克斯，她會「協助你規劃歐洲旅遊行程」。她告訴阿德雷德的《廣告人》（*Advertiser*），她對於歐洲大陸城市有非常完整的了解，知道該如何「以合理的低廉成本」旅遊，因為她自己多半是「藉由騎車或步行」旅遊。

維克斯的第一篇專欄「每週旅遊服第一期」（Weekly Travel Service No. 1）於一九三八年一月十六日刊登，她在這篇文章中正式吹響了號角：「旅遊專屬於富豪特權的時代已經結束。」她開始在這個民主的平台撰寫專欄，連續兩年每星期固定寫一篇，總計寫了近百篇。這名「才華洋溢」的學者擁有理學博士學位，但在說話總是口無遮攔的維克斯家庭的耳濡目染下，相當熟悉各種日常用語，因此不需要有人教她如何寫出適合一般大眾閱讀的文章。「不需要過度節儉，每星期只需要五英鎊，就能在倫敦過上舒適的生活，」她寫道。

5 *The Advertiser*. 18 April 1939.

她甚至讓自己的性別加入這場具平等精神的旅遊革命。她寫道，即使是領取最低薪資的女性，也可以完成「歐洲壯遊」。「今天一位打字員可以立即關掉打字機，預訂歐洲的旅遊行程。」她第一篇專欄文章的標題簡潔有力，切中要點：〈旅遊議價〉（Bargains in Travel）。「比起豪華旅遊，低成本旅遊通常能讓你更深入理解與欣賞外國，」維克斯語調輕鬆地告訴讀者。

不過，歷經騎自行車、爬山的旅遊行程之後，多年後維克斯也開始享受頂級的住宿、豪華轎車，以及第一架協和號早班飛機。然而，她刊登的旅遊文章從不稱讚或是建議為了享受而追求奢華旅遊。

但另一方面，最便宜的選項未必是最好的。維克斯不建議選擇費率最低的輪船前往倫敦，這種輪船的客艙通常沒有舷窗。「照理說，自動送風口是沒問題的，但實際上他們甚至連舷窗的遠房親戚都談不上。」

維克斯寫作時會流露出漫談式的權威口吻，顯然自己也樂在其中。她警告「一般人無法透過岸邊視察、甚至從輪船的平面圖去判斷輪船可能有多舒適」。就她看來，更重要的考量是，活動範圍不應局限在有限的甲板空間，「在天氣惡劣時能夠搬張沙灘椅待在船身中央，而不是期待享有直接在枕頭上方開關燈光的便利。但往往是床頭的開關決定了誰會搭乘這艘船。」

維克斯清楚知道尊稱的影響力，所以文章的作者署名為「維克斯博士」，不過她的專欄資訊豐富，而且內容樸實無華。不論是想要散步、趕上火車、過節儉的生活、享有舒適生活、了解歷

史、欣賞藝術或音樂，還是體驗地方文化，維克斯都能滿足這種種喜好。

她先談基礎的部分：如何規劃行程、如何穿著、如何擬定預算、可以有哪些期待，甚至教你如何評估搭乘三等火車旅遊，她真心推薦這種旅行方式（一個附帶好處是可以和其他乘客一起唱民謠）。她可以依據不同季節，為不熟悉的讀者擬定適合的歐洲行程；或是幫助那些嚮往古典文化的遊客，能夠像她比較不同文藝復興時期的畫家一樣，輕鬆愉快的地毯式搜尋旅館和咖啡店，或推薦古典音樂行程。

雖然維克斯熟悉和理解音樂歷史，以及貝多芬、布拉姆斯、舒伯特和莫札特故居的地理位置，不過她的專欄文章標題卻是：〈做好準備，才能節省旅途時間與金錢〉（Preparation Means Saving of Time and Money En Route）、〈外國語言的問題：在多數歐洲國家懂英語就可暢行無阻〉（Problem of Foreign Languages: English Sufficient in Most European Countries），或是〈輪船出航前如何打發空閒時間〉（How to Use That Spare Time before the Ship Sails）。

至於對藝術一無所知的人，她也會提供明智的建議與做法，在在展現出她具備深厚的文化素養。「你只要依序欣賞那些藝術家作品，而且只要參觀一間美術館就好，」她解釋說。先從羅浮宮開始。「之後當你參觀其他的歐洲博物館，都不會是難事。將凡．艾克〔6〕畫作擺放在維梅爾〔7〕旁，似乎不會讓人覺得有什麼特別之處，但是如果將凡．艾克的作品放在其他十五世紀的畫作旁，就

能讓觀看者大開眼界，真正理解十五世紀法蘭德斯（Flemish）畫家達到多高的藝術成就。」

唯有在這段為報紙撰寫專欄的寫作練習過程中，維克斯會偶爾提起私事。一九三八年三月六日刊登的「每週旅遊服務第六十九期」的標題為〈在巴黎的日子：羅亞爾河城堡〉（Few Days from Paris: Castles of the Loire），文中她推薦了奧魯索撰寫的旅遊書。她並未提及兩人的關係，卻非常露骨地熱情寫道：「馬賽爾．奧魯索是個讓澳洲引以為傲的作家，他的《西班牙公路》（*Highway to Spain*）一書中對於布爾吉（Bourges）這座城市的描寫最令人滿意，這本書也是本世紀少數極為精彩的旅遊書之一。」

或許維克斯最微妙的個人意見表態，是她針對雕塑家雅各布．愛普斯坦（Jacob Epstein）創作的大型女性雕像《瑞瑪》（*Rima*）的爭議所寫的文章。這座雕像是為了紀念小說家、自然學家與鳥類學家威廉．亨利．哈德森（W.H. Hudson）而創作的，座落於海德公園內僻靜的角落。它於一九二五年揭幕，卻被批評為「海德公園之恥」，甚至因此背負了雙重罪名。雕像這名女性雙手叉腰，沒有古典雕塑作品常見保護用的遮蓋物，遭斥責充滿性愛意味，而且是取材非西方的藝術題材。這座大型石材浮雕的女性人像四周，圍繞著奇形怪狀的鳥兒。一九三八年七月，維克斯提到了這座雕像的爭議，不過內容非常簡短。文章標題為〈海德公園與肯辛頓花園的陽光〉（Sunshine in Hyde Park and Kensington Gardens），她寫道：

小徑可直接通往野鳥保護區和《瑞瑪》，這是愛普斯坦為紀念哈德森而創作的雕塑。關於《瑞瑪》，該怎麼說呢？有些人說她很美，而且是真心的讚賞；有些人說她很美，因為他們認為這麼說是對的；有些人根本沒去想這個問題；還有其他人，或許是不擅辭令的大多數民眾，他們認為雕像實在太難看了，其中有些人帶了一桶桶瀝青或好幾袋的羽毛，表達他們的意見。可憐的瑞瑪，可憐的愛普斯坦，可憐的大眾。

雖然維克斯是為多數人而寫，但她自己屬於少數族群。她曾經與科爾曼一同出國深造，然後跟著「貝絲」回國。在許多場合，維克斯證明了自己走在時代前端，這次她猛烈抨擊其他人對愛普斯坦雕像的批評，顯示出她採取了極為現代的方法應對社會輿論，特別是與女性有關的言論。

維克斯每週每天不停地工作，艾倫和布萊恩如今也有了忙碌的社交生活。她這兩個弟弟將他們在倫敦的工作轉回國內，兩人都過著舒適的生活，也都任職於跨國廣告代理商。對作家、藝術家和音樂家來說，廣告的收入優渥。艾倫後來成為「短曲匠」(jinglesmith)，這份工作需要巧妙地

6 譯註：凡·艾克全名為揚·凡·艾克（Jan van Eyck，一三九五～一四四一），他是文藝復興時期北方尼德蘭畫派的代表人物，也是法蘭德斯（Flemish）畫派的創始人。

7 譯註：維梅爾全名為約翰尼斯·維梅爾（Johannes Vermeer，一六三二～一六七五），他是十七世紀荷蘭黃金時代畫家，最為人熟知的畫作之一是《戴珍珠耳環的少女》。

結合音樂與文字，後來他寫過最令人難忘的短曲作品，是為澳洲知名的早餐抹醬、顏色如焦油般深沉的「維吉麥」（Vegemite）創作的曲子。「我們是開心的小維吉麥，沒有人比我們更歡樂，不論是早餐、午餐和下午茶，人人都會享用維吉麥」，這首短曲幾乎成了國歌，不過非澳洲人通常認為這種味道重鹹、類似肉味的濃稠抹醬並不好吃。

在兩位弟弟在企業界輕鬆度日的同時，維克斯努力工作，與科爾曼關係親密地一起生活。這兩名女性分別年屆三十多歲與四十多歲，比較常與范以及拉爾夫在貝爾維尤山（Bellevue Hill）生活在一起，其餘時候則會前往上北岸區（Upper North Shore），住在查茲伍德的科爾曼家。

艾倫因為主辦慈善捐款舞會，出現在報紙的社會版，維克斯也曾出現在新聞媒體上，但通常是在報導科爾曼和她的成就時附帶提及，不過維克斯常因為各種公開演講而登上報紙，演講主題通常以旅遊為主，現在她已成為這個領域的「專家」。記者持續更新她的指南進度，偶爾會在她的名字前面加上「才華洋溢」這個形容。博士頭銜也一直掛著。

一九三九年四月，維克斯的旅遊指南接近完成，預計在年底出版。昆士蘭是「唯一她還沒有寫到的地方」。她持續努力筆耕，熱情並沒有被國外的新聞澆熄。儘管她曾在德國親身經歷動亂，卻從未想到會發生戰爭。如果說她向來敏銳的觀察力存在有黑洞，那就是政治。

一九三八年三月，正當維克斯的旅遊事業剛起步之際，希特勒入侵奧地利，奧地利被併入德國領土。隨著局勢日益緊張，維克斯依舊不以為意，持續推薦當地的旅遊機會。甚至到一九三九

年的八月十三日，她依舊寫了〈維也納是為觀光而生〉（Vienna Was Made for Sight-Seeing）。到了下週，她的專欄標題為〈維也納的音樂：參觀貝多芬故居〉（Music in Vienna: Visiting Beethoven's House）。她還在其中一篇專欄文章中提到德國元首，並推薦讀者參觀他位於阿爾卑斯山東南角的房子。一九三九年八月二十七日星期天，出刊的標題為〈維也納森林的紫丁香時光〉（Lilac Time in the Vienna Woods），這篇天真的專欄將是她的最後一篇。一九三九年九月一日，希特勒入侵波蘭，爆發第二次世界大戰。此時唯一可能前往歐洲的旅客，只剩下穿軍服的男性。

維克斯原本快要完成的指南、每週專欄以及收入，同時間化為烏有。對她的新事業而言，這個時機點實在糟透了。最多只能說她因此累積了不少經驗，學會如何面對廣大的群眾說故事。維克斯在雪梨大學女子學院的檔案，只簡短記載了這個時刻：「無法出版澳洲旅遊指南。」

當戰爭爆發，維克斯仍與父母住在貝爾維尤山費爾偉瑟街三十二號。科爾曼則是來來去去。一九四〇年，艾倫加入皇家澳洲空軍。布萊恩加入陸軍，並自願負責國外勤務，不過依舊留在澳洲；他的藝術技能此時正好派上用場，負責為軍隊設計可提供掩護、混淆敵軍的材料。[8] 同樣的，艾倫的創作才華也沒有因為戰爭而完全遭埋沒，許多媒體都提到了在墨爾本演出的時事諷刺劇《讓他們飛吧》（*Keep 'Em Flying*）當中的歌曲〈尋歡作樂的飛行員〉（Merry-making Airmen）。[9]

8 二〇一一年上映的紀錄片《設計詐騙》（*Deception by Design*）正是描述這段未被曝光的故事。

9 *The Sporting Globe*. 17 April 1943.

戰爭決定了維克斯兩位弟弟的命運，三十七歲的維克斯則再次面臨生涯困境。她的計畫並非完全不切實際，也並非只是湊巧與現實有所連結，但確實是出於衝動，也是冒險。不過，她仍堅持不懈。她的晚輩們永遠記得這麼一位總是保持鎮定的睿智女性。在他們眼中，她代表了有紀律、自我克制的典範。

戰爭讓人變得清醒，維克斯的年紀已成熟到能夠不忘前車之鑑。一九一六年，二十八歲的賀伯特（Herbert）舅舅、也就是范的弟弟在波濟耶爾戰役（Battle of Pozières）期間死於索姆（奧魯索也曾在此地受傷）。當維克斯思索生涯的下一步，必定曾反覆考量自己的經驗要如何應用到當前如此緊張焦慮的悲慘時刻。戰爭造成的後果對她具有多重意義，其中最重要的，是士兵必定「對砲彈感到驚恐」。

或許維克斯已看到自己的經歷可能如何為未來所用——她再次做出生涯大跳躍。一九四一年，維克斯重回雪梨大學就讀醫學院，當起學生。即使在戰爭期間，學院仍以男性占多數，男女比例為六比一。維克斯因為擁有理學博士，所以可抵免一年，四年後她順利取得醫學博士學位，這時候戰場上的士兵們正要打道回府。

在《砲彈驚恐症及其教訓》書中，艾略特．史密斯和皮爾特別強調治療精神疾病時，基層醫師的角色非常重要。「我們時常看到，許多現代醫生將注意力幾乎全放在病患的身體疾病，這是不爭的事實。但絕大多數的醫生，特別是非常熟悉病患的全科醫生，很樂意、甚至急切地承認，

他們發現有不少疾病雖然並非受心理因素控制，但是因為牽涉到心理因素而變得異常複雜。」

不用說，維克斯一定會「深入了解她的病患」。雖然她回到更傳統的生涯道路，但是她依舊會找到方法，將這條路轉化成一段不凡的旅程，讓自己再次享譽全球。

14 戰爭的世界 The World at War

戰爭爆發時，艾倫和布萊恩才剛完婚，新建立的家庭關係終於讓這兩個大男人擺脫母親的掌控，但是未來幾年，他們也因此背負了新的壓力。兩名年輕男士的新婚妻子皆出身富裕家庭，不過她們的共通點也僅止於此。布萊恩娶了諾艾兒・史卡拉特（Noel Skarratt），他稱她是他的「野孩子」；史卡拉特家族是殷實富裕的英國人，他們只能絕望地看著女兒嫁給一名「社會主義者」。另外，艾倫娶了勢力龐大的溫特沃斯家族的女兒，當時參加他與喬安・溫特沃斯（Joan Wentworth）婚宴的賓客包括：一名英國騎士、實力雄厚的費爾法克斯（Fairfax）報紙集團的成員，以及未來的澳洲首相比利・麥馬漢（Billy McMahon）。

艾倫的婚姻為他與原生家庭的關係敲了一記喪鐘，之後家裡只有維克斯仍與艾倫保持聯繫。范清楚意識到，兩個兒子娶了社會階層高於她的妻子。她或許認為布萊恩和艾倫比不上聰慧、性格順從的姊姊維克斯，但是他們終究走出了原生家庭，而且更上一層樓，范對於兩個兒子的親家也有所忌憚。維克斯本人則是擁有與生俱來的自信，這份自信更因為她自身的成就而強化。她感

受到母親對於社會地位的敏感，但是從不認為她自己是不重要的。

達爾西結婚後，戰爭爆發，由於瑪格羅蘭在海外服役，於是達爾西帶著兩歲的女兒法蘭西絲回到貝爾維尤山的娘家。達爾西和她姊姊一樣不喜歡獨處，范更是開心能夠與兩個女兒同住。多數時候被邊緣化的拉爾夫，則被流放到位於後方、靠近車庫的房間。驅離他的一個理由是這個房間可兼作工作室，讓他有空間作畫，但是拉爾夫的健康已開始惡化，逐漸喪失聽力。這對於音樂家來說相當殘酷，拉爾夫試著像他父親一樣，藉由繪製鏡面招牌賺取收入。維克斯與科爾曼一起住進位於前方的主臥房，范則住在後方的小臥房。新的家庭位階已然形成。

范有自己的恐懼。她相信日本會攻擊雪梨港，她的家就位在雪梨港上方的山脊上，很有可能被炸毀。「房子靠近水域，與飛行艇非常接近。她很害怕日本會攻擊雪梨港，結果她是對的！」法蘭西絲回想說。

因此，戰爭期間維克斯全家不斷搬遷。范收到通知，敵軍即將發動攻擊，她帶著小孩遷往城市北方的寄宿公寓。一九四二年某個時間點，她又帶著這些孩子搬遷到距離雪梨五百公里遠的地方。幾個月之後，日本的微型潛艇進入雪梨港，炸毀一艘渡輪，二十多人喪生。

這次撤離讓家中某位成員終身難忘。由於某個原因，范帶著孩子撤離到某個鄉間的住所，拉爾夫卻被放逐到附近的鄉間小鎮阿密達（Armidale），他為此感到痛苦不堪，暴跳如雷。從他日後寫給已回到雪梨家的鄰居克拉莉（Clarrie）和艾賽爾・賽康比（Ethel Seccombe）的信件中，可以

明顯看出他的無能和脆弱。

你們在那裡的生活可好，真希望能和你們一起。我想這裡是全世界最讓人不想住下來的地方，我恨透這裡的高溫。我想我沒辦法繼續忍受太久。如果有天晚上你們看到我敲你們家的大門，不要覺得意外。維克斯女士和其他家人都住在鄉間的大房子，這裡只有我一個人，真的非常非常孤單。我想他們是瘋了，拆散整個家庭。

我住的地方全是女人（這在新堡很常見）和小孩，從懷抱中的嬰兒到十二歲都有，有十八個小孩整天哭鬧打架。你可以想像我玩得多開心（「喔耶」）。在這裡我不能玩撲克牌，也沒有橋牌，什麼都沒有，只有炎熱的天氣與孤單寂寞。已經找不到可以住下來的好地方；所有地方都非常糟。希望你們一切安好。每天晚上我都會想到你們，真希望能和你們在一起……

在這段反覆搬遷的期間，維克斯在醫學院上課，科爾曼則在音樂學院工作，兩個人盡可能花時間相處。雖然一開始范就接受了科爾曼，但是到後來兩人的關係變得愈來愈緊張。科爾曼與達爾西的關係則是從一開始就很微妙。科爾曼占用了她姊姊的時間、注意力與關愛。

在世界的另一端，隨著戰事日益吃緊，在維克斯二十多歲時對她非常重要的兩位朋友步入了婚姻，終於進入了充滿茫然未知的長久關係。凡斯固執地留在倫敦追求奧魯索，追了將近十年卻

毫無結果。不過，就在一九四〇年，奧魯索的宿舍在德軍初期某次突襲行動中遭炸毀，奧魯索受傷，兩人的關係終於有機會更進一步。

奧魯索雖然受傷，依舊鎮定地繼續地圖繪製工作，「連續兩星期他都睡在皇家地理學會大樓內的擔架上」，他無法走動，身體也無法保持平衡，眼睛會看到雙重影像，忍了一段時間後他不得不尋求治療。醫生卻束手無策，後來他被診斷視神經受損。

這個問題只能靠時間來治癒，凡斯也因此有機會照顧他。一九四一年四月三日，《雪梨晨鋒報》報導「近期在倫敦舉行的婚禮。居住在克瑞蒙的凡斯夫人收到女兒希斯莉・瑪莉・凡斯小姐的一封電報，告訴她前不久已和馬賽爾奧・魯索先生完婚」。

奧魯索承認，他花了一段時間才意識到或許能娶凡斯為妻。「我不知道這一切是如何發生的，後來我與當時同樣在倫敦的澳洲朋友結婚。她自己說，是一場重大戰爭促使我走到了這一步。」〔1〕這段婚姻維繫長久、幸福美滿，持續到一九八三年奧魯索以九十五歲高齡過世為止。這對夫妻與維克斯一直維持著穩固的友誼，由此可看出維克斯並非她自稱的受難者。

兩人結婚的那一年，維克斯正好進入醫學院就讀，接下來四年的戰爭期間，她都在醫學院進修，最後十二個月是真正的考驗期。她的健康出問題已有一段時間，就在期末考結束後不久，她不得已接受子宮切除手術。這項手術需要很長一段療養時間，她因此變得疲倦，缺乏動力。她太早回到工作崗位，卻很自豪能管理好自己的健康，以及在瑞秋佛斯特醫院的實習工作，她之所以

選擇在這家醫院實習，是因為這裡的醫護人員都是女性，而且醫院的使命是致力於改善女性和兒童健康。

1 口述歷史。澳洲國家圖書館。由哈澤爾·德·貝格記錄。一九七七年，六月三十日。

15 維克斯博士回歸
Dr Weekes, Redux

一九四五年三月，四十二歲的維克斯取得醫學博士學位。一如往常，這是維克斯家族前所未有的新成就，她取得第二個博士學位的事獲得報紙大篇幅報導。其中一家報紙刊登了一張照片，標題寫著〈女性轉換研究領域……否認她們反覆無常〉。為《雪梨晨鋒報》撰稿的一名記者想要知道，「苦讀四年取得雪梨大學學位或其他文憑的女性，為什麼會突然轉換跑道，選擇性質完全不同的工作。」〔1〕

這名記者對於維克斯的「輝煌生涯」印象深刻，詳細列出她所有的學術成就。不過維克斯和另外三名接受採訪的女性否認「她們反覆無常、善變、或是不知道自己的內心」。文章最後的結論是，「女性天生就會被那些最需要人際互動的工作所吸引，特別是未婚女性」。

醫學院年鑑中關於維克斯的記載，也導向了同樣的結論：維克斯善於與人相處。內文寫道，

1 *The Sydney Morning Herald*. 2 December 1945.

「如果說病患對醫生的同情與理解懷抱感激這一點，可作為醫療成功的證據，那麼維克斯無庸置疑是成功的。」

維克斯穿上畢業袍領取醫學博士的學位證書時，她已經在雷德芬（Redfern）的瑞秋佛斯特醫院工作。醫院是以總督夫人瑞秋・佛斯特（Rachel Forster）為名，她是婦女參政運動團體成員艾米琳・潘克斯特（Emmeline Pankhurst）的支持者。維克斯剛加入時，這所醫院已是一家信譽卓著的醫療機構。一九四一年，這家醫院要照顧超過一百二十六張病床，每天治療數百名病患，此外還兼作一般護士的培訓學校，以及雪梨大學醫學與外科學生的教學醫院。

維克斯的實習工作相當繁重，即使像她這樣精力旺盛的人，也覺得一點都不輕鬆。有段時間她連續工作三到四天，幾乎沒時間睡覺。醫療體系極度依賴年輕人的活力，其他實習生多數比維克斯年輕二十歲。如今維克斯的生涯已經朝著可預期的方向前進，只不過這意謂著工作以外的休息時間將會少之又少，不過她也不想設限。但是到了一九四七年，她的家庭發生了劇變。

一月七日，維克斯弟弟布萊恩以離棄與不順從為由，獲准與諾艾兒離婚，他們的女兒潘妮（Penny）才剛學會走路，在祖父母和外祖父母家兩邊住。

當年稍晚，拉爾夫過世，享壽六十八歲。他人生的最後幾年過得並不順遂，他的身體與精神狀況不斷惡化。達爾西的先生瑪格羅蘭多年後怒氣衝衝地對他女兒法蘭西絲說，范對拉爾夫的態度非常惡劣，感覺他就像是這個家的外人。

如今全家只剩下范和維克斯，科爾曼會來住幾天。瑪格羅蘭從戰場上返回澳洲後，和達爾西住在海港的另一邊。家中所有瑣事都是由范一手包辦，她在工作的女兒完全不需要負擔家務。維克斯對家庭做出的貢獻，當時的傳統都是由男性負責。她有自己的車、油漆好的房間，還有自己的收入。大家都預期她會一直負責照顧母親。

一九四〇年代末期，維克斯結束在瑞秋佛斯特醫院的實習工作，接著在雪梨的邦迪郊區、距離貝爾維尤山不遠的海濱開設自己的一般診所，直到她退休前，一直維持與瑞秋佛斯特醫院的聯盟合作。

根據大家族成員的說法，維克斯是個有天分的診斷醫生，或許是因為她嚴格區分哪些是身體疾病、哪些不是。先前擔任她導師的艾略特．史密斯在一九一七年時曾提到，對於全科醫師不理解精神疾病的現象，頗為不認同。「很明顯的，整體醫學界對於心理學不僅缺乏興趣，更是一知半解，」他觀察道。

但是維克斯沒有犯下這樣的錯誤；她的同理心量表總是設定在最高等級。只要一想到在她二十多歲時醫學治療的無能與無感，以及未能及時化解她的痛苦，她一輩子都怨恨難消。她知道醫生能發揮影響力，包括正面與負面。接受她治療的神經疾病病患享有一大好處，那就是他們的醫生了解他們的身體與精神疾病，而且有能力解決這些問題。

在雪梨郊區，維克斯憑藉自身對於焦慮的敏銳直覺，觀察到各種受苦狀態。她的診所同事親

眼看到她對病患總是抱持著同理心，非常多人需要這樣的同理心，她也來者不拒。後來她說，是她的病患「教導她」。她「聽了所有說法」，也看到了焦慮如何運用不同的方法自我掩飾，包括精神與身體的部分。

有些病患長期困在家中，這些人的症狀正是後來我們所稱的「懼曠症」。有些人則屬於恐懼症、強迫症患者，由於被某些問題折磨而痛苦不堪。維克斯下定決心，絕不會犯下當年讓她吃盡苦頭的醫療錯誤。當她發現這些「神經」，她給予了明確的治療。但是短短十五分鐘的諮商，並不適合治療焦慮，所以她開始養成終身習慣，她投注在病患身上的時間和注意力，都遠遠超出傳統的期望。也就是從這個時候開始，維克斯密切觀察經她認定為「神經疾病」的實證研究。後來她告訴英國心理學教授羅傑．貝克（Roger Baker），她對於「任何伴隨出現的神經疾病對身體疾病產生的影響」，特別有興趣。〔2〕

由於把自己的時間免費送給了病患，維克斯並沒有因為累積專業能力而致富。她的諮商方式非常有彈性，收費卻固定不變。她的治療模式需要無窮的時間與耐性，她的回報不在於金錢，而是證明她的方法確實有效。有很長一段時間，病患的感激就是她唯一的回報。終有一天這樣的回報已不足夠，但是金錢從來不是問題。

過去二十年身為博士，讓維克斯更能廣泛理解「神經」的詭計，而且她不需要離開家去研究神經現象。因為不只妹妹達爾西就是案例，當時妹婿瑪格羅蘭開始酗酒，此外弟弟布萊恩的情緒

波動已是眾人皆知，與他保持聯繫的前妻諾艾兒也面臨嚴重困擾。

維克斯剛開始以醫師身分執業時，會進行家訪，她自己開車去探訪那些因為家務纏身而無法離開郊區的女性。有時候她會帶著一個外甥女同行，外甥女就坐在她最愛的佛賀汽車（Vauxhall）裡等她。一九五〇年代，大街小巷都能看到這款汽車，許多大家庭因此分裂成原子家庭。女性不被鼓勵外出工作，由她們的丈夫仁慈地掌控一切，或者是另一種情況：有些人將戰爭期間累積的壓力帶進家中。大家依舊沒有學會第一次世界大戰的教訓。第二次世界大戰結束後，男性繼續工作，女性則留在家中。

一如既往，當時的社會正處於過渡期。上一個世代的人們幾乎沒有想過離婚，如今卻愈來愈普遍，法律訴訟就是一場相互推卸責任的遊戲，而且就在大眾極度厭煩的怒視下公開上演。訴訟大戰成了各種駭人聽聞的報導的素材。

維克斯注意到，沒有外出工作會如何影響那些家務纏身的女性。如果丈夫難以相處，情況會更為惡化。她也知道有許多男性誠心想要幫助痛苦的妻子，但她也常看到有不少丈夫沒有或是無法幫助自己的妻子。

她時常強調，不管什麼性別的人都會焦慮，只不過男性的心理會被工作占據，而且他們多

2 Baker, R. (ed.) *Panic Disorder: theory, research, and therapy*. Wiley. 1989. p317.

半會利用酒精自我治療，公共酒吧依舊只允許男性進入；但是女性不僅沒有工作，在一天結束之後，還要面對內心感到挫折或是懷有敵意的另一半。

她看到焦慮的病患幾乎不被人理解。「我總是說，神經疾病是非常孤單的事，多數人不期待從家人那裡得到支持。如果有，那再好不過了。但是一般來說，許多患有神經疾病的人根本沒有獲得家庭的支持。」

維克斯厭惡衝突，而且多半會縱容個性難搞的男性。為了讓他們對於情緒崩潰的妻子沒那麼不耐，她發揮偽善的力量，告訴他們說他們「是家中真正有智慧的人」。她抱持同理心，告訴他們，「和（女性的）神經系統一起生活，就像是和一群生龍火虎的人共同生活」。

維克斯私底下聽取了因幻想而引發恐慌、以及患有恐懼症的病患告白，包括害怕飛行的機長、害怕傷害小孩的母親、恐懼自己厭惡另一半的配偶、還有其他更多私密的想像。接著，對於那些疲勞轟炸大腦的真實或想像的事件，他們會有罪惡感與羞愧感。最後，有人因為某個看似不可收拾的問題或關係而被摧毀。

維克斯花費多年密切觀察人類後取得的成果，多於先前耗費時間研究蜥蜴的成果。後來當她撰寫的神經疾病著作成為暢銷書，美國心理學家詹恩評論說，維克斯「對於持續變動的現象，也就是恐懼行為，進行了詳細、開明且精準的觀察」。〔3〕

詹恩從維克斯著作的暢銷程度，就能明白她究竟付出了多大努力，「努力了解病患處於恐懼

與治療情境時，所經歷的獨特私密經歷。唯有深感興趣、而且喜歡追根究柢的人，才可能取得這種客觀的資訊，如果我們要以科學角度理解那些造成困擾的行為，以及如何有效治療恐懼和恐懼症等問題，這些資訊是絕對不可或缺的。」

和先前的哈里森教授一樣，讓詹恩感到惋惜的是，維克斯採取的「心態開放、極其私密的觀察方法」遭「嚴重漠視」。他引述了一九七三年諾貝爾生理或醫學獎得主尼可拉斯・丁柏根（Nikolaas Tinbergen）的一段話，丁柏根曾經警告，學術圈愈來愈輕視「觀察」這種「基礎科學方法」，偏愛「儀器設備的吸引力、試驗帶來的名氣」，以及「最終研發出藥物的誘惑」。〔4〕

一九五五年，五十二歲的維克斯計劃讓自己的醫學生涯更上一層樓，她參加了澳洲皇家醫師學院（Royal Australasian College of Physicians，RACP）會員考試。通過考試的人就能取得澳洲皇家醫師學院的會員資格，有權稱自己為「醫師」。

澳洲皇家醫師學院創辦於一九三〇年代，主要是仿效英國皇家醫師學院而成立，目的是創立更高等級的醫師類別，藉此提升醫師的聲望。學院成立預示了醫學專業人員的未來——成立這個學院的目的除了提升醫學專業的地位，還包括其他實用目標，例如推動研究、建立道德準則。

歷經多年苦讀、參加研究所考試後，剛取得資格的醫生多半傾向於成為專科醫生，不過也有

3 詹恩寫給澳洲坎培拉總督府禮賓處的信件。一九九〇年五月二十一日。

4 Tinbergen, N. 'Ethology and Stress Diseases'. Nobel Lecture. 12 December 1973.

些像維克斯這樣選擇成為全科醫生的人，他們是更高等級的診斷醫生以及問題解決者。這個類別至今依然存在，只不過在講求專業化的年代，人們比較不容易理解他們。

如今維克斯已經是合格的醫生，她搬進雪梨麥覺理街（Macquarie Street）的房子，在雪梨郊區雜亂無章地擴張發展、導致集中化變得不切實際之前，這條街可說是專業治療的同義詞。

維克斯並沒有忘記戰爭，她擔任紅十字顧問並提供服務，這段期間她遇到了許多棘手的案例。其中一位是化學武器科學家，他相信自己的問題源自他在澳洲為政府工作時，曾暴露於神經性毒氣之中。一九六〇年七月進行診斷後，維克斯認為他之所以記憶喪失，是接觸神經性毒氣所致。由於政府將這些毒素的作用列為高度機密，因此維克斯的發現引發不小爭議，直到數十年後政府才承認毒氣造成的傷害。

根據維克斯外甥女蒂塔的說法，就在維克斯以診斷醫師的身分在麥覺理街看診之後，其他醫生開始將「棘手」的病患轉介給她。透過口耳相傳，她愈來愈知名。這些口碑並非來自麥覺理街，而是來自一般大眾，因為她的病患會介紹其他人找她看診。

維克斯的家人同樣見識到她的診斷能力。在一九五〇年代末期的某個時間點，法蘭西絲將她的婆婆介紹給維克斯，先前她婆婆經診斷罹患愛迪生氏症（Addison's disease）〔5〕，但是維克斯一看到她，就正確判斷她被誤診了。「我認為你沒有愛迪生氏症，你應該立即停止服用可體松，」她的外甥女記得維克斯向她婆婆這麼建議。

或許有某些原因，使得維克斯清楚知道愛迪生氏症的症狀，這是比較罕見的自身免疫系統攻擊腎上腺的疾病。更重要的是，一八五五年湯瑪斯・愛迪生（Thomas Addison）發現了這個疾病，於是以他的名字命名。愛迪生發現這個疾病後，「開啟了『內分泌腺』疾病的研究」，維克斯在前往倫敦之前、接受艾略特・史密斯指導的那幾年，便投入了內分泌腺的研究。

維克斯的名氣愈來愈響亮，但是她將自己的成功歸功於進入醫學院前，因身為研究科學家而累積了多年的訓練，「這對我很有助益，讓我有能力分析病患究竟發生了什麼事，並觀察到隱藏在他們神經疾病模式背後的簡單事實」。〔6〕借用她的說法，科學訓練讓她學會「尋找樹幹」，而不會因為樹枝上的樹葉而分心。「我想，我有辦法找出疾病以及人們回應背後，最重要的部分。」

身為全科醫師，維克斯在焦慮病患身上看到的，不只是和她自己相同的症狀：包括讓心臟科醫師束手無策的劇烈心跳、讓消化科醫生疑惑不解的胃痛；找不出原因的眼睛毛病；感受得到、卻看不到的喉嚨腫塊；還有其他許許多多「神經詭計」。

她開始質疑精神科的治療方法。「精神分析學多半要求挖掘出可能的潛意識原因，這通常要耗費幾個星期、幾個月、甚至好幾年。焦慮敏感的人經常被警告，一定要花費如此長的時間尋找病因，而且幾乎很少對他們使用像是『治癒』這類鼓勵字眼，甚至會刻意避免。」

5 譯註：愛迪生氏症又稱原發性腎上腺機能不全，腎上腺無法產生足夠的荷爾蒙皮質醇或荷爾蒙腎上腺激素。

6 *The Latest Help for Your Nerves*, p8.

人們開始向她求助，希望找到可立即擺脫恐慌發作、心跳加速、虛弱、疲累、顫抖，以及感覺難以吞嚥固體食物等折磨。「你能想像，當別人告訴他們可能得耗費冗長的時間做調查，以尋找隱藏的病因時，這些人內心有多混亂與絕望嗎？」〔7〕

如今維克斯已經是合格的醫生，但是醫學的生涯階梯還有更高一級。澳洲皇家醫師學院有一群「研究員」（fellow）菁英團體，這個得來不易的頂尖研究員資格，只保留給被祕密選中的人。多年後，由於「會員」（member）反對原本那種不負責任、不透明的團體組成方式，「研究員」的任命變得愈來愈透明。但是在發生這次微不足道的革命之前，維克斯就已被提名「研究員」，這份榮耀與肯定讓她心滿意足。

維克斯極力想證明自己是醫學專業的典範，不過她的方法相當獨特，而且不依循正統。首先是她給予病患的時間遠超出一般診療標準。她的電話鈴聲從沒有停過；她的工作永遠做不完，而且從她的診療室延伸到住家，她的母親和科爾曼會確保她保有診療病患所需的時間。這兩位深愛她的女性看到了她努力付出的成果，她們相信她是名優秀的醫生，因此願意幫助她完成工作。

在此同時，維克斯家其他成員的生活似乎也安頓好了，不過只有一開始是如此。一九四九年，布萊恩與第二任妻子伊瑟（Esther）結婚，生了兩個小孩，分別是提摩西（Timothy）和芭芭拉（Barbara）。伊瑟正好與「野孩子」相反。她個性溫順、深愛丈夫，也得到布萊恩的愛，這從布萊恩多年來寄給她的信件語氣溫柔就看得出來。但是儘管布萊恩對第二任妻子的感情確實是真心

的，卻依舊改不了言語粗暴的習性，他長期不斷在公開場合厚顏無恥地羞辱妻子。

在所有手足中，達爾西最密切參與維克斯的生活，結果有好有壞。雖然兩人有許多差異，但是維克斯確實很愛這個妹妹。達爾西成了她的管家，維克斯也樂於把家務交給她。達爾西的生活平靜，熱愛做家事，例如烹飪、編織與裁縫，而她姊姊恰恰對這些事情感到厭煩。達爾西也具備了維克斯家的音樂天賦，她不僅是個技巧純熟的鋼琴家，還會創作歌曲，其中一首歌的主角正是個性專橫的范，歌名為〈我們要如何面對外祖母？〉，歌詞包括「她八十二歲，但看起來很年輕」、「她告訴我們的朋友該怎麼做，如果我們抱怨，她也會告訴我們」。達爾西性格脆弱、容易心軟，但是她和其他維克斯家人一樣健談、喜歡大笑。她也欣然讓自己退居第二位。

維克斯與妹婿的關係一開始非常融洽，維克斯從歐洲回到澳洲時，達爾西剛新婚不久，維克斯搬去與達爾西一家同住。當時，瑪格羅蘭全家就住在達令角市區附近。

但是和諧的關係沒有維持多久。瑪格羅蘭非常難搞。他具有記者善於搞笑溝通的天分，也養成了這職業愛喝酒的習性。但是戰後他卻成了酒鬼。他在人生最後幾年終於洗心革面，他告訴女兒，希望自己能和威廉・克勞德・菲爾德斯（W. C. Fields）〔8〕一樣，「遠離酒精，重新活過一次」。

7 ibid. pp1–2.

8 譯註：一八八〇～一九四六，美國喜劇演員、雜技演員與編劇，活躍於大銀幕與百老匯舞台，一九三〇年因為酗酒問題造成演藝事業中斷，直到一九三九年成功戒酒之後重返演藝圈。

達爾西和丈夫後來搬到海港對岸、綠樹成蔭的郊區沃龍加（Wahroonga），距離維克斯在貝爾維尤山的住家更遙遠。這裡靠近學費昂貴的愛博思（Abbotsleigh）私立女校。後來是由維克斯為法蘭西絲支付學費。維克斯熱愛教育，達爾西的女兒，包括法蘭西絲、莉莉和蒂塔，幸運地成了受益者，維克斯這三個外甥女就讀不同的私立學校，學費都是由維克斯包辦。

不論維克斯為瑪格羅蘭的家庭做了哪些事，已足以讓瑪格羅蘭決定將自己珍藏多年、在他二十一歲時家人送給他的懷錶，轉送給這名大姨子。這只懷錶出自他母親的家族企業，也就是位於格拉斯哥沙期霍爾街（Sauchiehall Street）的「穆爾與尼可珠寶公司」（Muir and Nicol），瑪格羅蘭選擇這份贈禮並非毫無意義的舉動。

但是他們的情感連結卻在不久之後急轉直下，最終成了雙方一輩子的傷痛。到了一九五〇年代初期，瑪格羅蘭對女性的愛出現急轉彎，這名性格瀟灑的蘇格蘭男人、三位女兒的父親出軌了。這已經夠慘了，但更糟的是，他的婚外情對象竟然是達爾西嫵媚動人的堂親、原姓維克斯的約瑟芬・英格爾頓（Josephine Ingleton）。

在某個階段，達爾西聽聞婚外情的風聲，並向她姊姊吐露一切。這兩名女性決定懲罰他，而且一如往常得到范的熱烈鼓勵。這次行動雖然有風險，而且有些令人反感，但確實切合時宜。一開始她們覺得羞恥，接著相互責罵，到後來離婚時占了上風。依據法律規定，她們必須提出婚姻破裂的確切證據，但是達爾西對於這種相互斥責的法律遊戲毫無興趣，她最不想見到的結果就是

離婚。她只想讓丈夫感到羞愧，重新回到家裡，但是瑪格羅蘭拒絕按照她的劇本走。

他希望離婚，但是達爾西拒絕。然而，她發現自己陷入了另一場訴訟，這次是由這場不幸鬧劇中受盡委屈的一方、四十五歲的傑佛瑞・英格爾頓（Geoffrey Ingleton）發起，他就是約瑟芬的丈夫。在接下來的訴訟大戰中，維克斯和達爾西成了揭發瑪格羅蘭戲劇性出軌事件的主角。九月二十七日，《真實》的新聞標題寫著：〈新聞記者被抓姦在床，全身赤裸與船員配偶在一起〉。〔9〕

外界向來形容維克斯是「才華洋溢的醫生」，現在她卻成了下流肥皂劇的主角，潛伏在臥室外圍。達爾西被要求在法庭上提出證據，但她完全不想打這場官司。外界可以輕易從離婚法庭中取得相關文件副本，《真實》這家小報倒是充分利用這些證據。瑪格羅蘭想像得到新聞報導會寫什麼，因為是由他的前老闆以斯拉・諾頓（Ezra Norton）負責編輯。

四月八日晚上，獵人山（Hunters Hill）伍利奇路上某棟住宅的臥房一片漆黑，寂靜無聲，兩名女子此時上門按鈴。達爾西・瑪格羅蘭太太和她姊姊克萊兒・維克斯博士推開大門、打開燈光。就在此時，一名裸身男子猛然從床上跳起，全身赤裸的女子身上的床單因此意外滑落。這名全裸的女子只能用雙手遮住自己的臉。

9 *Truth*. 27 September 1953.

《真實》還補上：「英格爾頓先生如今四十多歲，依舊充滿魅力。」副標寫著「看夠了」，接著是達爾西對當晚的描述：

她說，瑪格羅蘭從床上跳起來，將床單丟在一邊，訪客看到英格爾頓太太同樣全身赤裸。瑪格羅蘭太太說，她只能用雙手遮住自己的臉，身上沒有任何衣物遮蓋。

瑪格羅蘭太太說，她告訴那兩個人：「我看你們怎麼說。」根據瑪格羅蘭太太的說法，當時英格爾頓太太回說：「喔，所有人早就心知肚明。」接著英格爾頓太太披上瑪格羅蘭的浴袍，瑪格羅蘭則拿起另一件浴袍遮住自己的裸體。維克斯博士依舊站在門外。瑪格羅蘭太太邀她進入房內。「我不想進去，」她回說。「我已經看夠了。」

《真實》的報導添加了許多煽情的細節，偶爾穿插一些評論，使得這次不幸事件更廣為流傳。文章形容約瑟芬是「雪梨最知名運動家族的成員」，也提到了她兄弟的政治野心。她在二十一歲時嫁給了傑佛瑞。

年輕的英格爾頓太太將美麗帶進了婚姻，她先生則是將才華帶進了婚姻。英格爾頓多才多藝。他寫了兩本書，是攝影界權威，也是一位藝術家，具有高級蝕刻版畫的長才。

這家小報完全沒有放過揭露醜聞細節的大好機會：「順帶一提，瑪格羅蘭太太是英格爾頓太太的堂親。她丈夫穆爾在二次世界大戰服役結束後，進入了新聞界。」

這篇報導提出了一項爭議性的證據，預示了接下來即將發生的悲劇。約瑟芬宣稱自己得了癌症，但是她丈夫指責她為了婚外情、而非疾病，置家庭於不顧，並指控她企圖誤導他和醫生。最終，英格爾頓夫婦獲准離婚。〔10〕

這是一樁齷齪無比的醜聞。達爾西做了最後的努力，想盡辦法在官司結束前讓丈夫回心轉意，到了某個時間點她還以為自己成功了。樂觀的維克斯開著她的佛賀汽車，載著達爾西和她的三個女兒，在科爾曼的陪伴下，從貝爾維尤山出發前往沃龍加，當時她們想著，讓達爾西和女兒重新與瑪格羅蘭住在一起。沒想到天不從人願。瑪格羅蘭穿著名貴的浴袍來到門前，不顧淚流不止的妻子苦苦哀求，極力阻擋她進門，已進入青少年時期的法蘭西絲和二女兒莉莉，從他阻擋的手臂下方迅速彎身進入走廊。最後，佛賀汽車調頭，維克斯載著心煩意亂的妹妹和她的三個女兒回到貝爾維尤山。

現在維克斯有了現成的家庭，如果說維克斯的生活受到干擾，那麼達爾西的生活則是徹底粉

10 ibid.

碎。她的三個小孩因為家庭破裂以及母親內心絕望而受苦。照顧達爾西的責任全部落在維克斯的身上。范、維克斯、科爾曼、達爾西以及三位女孩，如今生活在一起，彼此之間有時會出現摩擦。到了某個階段，瑪格羅蘭要求維克斯將之前他贈送的私密禮物，也就是那副金色懷錶退還給他。現在，由維克斯當家作主。

16 女性之家 The House of Women

維克斯已經預料到，帶著三個年幼孩子的妹妹必定會搬回家和她們一起住。家庭破碎意味著財務出現缺口，但是維克斯的收入可以彌補。不過問題不只有金錢。擔任全科醫師的維克斯必須長時間工作，范已高齡七十多歲，而且在接受一連串困難的腸道手術後，健康也出了問題。維克斯不怕工作，但是家務就得交給其他人去做。

果不其然，確實有人會接手。過去十年，科爾曼一直在貝爾維尤山和查茲伍德兩地居住，一九五三年她搬去維克斯家，此後兩人便在一起生活。從科爾曼離開住在查茲伍德的母親的那一天開始，她往後的人生都在為維克斯服務，協助管理港灣大橋對岸的凌亂家務。當年維克斯四十歲，科爾曼四十四歲，她們共度餘生。

身為知名的鋼琴家，科爾曼早已習慣成為鎂光燈焦點，但是在維克斯家，她的存在則顯得隱晦低調。維克斯家人個個有主見，也樂於成為焦點，但是科爾曼天性沉默寡言。

一開始，達爾西被悲傷與憤怒所淹沒，與前夫之間僅剩下法庭上的痛苦交鋒，目的是爭奪贍

養費。她仍堅決不同意離婚，所以約瑟芬最終只好透過單務契約（deed poll）〔1〕，將自己的姓氏改為瑪格羅蘭。

雖然瑪格羅蘭偶爾會分擔責任，但主要是維克斯持續給予達爾西一家財務與情感的支援。維克斯決定將三位外甥女送往私立學校就讀，而且願意負擔他們的學費，自此之後，她們便開始了財務依賴與相互依存的時期。隨著肩上責任不斷加重，維克斯偶爾會感到不安，特別是在她晚年時。金錢可以解決問題，但也會製造問題。

瑪格羅蘭不久之後便遭逢悲劇，儘管約瑟芬的前夫有所懷疑，但是她的確罹患了肺癌，於一九五七年離世。達爾西和前夫之間的激烈爭執變得更加白熱化，沒有止血帶止得住惡血。

在東部郊區，瑪格羅蘭是相當受歡迎的人物。身為記者，他懂得如何編造故事。他熱愛高爾夫球，喜歡喝酒，交遊廣闊。他也從不隱瞞自己對於前大姨子的看法，所以許多雪梨的專業工作者，包括醫師、律師和他的一位法官好友，從他們與瑪格羅蘭的交談中得出了相同結論——維克斯博士是個超級難搞的女人。

長期不和的父母彼此互槓，而且經常當著小孩的面。法蘭西絲的不幸僅次於達爾西的痛苦，自我中心的父母公然爭吵、行為失控，讓她更加痛心。瑪格羅蘭離開時，莉莉和蒂塔都不到十歲，但是法蘭西絲已經十五歲，她的情緒崩潰。她失去了崇拜的父親，而且身為家中的長女，她時常要面對父母之間令人煩躁的爭吵，往後數十年，她一直因為父母失和、被迫選邊站而痛苦掙扎不

已。她很年輕就結婚，生下第一個孩子時才剛滿二十一歲。

達爾西婚姻破裂更加凸顯她姊姊的卓越成就，以及家中的地位排序。法蘭西絲感覺她母親「身為家中最小的小孩，總是生活在克萊兒阿姨與她耀眼才華的陰影之下，心情鬱悶」。即使達爾西最小的女兒蒂塔當時只有七歲，仍記得她母親覺得「心煩意亂」。范因為一連串健康問題，偶爾會突然大發雷霆，有一次因為莉莉犯錯，她就拿出皮帶抽打她，直到她身上留下鞭痕。維克斯工作結束後回到家，她一直哭個不停，莉莉記得當時阿姨對范發了一頓脾氣。

過去維克斯願意嘗試各種生涯實驗，而且似乎選擇以不同於傳統的方式面對人生，但是真實的情況正好相反。維克斯家族後代發現，維克斯過度專注，非常嚴肅地看待自己，總是努力保持鎮定，而且擁有強烈的責任感。

在家庭發生劇變的這段期間，維克斯的付出有增無減。她很清楚自己必須擔負什麼新責任。「女孩的爸爸拋棄了她們，我就承擔起他的角色，」日後她告訴祕書派特・萊德（Pat Ryder）說。她特地為達爾西的女兒們空出時間、努力存錢。年紀最小、也最受寵的蒂塔記得，「即使在邦迪的診所工作了一整天，她回家後還是會念書給我聽。以前都沒有人念書給我聽，可是阿姨會朗讀《海蒂》（*Heidi*）[2]這本書，你不知道我有多期待。但是她其實已經累到不行。」

1 譯註：只有單方執行契約，常用於更改名字。

2 譯註：《海蒂》是瑞士作家喬安娜・史派利（Johanna Spyri，一八二七～一九〇一）創作的兒童文學作品。

莉莉也記得這位阿姨「就像個母親」。當她自己的母親慌亂不知所措，她就會去找維克斯。「在學校遇到任何問題，我就會去找阿姨，她還會幫我一起做功課。她總是陪在我身邊。她是我的偶像。」莉莉表示，她阿姨不斷勸告她要保持鎮定。「別興奮過頭，要做好失望的準備，」她會這麼對她們說。「她總是要我們做好失望的準備，」莉莉說。

貝爾維尤山的家不斷有人來來去去，空間非常擁擠。前方有三間臥房，花園後方有一間房，即便維克斯和科爾曼共住一間、三個女孩共住一間，也沒有其他空房。隨著女孩們長大，范開始要求她們必須遵循她訂的行為準則。到了青少年時期，她一再吩咐她們絕不能有性行為。法蘭西絲幾乎聽不進去，總想著和男孩約會。她記得有一天晚上大約十一點，她在前門走廊與一名男子擁吻，一進家門就看到她阿姨在結束一整天的診療工作後，在餐廳刷油漆。

科爾曼則是努力在這個不是自己家的地方尋求立身之地，但是來自范與達爾西的無聲對抗，讓科爾曼的處境更加困難。情緒焦躁的達爾西與三個學齡兒童搬進來共同生活幾年後，很明顯需要新住處，也就是能容納所有人，同時又能避免過度擁擠、情緒氾濫的空間。維克斯希望能與其他家人之間保有喘息空間，而且科爾曼處境尷尬的問題也必須解決。

維克斯決定為他們尋找更大的房子，這樣就能夠在她可應付的距離內，持續給予達爾西和女孩們支持。她必須讓家人分開住，但同時又能共同生活。她在海港北方找到一間大坪數的聯邦式房屋，後來他們將房屋改裝成兩間公寓房。當初因為戰爭的關係，他們舉家搬離港灣大橋，再也

看不到地貌壯觀的雪梨市最優美宜人的水景。

在北岸，往高低起伏的地面望去，美麗的海灣映入眼簾，與寬闊的海港之間形成變化無窮的景觀。這片滿布綠蔭的寧靜海濱，距離城市僅有一步之遙。戰爭期間，布萊恩在喬治亞德軍事基地為陸軍設計可提供掩護的材料，這座基地正好位於下北岸美麗而綿長的海岸線中段，這段服役經歷讓布萊恩愛上了這個地區，或許是他激發了他姊姊的興趣。

還有另一個原因促使維克斯決定北遷。一九五六年，維克斯的好友奧魯索和凡斯從倫敦搬回雪梨，住進奧魯索繼承的房產，地點就位在北岸的巴爾哥拉（Balgowlah）。如今奧魯索年屆六十五歲，已退休的他正著手進行未來二十年讓他忙到廢寢忘食的大型計畫：翻譯德國探險家路德維希·萊卡特（Ludwig Leichhardt）的數百封信件。

儘管因為遠在倫敦以及戰爭爆發，導致彼此分隔兩地，但是維克斯、凡斯和奧魯索之間一直維持穩固的友誼。當年奧魯索謝絕領取員佐勳章（Member，簡稱MBE），不過三十年後維克斯倒是欣然接受這項榮譽。身為地理學家的奧魯索曾參與編纂軍事地理字典，因此成為第二次世界大戰同盟國重要的資訊來源。

奧魯索有與謙遜相對的另一面。他是難得一見的澳洲知識分子，不太尊重同胞的意見。他才回來一年便寫道：「對於許多感受不到思考樂趣的澳洲人而言，思考是最困難的工作。」

凡斯和維克斯則是超出他的高標，只不過他花了一段時間，才真正認可凡斯成為配偶的可能，

他在老年時總結說：「我人生最後三十五年是最美好的時光，這大部分要歸功於我的妻子。」〔3〕

家中沒有人不知道科爾曼對維克斯的意義。兩人之間的親密關係讓達爾西感到不安，她不滿維克斯總是把科爾曼放在第一位，維克斯愛達爾西，卻選擇科爾曼成為人生伴侶。這三人之間需要一道門相互隔開。他們買下位於克雷蒙恩（Cremorne）米爾森路三十七號、擁有十八間房的大坪數聯邦式房屋，這房子正好符合她們的需求。

讓法蘭西絲後悔的是，她阿姨為了翻新樓上公寓，破壞了部分可列入文物保護的房屋特色。不過有些損失確實有道理可言。連結樓上樓下的大型雪松木樓梯立即被拆除，壁爐則保留。最後，這棟房屋改裝成兩層獨立的住宅，達爾西和三個女孩住在樓下。這樣的安排讓維克斯和科爾曼能夠保有自己的空間，但是她們並沒有逃離范，她也一起住在樓上。房產由維克斯、科爾曼和達爾西三人共同持有，三人持分相同，這也意謂著某些控告瑪格羅蘭的訴訟案，確實牽涉到金錢。

樓上住宅的地面與道路齊平，只要從可供停車的荒廢網球場穿越醜陋的水泥斜坡，就能到達新家。新家一個突出的優點是前方陽台空間寬敞，可以遠眺雪梨港的壯麗景色。在這個露天平台上散步非常接近戶外運動，所以後來除了偶爾打高爾夫球，維克斯都會在這裡散步。年輕時連續數星期長途跋涉、四處爬山、在斯堪地那維亞半島國家騎車旅行的歲月，已離她遠去。

沒有人記得看過維克斯選擇外出散步或游泳，但是她在後期出版的某本書中曾提到，「許多患有神經疾病的病患在生病期間很少活動，因為缺乏運動，身體變得虛弱、肌肉鬆弛，腿部容易

疲勞，因此總想著要坐著或躺著，不願意走路。」[4]

科爾曼分到前方大坪數的臥房，可以遠眺海港，這一點證明了她在這個家的地位有了新的排序。相較之下，維克斯的臥房空間狹小，僅有一張靠窗的單人床，但是看不到海港的景色。范的臥房則在廚房旁邊。令人羨慕的是，寬敞的客廳擺放了一張扶手椅，可欣賞窗外景致。這是專門給維克斯坐的，因此後來被稱為「王座」。

旅行時，維克斯偶爾會收藏物品，但是待在家的時候，她最看重的是舒適和便利。她買了一張波斯地毯，她熱愛收集信紙，而且偏愛藍色，但除了她弟弟布萊恩的幾幅畫作，以及一張令人想起家庭和諧的維梅爾室內畫複製品，克雷蒙恩家中的牆壁幾乎沒有任何裝飾。窗戶上裝有威尼斯百葉窗，這是當時郊區家庭的必備裝置，不會阻擋陽光，卻能保有隱私。她對時尚絲毫不感興趣。蒂塔稱她是典型「熱愛混搭」穿著的人。她的衣著整齊，但是「就像個鄉下大媽，喜歡舒服、簡單的裝扮，厭惡做頭髮，對自己的外表沒有任何虛榮心」。

但音樂不一樣。維克斯非常重視高品質的音響系統，隨時準備好要大手筆投資最新設備，持續與她弟弟布萊恩較勁。一起聽音樂是他們生活中很重要的一部分，她的外甥孫亞當（Adam）在她過世十五年後，仍保留著她購買的中道（Nakamichi）立體音響。他還記得維克斯是在哪裡買的、

3 口述歷史。澳洲國家圖書館。由哈澤爾・德・貝格記錄。一九七七年，六月三十日。

4 More Help for your Nerves, p68.

花了多少錢，「大概是兩千五百美元，簡直貴得離譜。」

搬家之後更強化了維克斯身為一家之主的地位。多數時候她都待在家，范的健康出了問題，達爾西的精神備受折磨，個性熱情積極的外甥女需要關注，特別是在平靜的五〇年代接近尾聲、即將迎接迷人的六〇年代之際。維克斯雖然提供財務和情感上的支持，但是面臨混亂且棘手的情況時，情感面的支持通常有所局限。

原本的大家庭如今有了進入門檻。如果要到頂樓或是去找克萊兒阿姨，就必須經過一道拉門，這道門主要由科爾曼負責看守。她可以開啟頂端的門鎖，鎖住底部的門鎖，阻擋其他家人進入，她會告訴他們維克斯正在工作或睡覺，這是范為她設定的生活作息模式。這樣的安排非常適合維克斯，因為她厭惡衝突。在克雷蒙恩，科爾曼就是神殿的看門狗，維克斯就是神殿。

維克斯因為接受教育而有能力獨立自主，所以她不僅負擔外甥女的學費，還幫她們買書、鼓勵她們。後來沒有一位外甥女成為學者，但是她們都記得她的付出。達爾西沒有工作、也沒受過高等教育，只能用自己的方式反擊。某天在一場學校音樂會上，坐在她旁邊的一個母親問她有幾個小孩，後來她對自己的女兒說，這位媽媽的「上流口音」徹底激怒了她。「六個，」達爾西回答說。「三個婚生子女，三個私生子。」

其實她的姊姊也有自己的「上流口音」。那個口音，其中一位外甥女這麼說。維克斯在英格蘭時，母音發音的唇形更圓，子音短促。她總是展現出醫學專業人員的權威感，她會提出自己的

看法，而且堅持己見。

維克斯是法蘭西絲、莉莉和蒂塔的第二個母親，她也時時關照布萊恩的女兒潘妮。正值青少年時期的潘妮生活不穩定，這讓維克斯相當困擾，她曾警告弟弟，不斷轉學會對潘妮造成傷害，阻礙她的學業進步。多年來，維克斯早已認定潘妮在學術上必定能有一番成就，並主動鼓勵她，她也注意到潘妮有自己的抱負與理想，只是一直得不到父親的支持。很早的時候，潘妮就對醫學非常有興趣，維克斯要求潘妮考慮就讀她的母校：雪梨女子中學，後來潘妮獲得錄取，成功取得進入醫學院就讀的資格，維克斯欣喜若狂。此時兩人關係正是最融洽的時候，但日後卻變得愈來愈錯綜複雜。

她與四位外甥女和姪女的關係非常密切，她們都來自破碎家庭，因此她想盡辦法要彌補她們。但是對於布萊恩二婚家庭的兩個小孩芭芭拉和提摩西，維克斯不需要付出同樣的心力，他們盡可能與情緒反覆無常的父親維持穩定的家庭生活。此外，維克斯也沒有必要為海港對岸的艾倫與溫特沃斯操心，他們的生活舒適安逸。

達爾西的女兒稱呼科爾曼「阿姨」，但如果因此認為她們關係親密，那就大錯特錯了。雖然科爾曼與維克斯一家共同生活了數十年，但始終是局外人。她從未想過要改變現狀，也沒有人要求她改變，大家都記得她多數時候都保持安靜，負責下廚，義無反顧地為阿姨奉獻。如果沒有科爾曼，她們的阿姨「什麼事也做不了」。

關於科爾曼的家庭外界所知不多，只知道她父親是記者，家裡還有兄弟和姪甥女等少量資訊。科爾曼幾乎不曾透露自己的任何資訊，始終保持隱形。她唯一的權力來自另一個人，就是維克斯。認識她的圈外人記得，她個性非常親切而溫暖。

她們搬到克雷蒙恩後，便形成了一項慣例。科爾曼負責管理樓上的空間，承擔所有家務；達爾西身邊只剩下樓下那些屬於她自己的設備，但她必須隨時待命照顧她的母親，范會用拐杖敲打地面，叫喚這個最小的女兒。洗衣機和達爾西一起待在樓下，她必須對全家負責。當維克斯在診所工作，科爾曼在學院管弦樂團教課時，照顧患有嚴重消化問題的年邁女性的重擔，就落在達爾西身上，她也認命地接受。

廚房成了衝突點。范喜歡下廚，科爾曼也是。最常聽見的抱怨是科爾曼與范「意見不合」，范很容易暴怒。根據蒂塔的說法，「廚房成了貝絲阿姨、老媽和娜娜的戰場，她們都想要做出美味的餐點。鹹牛肉、烤肉、愛爾蘭燉肉、麵包奶油布丁、樹薯粉、配上小葡萄干的米飯。真的就是你在《日常烹飪手冊》(*Commonsense Cookery Book*)看到的食物。」

蒂塔會閒晃進廚房，接著就會聽到沉重的嘆息聲，看到有人舉起雙臂投降、盯著天花板。「氣氛真的很緊張。」每個人都絞盡腦汁想贏得維克斯的認可，「在廚房看得最明顯」。但是無論如何，莉莉說，「克萊兒阿姨不喜歡下廚，所以，好吧，我們就寵著她，不用懷疑。」

科爾曼「老愛嘆氣」，而且動不動就得暫停工作。莉莉說，每當樓上的拉門關上，就表示阿

姨「已經受夠了。所以貝絲阿姨直接把門鎖上」。

對於科爾曼的尷尬處境，蒂塔感到有些同情，她提到在家中未曾說出口的一句話就是「她不應該出現在這」。她相信科爾曼是不受歡迎的，至少達爾西或范並不待見她。家中其他人都知道她們這樣想，但是沒有人會反對維克斯的意見。

科爾曼不會為自己辯護，但是會為維克斯辯護。莉莉說，她對達爾西「感到非常非常不滿」。達爾西非常依賴姊姊，一有問題就把樓上的家人拖下水，這讓科爾曼相當火大。這種情況發生非常多次。多年來維克斯盡力擔負起這個大家庭的責任，卻沒有獲得同等的回報。莉莉說，維克斯「承擔一切。她要照顧生病的母親。她要照顧被丈夫拋棄的妹妹。她要照顧妹妹的小孩。她要照顧我們所有人，但她還要工作。」

她堅持擔任每個人的醫生和諮商師，其中最大的挑戰是達爾西。維克斯曾告訴法蘭西絲，「有天晚上花了很長的時間和她聊天，幫助她從精神崩潰中恢復正常。」

她不是只有聊天，還開了鎮靜劑。有些家人認為，達爾西後來心智狀態陷入混沌昏沉，維克斯必須負起責任，不過沒有人懷疑達爾西的痛苦對她的姊姊造成沉重負擔。維克斯對於抗憂鬱藥有很深的疑慮，但是對於鎮靜劑的看法沒那麼負面，她認為在某些情況下可以使用鎮靜劑。

還有一個家人也非常樂於向維克斯尋求醫療建議，那就是她的弟弟布萊恩。他的女兒芭芭拉記得他們會定期拜訪這位姑姑，她就住在旁邊的郊區，交通非常便利。布萊恩是個神經質的人，

時常惹麻煩。他生性愛熱鬧、有說故事的天分、熱衷社會主義政治，但是他也有更陰暗的一面——過度敏感、對人極度吹毛求疵，當他覺得承受不住時，只能臥病在床。當黑暗降臨，他和其他家人一樣，直接向姊姊尋求協助。這對姊弟在有生之年不斷進出彼此的家，維克斯一直忍受著弟弟陰晴不定的脾氣，不過有一次維克斯向潘妮抱怨她的父親：「週末和布萊恩見面，沒有一次是平靜的。每次都會出事。我一直很喜歡你的母親。根本沒有人可以和布萊恩一起生活。」〔5〕

布萊恩怨恨他姊姊的成功，以及成功帶來的舒適物質生活，但他完全忽略了這棟兩層房屋是維克斯和達爾西以及科爾曼共同買下的。他極力阻撓潘妮就讀醫學院。之後潘妮順利進入醫學院，並獲得聯邦政府獎學金，但是過程中沒有得到父親任何支持。「我不會花一毛錢在你身上，讓另一個男人變得有錢，」他父親殘忍地對她說。

潘妮的醫學院生涯有很好的開始，雖然她在學校沒有修過物理學與化學，依舊順利通過第一年的學業，但是家庭的混亂帶給她不小的傷害。她的父親情緒反覆無常，更糟的是，隔年母親在精神病院住了好幾個月。第二年潘妮因為差了些微分數，成績沒有通過，不過愛神卻在此時降臨，她嫁給了一位醫學院學生。幾年後她重新回到大學，取得榮譽學位與心理學研究所學位。

布萊恩雖然嫉妒姊姊，但很明顯給予了她應有的尊重，他從未以如此態度面對生命中的其他女性。他倆會坐在克雷蒙恩家中客廳的扶手椅上，一聊就是好幾個小時。在政治上，信奉社會主

義的布萊恩與保守派的維克斯沒有任何交集，但是他們會討論科學、醫學和音樂，回想在歐洲的旅行。他們也會思索哲學問題，結果發現兩人都沒有任何信仰。死亡對於維克斯是極大的侮辱，因為這等於抹滅了她所學的一切、以及對生命的掌控。

布萊恩成功戒酒後，總是不斷詢問維克斯，是否有新藥物能解決他的問題。日後維克斯由於成功協助病患重新掌控生活、擺脫對藥物的依賴，而成了家喻戶曉的人物，但是她卻容許某些家人服用鎮靜劑，她在書中也曾提到偶爾可以使用鎮靜劑。但是她沒有預料到，某些家人會因此陷入藥物上癮的痛苦。維克斯不喝酒、嚴格遵守工作倫理，因此她本人絕對不會有上癮的危險，不過法蘭西絲曾提到，後來維克斯（非常緩慢地）出現對「醫療」白蘭地上癮的傾向，她會把藥物藏在衣櫃裡。

後來，維克斯強烈反對傳統的認知，她認為憂鬱症並非因為大腦內部「化學不平衡」所致。如果不是在家，她就會努力工作，協助病患重新取回掌控權，擺脫對醫生、心理學家、精神科醫生、以及藥丸的依賴。但是面對家人不斷提出需求，縱容通常要比抵抗更為容易。維克斯拿安眠藥給布萊恩，布萊恩服用後就會臥床好幾天，完全與世隔絕，這讓他家人感到非常不解。「他喜怒無常，我們真的認為他有些，或是有嚴重的……」他的女兒芭芭拉試圖尋找適合的說詞，「……

5 新南威爾斯高等法院的歸檔文件。資產部。依一九八二年〈家庭供養法〉宣告哈澤爾・克萊兒・維克斯亡故。原告潘妮洛普・諾爾・維克斯（Penelope Noel Weekes），被告伊莉莎白・穆爾・盧艾（Elizabeth Muir Louez）。

雙重人格，」最後她說出結論。

很少事情逃得過年輕但觀察力敏銳的芭芭拉的眼睛。多年後，她語氣平和地批評姑姑開藥太過隨意。「我想達爾西很可能陷入了不論開什麼藥就吃什麼的循環中。」

此外布萊恩時常對第二任妻子伊瑟發怒。「夠了，」每當布萊恩公開地惡意霸凌妻子，維克斯都會這樣對他說，但是毫無效果。

17 首部著作誕生 The Birth of a Book

過去許多年來，維克斯建立了一套模式，她會邀請患有神經疾病的陌生人，搬進位在貝爾維尤山以及之後的克雷蒙恩住家，居住一段相當長的時間。由此可明顯看出，維克斯已經下定決心幫助人們康復，並透過更近距離的觀察進行實證研究，找出難以發現的神經問題。

雖然在當時所謂的專業「邊界」並沒有清楚的界定，但維克斯的做法並非標準的專業醫療程序。不過事後證明，這種非正統的二十四小時照護概念並非源自於維克斯，而是來自她的母親。

一九八〇年代維克斯接受BBC專訪時曾說，「來自澳洲各地方的民眾會跑來找我。澳洲幅員遼闊，他們跋涉好幾千英里，從伯斯來到雪梨，所以我會邀請其中一些人住在我家，一次也許是三到四個人。他們很難在飯店好好住下，因為他們不知道一整天要如何自處。我媽媽說：『為什麼不讓他們住在我們家？』」

這或許是范的主意，但她對這些客人沒有什麼好感。每次談到這些人，她都會流露出慣有的刺耳幽默感，「又有一個克萊兒的精神病人住進我們家，」她總是興高采烈這麼對其他家人說。

之後的幾年，病患和醫生的界線愈來愈模糊。一開始人們會以病患或讀者的身分與維克斯接觸，維克斯也會以朋友相待。到後來，其中有些人成了維克斯的商業夥伴，不過維克斯也比較喜歡讓她認為真正了解她的人協助她，不願意聽從專業的安排。

治療焦慮成了維克斯的使命。她總是努力工作，對自己有很高的期望，但是她逐漸體認到，她提供的治療方法是其他醫生無法提供的。後來維克斯寫道，她開始行醫時，「佛洛依德分析依舊是治療焦慮症狀的首要方法，包括懼曠症。但是有非常多人並沒有因為這種治療方式得到幫助，有些人甚至受到傷害，有些病患跑來找我，希望我能拯救他們。」愈來愈多人告訴維克斯，是她拯救了他們，這也更加強化了她是來「營救」他們的想法。

維克斯三不五時讓這些陷入困境的病患住進家裡，因此有機會深入觀察不同的焦慮症狀，這也使得她的自助書內容具有一定的深度。當然她母親的支持也很重要，早期她擔任了主要的管家角色。范不得不承認，有時候這些客人確實有他們的價值，特別是有一次她不小心碰到通電的插頭，有可能嚴重受傷。范說，「克萊兒的某個精神病人」一直在房內四處遊走、對著自己唱歌，當時這病人湊巧經過她身邊，立刻關掉電源。

這間房屋總是充滿吵鬧聲，氣氛劍拔弩張，住著從八歲到八十歲的女性，不過維克斯的病患卻在這裡，找到了讓自己放鬆的地方。每個病患外顯的焦慮症狀非常不一樣，維克斯正好可趁此機會廣泛而深入地了解各種焦慮表現。

其中一位病患是卡爾梅露修女（Sister Carmel），她個性溫柔、心地善良，但是當時陷入極度的絕望。她的生活一直受到很好的保護，她離開修道院，費盡千辛萬苦穿越整座城市，接受維克斯的治療。她是第一批住進貝爾維尤山維克斯家的病患。維克斯告訴外甥女，卡爾梅露修女從來沒有看過電影，於是當時十六歲的法蘭西絲帶她去看《男孩與玩伴》（*Guys and Dolls*），她似乎樂在其中。蒂塔記得，「她會幫我們的洋娃娃織娃娃衣。阿姨讓她的情況好轉，幫助她康復。她曾經歷嚴重的情緒崩潰。我想，她那次崩潰持續了很長一段時間。」

莉莉說，還有一名女子每五分鐘就要洗手。這名年輕女子的年紀沒有比維克斯大多少，但是她的情況更令人擔憂，她和他們一起生活了幾個月。這個病患的父親是個受人尊敬的專業工作者，但是很明顯曾經性侵她。她後來順利康復，成為成功的專業工作者，而且相當長壽。

蒂塔還記得有個「大型企業執行長」，他的妻子打電話給維克斯，說她丈夫的病情已經嚴重到無法說話或自己穿衣。「她的治療有一部分是從事某種活動，」蒂塔說，「這非常有幫助，你必須去做某件事，任何事都可以。」這名男子希望能待在維克斯身邊，於是維克斯安排他在克雷蒙恩家的花園工作。「他其實沒有在做園藝，就只是四處閒晃，」蒂塔說。他雖然人在屋外，但是可以偶爾進屋找維克斯談話。「這個人很少開口說話，我跟他打招呼時，他只是看著我。十八個月後他回到了職場，成為另一家企業的領導人。你幾乎認不得他。」

這些病患有些來自維克斯在邦迪商圈的一般診所，有些則來自之後她在麥覺理街開設的診療

室。但不是所有家人都喜歡她這種治療方式。蒂塔說，她的阿姨「沒問過我們的意願，就直接把病患帶回家。我們完全沒有說話的餘地！」治療成功也意謂著會有更多病患跑來求診，而維克斯絕不會築起圍籬，將焦慮的病患阻擋在外。不論是在工作或是在家，她的電話永遠響不停。

數十年後，維克斯依然堅持這樣的習慣，蒂塔變得愈來愈煩躁。「我跑到樓上去找阿姨，我說：『為什麼不能讓你的病人待在外面？』」蒂塔怒氣沖沖地說。「她只回答說，『親愛的，因為他們需要。』」

不過蒂塔承認，她阿姨「生來就是全心付出所有。這就是她所做的。這就是我所知道的一切，這個女人將她的生命奉獻給了別人。我的意思是，你必須親眼目睹，才能理解她究竟做到什麼樣的程度。」

很難想像非常多醫生樂於採納維克斯的方法治療棘手病例，總會有這樣的醫生。多年後，在某家醫院舉辦的問答座談會上，有人問維克斯，如果有個年輕人不願面對他最害怕的事情，該怎麼辦。她的回答，正好反映了她的治療方式迥異於一般醫生。

她談起自己如何治療一名曾被精神病醫院宣告永遠無法康復的澳洲女孩。「曾有整整一年，我每天早上去接她，帶著她和我（以醫師身分）一起巡診。事實上，我每星期每天都帶著她巡診，有時候甚至在週末。我幫助她逐漸恢復健康，後來她找到了打字員的工作。」

維克斯做出結論，觀眾問及的那名年輕人「會是特定醫生的問題，這個醫生必須非常願意幫

助他，這個年輕人需要一位能夠全心全意關照他，願意努力找出阻礙病患進步的原因、理解病患真實想法、知道病患如何看待自身疾病、並試著重新激勵病患的醫生。」〔1〕

幸運的是，這些只是少數異常麻煩的例外，但也反映出維克斯有多堅定，決心要徹底了解神經疾病。看著病患恢復健康，收到病患對她的感激，更讓維克斯確信自己所做的一切是獨一無二的。她相信，沒有人比她更能體認到她的治療方法必定具有市場。一九五〇年代末，她評估她的治療方法市場需求將會非常龐大，應該讓更多民眾知道。

於是她有了出書的想法，不過是以較為迂迴的方式。當時維克斯的一名病患從墨爾本來拜訪她，要求她「寫下所有細節，這樣就不需要跟我們每個人重複說一遍」。〔2〕他解釋說，他發現她在診療室所說的話非常有激勵效果，但是他離開診所後就失去效用。維克斯的解決辦法是將她的諮詢建議錄音，分送給病患。維克斯常說，是她的病患教導了她，現在她終於理解重複與強化的力量。如果要破除既定的反應循環，就要不斷提醒陷入疲倦、緊張不安的病患，記住他們在接受面對面治療時所接收到的訊息。

艾略特．史密斯曾建議寫一本詳細的手冊，維克斯也發現她的病患有類似的需求。他們向她證明了應該要如何破除「恐懼的習慣」。

1 *The Latest Help for Your Nerves*, p91.
2 *The Australian Women's Weekly*. 23 August 1978.

維克斯的著作，主要是以她在診療室與病患的談話內容為基礎，可能是因為原本就源自口說內容，讀起來就像是對著病患「說話」。多年後，維克斯不斷聽到有讀者說，感覺就像她直接對著他們說話。

不過，聽起來似乎很容易，實際執行過程卻是另一回事。本身也為焦慮症所苦的蒂塔，比任何人都理解維克斯付出了多大的努力，準確找出正確的說詞。一九七〇年代，當時已是單親媽媽的蒂塔回到克雷蒙恩的家，協助維克斯謄寫，因此得以近距離觀察她阿姨是如何耗費心力斟酌字句，讓訊息簡單而明確，而且不斷反覆修正與編輯。

「她想盡辦法簡化內容，」蒂塔說。「我聽著口述錄音機，將大量的診療談話打成文字。我不停地打字，她讀完之後，將十五頁左右的內容刪到只剩下一句話。」

「這些人生病了。要他們閱讀一句話已經夠難了，更何況是一整本書，」維克斯對蒂塔說。讓內容變得簡單，「她就能接觸到大批民眾。她是對的：保持簡單，她也真的做到了，」蒂塔說。

但是仍有謎團未解。是否有人建議她寫書？但也可能是維克斯自己想到要寫書，畢竟她幾乎完成了一本旅遊指南，而這本書可算是一本心理健康指南。

不過，就在維克斯找到出版社之前，她已經先找了作家經紀人。佩西．里賈納德．史蒂芬森（Percy Reginald Stephensen）絕對有資格評斷她具備了醫師與作家應有的能力。他們第一次碰面時，他的身體與精神狀態都出了問題。自此之後，便一再出現以下模式：某個陷入困境的人發現了維

克斯，而且認定其他地方絕對無法提供她那種治療方法，這個人看準了維克斯的方法具有可觀的潛在價值，於是擬定商業計畫，雙方合作開創事業，不過維持一段時間後便不幸破局。

一九〇一年出生的史蒂芬森遇見維克斯時，已將近六十歲。兩人的性格正好相反，不過都具備了鮮明的個人特質。他的傳記作家克雷格・門若（Craig Munro）將他的傳記取名為《野蠻作家》（*Wild Man of Letters*）。這形容其實相當貼切。史蒂芬森的性情陰晴不定、聒噪，朋友和敵人（後者較多）都稱他為英吉（Inky），他始終以維護澳洲文學文化、抵抗外來文化入侵的使命自詡。

「多采多姿」不足以形容史蒂芬森一生遭遇的諸多爭議和危機，以及充滿爭論的生涯歷程，他是名熱情的澳洲出版商、書籍編輯、作家經紀人，一輩子熱衷政治活動。他畢業於牛津大學，曾出版勞倫斯與諾曼・林賽（Norman Lindsay）[3]的作品，在阿道斯・赫胥黎（Aldous Huxley）[4]創作的小說《針鋒相對》（*Point Counter Point*）中化身為「粗俗的色情文學作家」，從此千古留名；他與共產主義結盟，但之後又如同作家邁爾斯・富蘭克林（Miles Franklin）[5]所說，「頭腦不清地從極左轉

3 譯註：一八七九～一九六九，澳洲畫家、雕塑家、作家與藝術評論家。
4 譯註：一八九四～一九六三，英國作家，作品包括小說、散文、遊記和電影劇本，最知名的著作是反烏托邦小說《美麗新世界》（*Brave New World*）。他祖父是知名的生物學家湯瑪斯・亨利・赫胥黎（Thomas Henry Huxley）。
5 譯註：一八七九～一九五四，澳洲作家與女性主義者，一九〇一年發表小說《我的輝煌職業》（*My Brilliant Career*）一舉成名。

向極右」[6]，成為澳洲法西斯運動的領導人物。他擁護原住民藝術，卻又強烈主張反猶太觀點，隨後在政治不合時宜之際選擇聲援日本。在一九四〇年代初期，他因為支持日本而面臨牢獄之災，但是當時正值第二次世界大戰期間，因此未經審判便直接被送進監獄。他遇見維克斯時，首要之務是擺脫身無分文的窘境。

急需要錢的史蒂芬森此時正好遇上了一位需要暢銷書的人。一九六〇年，安格斯與羅伯遜出版公司（Angus & Robertson）的紐西蘭籍主管沃爾特・伯恩斯（Walter Burns）堅持公司應往商業化發展，他一心想要爭取最高領導人的位置，最終被任命為這家澳洲主要出版公司的總經理。比起文化影響力，伯恩斯更看重營利目標，這和創辦人之孫喬治・佛格森（George Ferguson）與公司的傳奇編輯碧翠絲・達維斯（Beatrice Davis）所代表的安格斯與羅伯遜精神完全背道而馳。公司營運陷入一團混亂，史蒂芬森自願去蹚這趟渾水，他成功地對伯恩斯發動魅力攻勢，好話說盡，承諾提升安格斯與羅伯遜的獲利。在多次與只關注業務績效的伯恩斯溝通時，史蒂芬森都會習慣性地使用「暢銷書」這個字眼。

「現在你擁有這麼驚人的購買力，可以創辦或是幾乎能打垮任何一家英國出版公司，」史蒂芬森諂媚地勸說，他甚至狡猾地暗示說佛格森無法勝任這份工作。[7]史蒂芬森的終極目標是經營一家地方出版公司，隸屬於安格斯與羅伯遜旗下，雖然他並未實現這個理想，但是他努力說服伯恩斯相信，他的加入只不過是一陣旋風，目的是摧毀舊有的一切，為公司注入新活水。他的遊說

重點就是伯恩斯要求的暢銷書，《幸福就在轉念後》正是其中一本。

史蒂芬森負責平裝書出版，直接向伯恩斯、而非發行人佛格森報告。〔8〕雖然這次有幸獲得提拔是他生涯中最短暫的一次重生，但是他與維克斯簽約合作，不僅代表他的編輯判斷力獲得認可，更顯示他在安格斯與羅伯遜擁有出版影響力。

維克斯究竟是如何結識史蒂芬森的，至今仍沒有答案，不過兩人都住在克雷蒙恩，而且僅僅相隔一個街區，加上他有健康問題，因此兩人碰面的機會非常多。此外，雪梨港的迷人景致也是助力，因為兩個人都非常盡力推銷與保護這裡的美景。

就在維克斯規劃第一本書期間，她獲選為克雷蒙恩前灘保護聯盟（Cremorne Foreshore Protection League）祕書，當時聯盟試圖阻止二十二層大樓開發案，興建地點就位在她住家街道盡頭的美麗海港前灘。數千名當地地主發動連署，將請願書送交地方議會，史蒂芬森也參與了連署。數十年後地方議會記錄了維克斯的成功：「維克斯領導的克雷蒙恩前灘保護聯盟反對在當地興建高樓，原因是會破壞景觀。反對特定開發案的運動有贏有輸，不過在一九六〇年，地方議會同意，在核准開發案之前，會諮詢受影響的『鄰居』的意見。」

6 Roe, J. *Her Brilliant Career: the life of Stella Miles Franklin*. Belknap Press. 2009.

7 史蒂芬森文件。米切爾圖書館（Mitchell Library），新南威爾斯州立圖書館（State Library of NSW）。

8 Munro, C. *Wild Man of Letters: the story of P.R. Stephensen*. Melbourne University Press. 1984. p264.

如果史蒂芬森不是在地方上與維克斯相遇，有可能會成為她的病患。他成為維克斯的經紀人時，精神相當脆弱。他一輩子菸酒不離身，很容易陷入苦惱、感到壓力沉重，現在又有了心臟問題，或許正因為如此，他對於維克斯提出的身心技巧深感興趣。

伯恩斯與史蒂芬森四處煽風點火的作風，無可避免引發了安格斯與羅伯遜內部反抗，在佛格森主導下，終結了兩人短暫而粗暴的管理。才短短一年，兩人就被逐出公司，原本雄心勃勃擬定的全球平裝書出版計畫，也因此胎死腹中。〔9〕過程簡直一團混亂，後續更引發不少效應，其一是原本被伯恩斯關閉的倫敦辦公室恢復營運，佛格森說服董事會相信，關閉倫敦辦公室是嚴重的失算。維克斯也抱持相同看法，她認為沒有了倫敦辦公室，她就更難在英國找到出版公司。

史蒂芬森離開出版公司後，仍繼續擔任維克斯的作家經紀人。她已經與他簽約，由安格斯與羅伯遜出版她的著作。但是史蒂芬森無法專心處理維克斯新書的出版，當時他正忙著與作家澤維爾・赫伯特（Xavier Herbert）公開論戰，原因是他誇大說是他負責編輯赫伯特的創新作品《卡普里科尼亞》（*Capricornia*），這讓赫伯特相當火大。赫伯特在《公告》（*The Bulletin*）雜誌上刊登一封公開信，用大寫字寫道：「除了我，沒有其他人編輯《卡普里科尼亞》。」史蒂芬森的壓力有增無減，維克斯對於兩人的合作愈來愈不安。但是打從一開始，她就完全交出這段關係的掌控權。安格斯與羅伯遜內部備忘錄寫道，依據他們一九六二年四月五日簽訂的原始合約內容，「我們被告知要將所有收入交給她的經紀人佩西・里賈納德・史蒂芬森。」〔10〕

安格斯與羅伯遜擁有維克斯作品的英國市場版權，因此美國的版權可交由史蒂芬森負責，他承諾維克斯一定會簽下全球最大市場的出版合約。姑且不論史蒂芬森有什麼缺點，至少他理解維克斯的企圖心有多大，他和她都相信她是個國際級人才。史蒂芬森心滿意足、滿腔熱血地相信，維克斯必定能在美國市場找到讀者。然而，就在史蒂芬森努力尋找暢銷書之際，他也承受了來自各方的龐大壓力。墨爾本《先鋒報》（*Herald*）不實報導史蒂芬森多年前曾參與政治行動，預謀「暗殺國家領導人」，史蒂芬森控告《先鋒報》誹謗，雖然最終勝訴，但依舊負債累累。[11]麻煩製造者史蒂芬森的野心再怎麼瘋狂，還不至於犯下這樣的罪行，不過他的觀點確實相當極端。

一九六二年年初，史蒂芬森第一次心臟病發作。此時《幸福就在轉念後》已開始編輯，即將於當年稍後出版。儘管健康面臨嚴重威脅，史蒂芬森仍持續工作，下定決心一定要讓國際市場注意到維克斯的著作。

他聯繫的國際出版人包括美國作家經紀人奧利佛．史旺（Oliver Swan），史旺面對自己深信不疑的書籍時，是個不知疲倦的行動派，因此贏得好口碑。他於一九八八年過世，《紐約時報》刊登了一篇訃聞，標題為〈作家經紀人奧利佛．史旺逝世，享壽八十三歲，總能挖掘出有價值的無

9 ibid. p265.
10 安格斯與羅伯遜。新南威爾斯州立圖書館。
11 Munro, op. cit. p265.

名之輩〉。[12]他是暢銷書作家莫利斯．韋斯特（Morris West）[13]的經紀人，因此清楚知道如何在澳洲創造出版佳績。

一九六二年四月九日，史旺在美國寫了一封信，表示他很高興史蒂芬森「終於為維克斯寫的《幸福就在轉念後》找到了家」。史旺樂觀地相信，這本書在美國一定會有市場。這封信的內容令人振奮。「目前普林帝斯霍爾（Prentice-Hall）有很大的興趣，他們正在仔細評估，我希望下星期或未來十天內會有明確的結果，」史旺寫道，此外他還提到美國版的書眉標題為《擊敗那些神經》（*Beat Those Nerves*）。「假如普林帝斯霍爾決定不出價，可以等到拿到最終版的澳洲版樣書，我認為這樣做比較妥當，」他最後說道。

史蒂芬森收到這封信時，已經陷入嚴重焦慮，依照當時他心臟的狀況，他幾乎幫不上忙。儘管身體非常不舒服，史蒂芬森仍持續工作，他的醫生向他太太威妮佛雷德（Winifred）透露，他有可能隨時死亡，這讓她擔憂不已。[14]

史蒂芬森情緒非常焦躁，他經手的作家雷克斯．阿米塔吉（Rex Armitage）主動提醒這位朋友和作家經紀人「放鬆」非常重要。如果連阿米塔吉都開始擔心史蒂芬森的狀況，那麼這件事非同小可。因為阿米塔吉正是自助書籍《我戒斷了酒精與毒品：一位酒鬼和毒品上癮者完全康復的真實自傳》（*I Beat Both Drink and Dope:the authentic autobiography of a drunkard and drug addict who made a complete recovery*）與《酒鬼能夠治癒》（*Drunkards Can Be Cured*）的作者。

「親愛的佩西，」阿米塔吉寫道：「你稱讚我，說我『成功掌控自己的生活』，所以不妨聽一聽我好心的勸告。我現在五十五歲，雖然生活『困難』，但是身體非常健康。這是為什麼？因為我是非常有經驗的『放鬆專家』。事實上我花了好幾年窩在公共圖書館，研究放鬆的技巧。（工作時）我努力工作，該放鬆時我也會盡力放鬆……依照你目前的健康情況，你必須空出一段時間，**隔絕所有憂慮與令人不開心的工作**。我不是在開玩笑……」他告訴史蒂芬森，自己已經「從比你現在經歷的還要嚴重的疾病當中徹底康復」。〔15〕

精神狀態異常脆弱的史蒂芬森持續與維克斯聯絡，身為她的經紀人，他理當非常熟悉她的治療方法。她不太可能沒有注意到他的神經緊張。他們的關係不斷惡化，維克斯發現他變得非常難搞。先前赫伯特認為史蒂芬森過度吹噓他的編輯貢獻，因此怒火中燒，從這件事就可以看出史蒂芬森可能遭遇了哪些問題。史蒂芬森擁有無可救藥的強大自信，他對太太說他拯救了許多作家，避免他們傷害自己。但是如果他試圖掌控維克斯的發言，必定會面臨強烈的抵抗。維克斯堅信，

12 *The New York Times*. 24 February 1988.

13 一九一六～一九九九，澳洲小說家與劇作家，知名的作品包括《魔鬼的倡導者》（*The Devil's Advocate*）、《漁夫的鞋子》（*The Shoes of the Fisherman*）和《上帝的小丑》（*The Clowns of God*）。

14 Munro, op. cit. p270.

15 史蒂芬森文件，同註7。

醫生的話能發揮影響力，但也可能造成傷害。

史蒂芬森因為健康問題感到痛苦時，維克斯自己也承受著巨大壓力。雖然書籍即將出版讓她興奮不已，但她還是個全職醫生，得同時應付工作、出書、達爾西、兩名正值青春期的外甥女、她自己的健康問題，以及焦慮的作家經紀人。其中最重要的是生病的母親。由於達爾西沒有工作，所以由她負責照料母親的日常需求，維克斯則在他們共同擁有的公寓樓上，負責看管母親的醫療需求。維克斯還出錢雇用寡婦格雷太太（Mrs Grey）包管家務。

一九六二年二月十一日，范離世，享壽八十四歲。由於范的身體一直相當虛弱，因此她離世大致在意料之中。但這讓原本已經陷入悲傷、功能失調的這個家庭，經歷傷心的喪親之痛。

就在家中的緊張情緒不斷升高之際，達爾西再度陷入混亂：瑪格羅蘭愛上了另一名女子珍·菲利浦森（Jean Phillipson），希望與她結婚。達爾西先前失去丈夫的憤怒與痛苦從未緩解，所以這次她再度拒絕丈夫極度渴望離婚的要求。直到十年後，工黨的惠特蘭政府[16]執政初期，法律允許無過錯離婚（no-fault divorce），達爾西手中僅有的權力終於徹底遭剝奪。

達爾西可以堅持拒絕離婚，以此懲罰瑪格羅蘭，但是她不可能對自己的痛苦麻木不仁。即使科爾曼關上拉門，將樓上與樓下隔離，也不可能讓維克斯完全隔絕於妹妹沉痛的絕望情緒之外。在此同時，珍·菲利浦森與達爾西的大女兒法蘭西絲倒是建立了不錯的關係，她也很喜歡父親這位新伴侶。這些情況都無助於改善達爾西的精神狀態。如今法蘭西絲已婚，育有一個女兒。但是

莉莉和蒂塔正值青春期，仍住在家裡。

就在這段混亂的日子，維克斯的第一本書終於誕生了。安格斯與羅伯遜在一九六二年春季的出版書單中，列出了《幸福就在轉念後》。書封上特別強調維克斯在醫學界的地位，她的獻詞寫著：「紀念我勇敢堅強的母親。」

16 譯註：指的是澳洲第二十一任總理愛德華·高夫·惠特蘭（Edward Gough Whitlam，一九一六～二〇一四），出身工黨，於一九七二至一九七五年間擔任總理。

18 寫給那些苦於神經疾病的人們
Self Help for Your Nerves

一九六二年十一月十日，《雪梨晨鋒報》刊登這本書的第一篇書評，但開場白似乎不太正面：

> 我必須承認，我是帶著質疑和疑慮閱讀維克斯的書。首先，書名就讓人有些惱火。這本書不僅搭上了近年來證實在商業市場可成功獲利的「自助」熱潮，同時讓人聯想到那些充斥於書店和圖書館、探討說服技巧的厚重專書。
>
> 她刻意凸顯書中的第三句話，而且措辭強硬，難道沒有人覺得大失所望嗎？維克斯用大寫字母寫道，「這裡提供的建議，一定能治癒你，只要你確實遵守。」此外，在第二頁，至少有三段使用斜體字以特別強調。這不是很有吸引力的開頭。

但這位書評家羅伯特．貝爾（Robert Bell）繼續寫下去，原先的厭惡反感變成勉強的讚美。「我建議繼續讀下去。正如同三十年前羅斯福總統宣稱的，沒什麼好怕的，除了恐懼本身！」書名精

準地描述了全書的內容，讀者必定會立即對維克斯的專業能力留下深刻印象。

貝爾認為這本書對一般讀者是有價值的，「包括那些神經系統受到控制的讀者」。他很有條理地整合了維克斯針對神經系統運作以及如何要弄詭計提出的說明，並揭露了她開發的萬用解方：**面對**（Facing）、**接受**（Accepting）、**漂浮**（Floating）、**讓時間流逝**（Letting Time Pass）。

貝爾抓住了其中的關鍵。不要反抗，而是順從。他認同她沒有語氣尖酸地誇口說大話，例如「一切取決於你自己」或是「你的康復就掌握在你的手中」。「提出這樣的建議，就已造成巨大的傷害，」他堅稱。

在書評的倒數第二段，他承認維克斯具備了擔任瑞秋佛斯特醫院顧問醫師的醫學資格，最後他做出結論，維克斯以清晰易懂的方式向讀者說明這個主題。這本書的目的是嚴肅的，而且對於那些一直找不到方法治癒神經緊張的人們，確實有所助益。

不過，這位書評家依舊緊抓著維克斯缺乏資格證明的說法不放。「她提供的處方非常有說服力，但如果一開始缺乏專家的診斷與建議，病患仍應採用她的處方嗎？」貝爾建議，應該詢問資深精神科醫師，才能得到更符合個人需求的診療。

身為資深醫師的維克斯沒有解釋，有些病患是透過治療他們多年的醫生介紹，轉而向她求診，這些病患將她視為「專家」（expert）；她也沒有解釋，出版新書的目的是為了彌補精神醫學無法滿足的需求。貝爾的回應讓維克斯第一次見識到後來一再發生的現象——讀過她的書或聽過她

錄音內容的民眾對她充滿感激，但是專業人員的態度卻相當冷漠，甚至更糟。

不過，媒體的報導愈來愈正面。一九六二年十一月十八日，也就是貝爾的書評見報八天後，《雪梨晨鋒報》刊登了一篇全頁文章，標題為〈你和你的神經〉。「一位雪梨醫生回答了以下問題：是什麼原因導致神經崩潰？」

儘管史蒂芬森與伯恩斯帶給安格斯與羅伯遜諸多不幸，維克斯與編輯的關係倒是十分融洽。某些有影響力的資深員工在伯恩斯離開後，繼續留了下來，特別是工作多年、頗受人尊敬的達維斯。她是安格斯與羅伯遜的正職編輯，負責維克斯書籍的出版，她對維克斯的經紀人有自己的一套看法。

不論史蒂芬森對於安格斯與羅伯遜有什麼疑慮，眼下也找不到規模更大、更好的地方出版社發行維克斯的著作。他想要出版暢銷書，也真的找到了一本。當時安格斯與羅伯遜完全不知道，手中握有的這本書會在出版界引起轟動。他們以為《幸福就在轉念後》只需要印五百本，就足以應付出版第一個月的市場需求。結果上市三小時內，五百本書就已銷售一空。[1]

看來焦慮問題一直隱藏於毫不起眼的地方。它存在於家中、辦公室、飯店套房、醫院，在收容所更是常見。這本新書的銷售潛力頗為可觀。在一九六二年，市場上還沒有任何類似《幸福就

1 *The Australian Women's Weekly*, 23 August 1979.

在轉念後》的書。正因為如此，維克斯決定寫出這本書。她取得兩個博士學位，是受人尊敬的研究人員，卻全力捍衛這類型的書籍。後來她向杜邦解釋，她在思考如何最有效地呈現自己的治療方法時，曾面臨了兩難。

「原本我必須決定，是否要透過科學期刊接觸病患，還是應該直接與急需幫助的人們對話，對於像我這樣擁有一定聲望的科學家（累積了十四年經驗的研究工作者，而且研究成果已經成為全球各大學的授課內容），前一種作法更有尊嚴。」〔2〕

她知道需求不僅迫切，而且龐大。不過問題在於，文字能否和醫生與病患在診療室面對面談話時一樣，發揮同等的影響力。某個神經系統如果要破除另一個神經系統的孤立狀態，就必須建立連結。但是挑戰就在於，這些文字必須被那些她未曾謀面、以及從未聽說過她的讀者聽到。

一九六二年九月，《幸福就在轉念後》的精裝本上市，當時正值澳洲所有首府城市第一次舉辦澳洲圖書週（Australian Book Week）活動。「這個國家的圖書出版市場已經成熟，」《雪梨晨鋒報》這樣宣稱。

維克斯撰寫的這本實用書籍，與其他優秀的本土作家作品陳列在一起，包括道格拉斯・史都華（Douglas Stewart）的《盧瑟福與其他詩作》（*Rutherford and Other Poems*）、伊萬・索塔爾（Ivan Southall）的《烏馬拿》（*Woomera*）、西亞・艾斯利（Thea Astley）的《衣著講究的探險家》（*The Well Dressed Explorer*），以及彼得・科爾曼（Peter Coleman）的《猥褻、褻瀆、煽動叛亂》（*Obscenity, Blasphemy,*

Sedition）。這些書在市場上都相當熱門，但唯一稱得上國際暢銷書的只有《幸福就在轉念後》。范用她慣有的尖銳語氣，準確預測了最終的結果。「我媽告訴我，我創造了一個科學怪人，病患會整天不停地打電話給我，」維克斯說。[3]

幾乎是新書一上市，維克斯的家門就跟著開啟，人們會突然造訪她家。蒂塔說，維克斯瞬間成了家喻戶曉的人物。「這實在太令人興奮了，我沒辦法形容她有多開心。」

一開始，透過口碑宣傳與《澳洲女性週刊》強力背書，新書的銷售非常穩定。《澳洲女性週刊》真的是一大奇蹟，據稱，它是西方世界最成功的雜誌，每星期有四分之一的澳洲家庭會購買。[4]雖然澳洲人口相對稀少，《澳洲女性週刊》卻能創下數百萬本的銷量，每週靠著報導關於皇室、丈夫問題、名人、食譜、時尚和其他長紅主題衝高業績。由於收到不少讀者回應，他們會定期刊登維克斯的著作。

維克斯不著痕跡地將自身的經驗融入整本書，雖然她沒有揭露那是她自己的故事，仍強化了這本書的真實性，並因此成功打動讀者，許多人感覺她似乎知道真正的內情。若非如此，她又怎

2 寫給杜邦的信件。一九八九年四月四日。

3 *The Australian Women's Weekly*, op. cit.

4 Norman, A. 'Domestic Goddess to Sex Kitten: women's roles through *The Weekly*'. http://www.opus.org.au/articles/domestic-goddess-sex-kitten/

能如此精準地描述他們的感受？但這件事沒有獲得承認，維克斯以醫師身分陳述，將令人苦惱的精神混亂狀態置入醫療脈絡中，讓病患感到安心。她揭露了神經系統的真相並一舉成名，許多人因此理解神經系統是心智與身體之間的連結。

書中隱藏了不少她個人的故事。她寫到一名男學生因為一名士兵朋友向他解釋他是「被自己的神經嚇唬」，從此再也不會感到痛苦。〔5〕很明顯的，在提到她個人面對神經系統的經驗時，她的結論是這名「學生」並非從此過著毫無壓力的生活。「他還是偶爾會出現類似的感受，但現在他知道只要放鬆、接受、漂浮，這些感受就會消失。他已經學會如何與自己的神經共處。」維克斯之所以有自信地說出不應害怕疾病復發，而應該將它視為難得的機會、學習「接受」，根據的是她自身的經驗。

維克斯的個人經驗證明，這名「士兵」確實提出了某些關鍵，特別是他建議「漂浮經過所有自憐與恐懼的暗示」。奧魯索選擇「漂浮」這個字，維克斯延用了它，並納入她的治療計畫中：**面對**、**接受**、**漂浮**、**讓時間流逝**。在維克斯向病患說明的四大治療步驟中，「漂浮」一詞與它所傳遞的概念是最困難。

「面對」、「接受」以及「讓時間流逝」相當明確，容易理解。「漂浮」就顯得有些複雜，但是與不執著（non-attachment）近似，和冥想有共通之處。多年後，隨著愈來愈多人接觸東方宗教信仰，這個字的意義也變得更為明確。當初奧魯索使用這個字，並未帶有佛教冥想的言外之意，維克斯

也並無此意。只不過後來人們描述「活在當下，接受事務原本的樣貌，也就是不做任何評斷」〔6〕的狀態，正好與她簡略使用「漂浮」一詞所代表的意涵是相同的。維克斯在她的第二本書中，擴展了漂浮的意義，她說這是因為常有人問起。「這個詞的意思是接受內心的感受，不要激烈反抗，就好比漂浮在平靜的水面上，讓身體隨著起伏的波浪浮動。讓劇烈的痛苦時刻漂浮而過或是經過你身旁。不要壓抑，也不要退縮。讓自己放鬆，面對這些感受。」〔7〕

在書中，維克斯徹底善用醫師的權威，因為她心裡清楚，醫學不只有學術知識而已。醫師對待病患的態度，將是治療成功與否的關鍵。她闡述神經系統的運作時，雖然是依據自身的學術研究成果，但她採取的治療方法並非源自學術研究。為了強化與讀者之間的連結，她使用第一人稱敘述。整本書就像擴大版的個人書信集結。第一章是〈你的內在力量〉（The Power Within You），一開頭她說明了自己的使命。

> 如果你因為神經衰弱或神經「出了狀況」而閱讀這本書，那麼你就是這本書的目標讀者，我應該直接對你說話，彷彿你就坐在我身旁……你可以輕鬆地閱讀這本書；也許要求你閱讀

5 *Self Help for Your Nerves*, p31.
6 「日常生活的覺察」。黑狗研究所（Black Dog Institute）。https://parg.co/bI71
7 *Peace from Nervous Suffering*, p116.

> 一般書籍或報紙你是辦不到的，或者每當你讀完反而比剛開始閱讀時還要沮喪，但這本書談論的是你和你的神經，所以你會有興趣閱讀。〔8〕

只要使用正確的說詞，就能順利安撫神經系統，維克斯已經親眼目睹或親身感受錯誤的說法所造成的災難後果。如果這本書能夠打動讀者，那是因為讀者「感受到」、聽到、理解她的訊息。儘管他們無法接受過去經歷的治療，卻能接受她的說明。她提出的解釋通常還具有其他功用：一旦真相揭露，反而能大幅減緩痛苦。

維克斯持續多年在診療室測試什麼用語能幫助病患。她會將諮商過程錄音，不斷修正自己的說法並整合說明的內容。她知道神經疾病病患需要直接而不複雜的指南，方便日後反覆閱讀。她提供的方法與當時的醫療方式完全背道而馳。她宣稱，只要遵循她的建議，不僅有可能康復，而且必然會康復。然而依據當時的標準，她的做法太過輕率。精神科醫師與心理學家傾向於保有一定的專業距離。

正如同第一位書評家所發現的，維克斯會用大寫字母和斜體字加強語氣：「這裡提供的建議一定能治癒你」，「無論你的神經衰弱情況有多嚴重，都有機會康復，重新享受生活。我要強調的是**無論有多嚴重**。」維克斯帶給讀者的不只是希望，還有肯定。她的讀者完全明白，無法得到肯定的答案是什麼感受。

讀者更容易接受醫學的解釋，是因為它給予讀者確認（validation），而非提出評估。維克斯有百分之百的信心，只要遵循她的建議，病患必定能康復。

但是需要有媒介給予病患希望與信心，維克斯的做法是從醫學與科學的角度切入。她運用醫學、而非心理學話術，去解釋看似精神病患特有的不同症狀。神經會透過各種驚人的方式施展詭計，但是理解這些詭計並不難。

維克斯描述了導致恐慌、神經疾病與神經衰弱的各種路徑，其實不同路徑的起點都源自於恐懼。正是這種原始的生存本能，促使神經系統發出預警，告知激發機制的協調運作即將失衡，有可能導致嚴重的傷害。

《幸福就在轉念後》的出版目的是成為病患的指引。正是這條路徑讓你走入了黑暗，這就是你迷失的過程與原因，現在有條路徑能引領你走出黑暗。這本書的吸引力在於內容非常容易理解，原本看似不證自明的事實原來並非如此，至少對於廣大的精神科專業人員來說並非如此。

維克斯是殘酷無情的編輯。她堅持每個字都必須有意義，而且容易理解與吸收。病患離開她的辦公室後，自我感覺會變好，她宣稱這時候「百分之五十的工作已經完成」。她要求安格斯與羅伯遜必須將她的照片放在封底，因為「非常多人告訴她」這很重要，有助於提升可信度。最終，

8 *Self Help for Your Nerves*, p3.

讀者在封底上看到一名戴著眼鏡的年長女性，她露出拘謹的笑容、穿著保守的服飾、頸上掛著一串珍珠項鍊，冷靜地凝望著讀者。

整本書的開頭是獻給她母親的獻詞，接著是單頁的引言：

> 「許多為焦慮所苦的人們情緒極度敏感，非常看重榮譽，覺得自己對於他人負有責任與義務。他們的神經欺騙了他們，誤導了他們。」——休斯敦博士（Dr WR Houston）

這就是歷史，而維克斯個人的歷史則隱藏於其中：她之所以能夠提出心智與身體相互連結的見解，一切得歸功於第一次大戰期間無情的西方戰線（Western Front）[9]。休斯敦博士的那段話令維克斯印象深刻，他是美國神經學家，第一次世界大戰期間曾在一間法國醫院工作了數個月，親眼目睹人們遭受的精神與身體折磨。休斯敦認為「情緒極度敏感」的人特別容易感到痛苦，這樣的說法令人振奮，維克斯的書中也充滿了這種鼓舞人心的信念，她清楚知道，這樣的信念能帶給那些缺乏自尊的人需要的慰藉。

有時維克斯會竭盡全力證明，她相信讀者身上擁有最好、而非最壞的那一面。懷抱內疚的人都是「聖潔的人，他們反抗、試著不去想，想辦法排除這些愧疚的念頭」。透過這種正面肯定，以及分享其他人如何生病與康復的故事，科學變得更加平易近人。

在《幸福就在轉念後》書中，維克斯指出兩種有可能「耍弄人們，導致情緒崩潰」的神經疾病。第一種是她所稱的「簡單神經疾病」，被害怕恐懼的情緒綁架的人多半患有這類型的神經疾病，他們會短暫感到緊張，或是身體突然覺得疲累。他們對自己的身體和精神症狀有所警覺。另外有些案例較為複雜，因為其他問題導致症狀持續存在，所以維克斯分別寫了探討「問題」、「悲傷」、「內疚與恥辱」以及「強迫性思考」的章節。接著她繼續分析更為普遍的問題，例如「失眠」、「早晨的恐慌感受」與「失去自信」，並提供建議給病患的家庭。

最重要的是，維克斯的建議非常實用，能夠將看似不正常的現象變得正常。她從醫學的角度解釋神經運作，並舉出有用的案例。她表示難以承受的恐懼不會無限擴大，即使刻意為之，情況也不會變得更糟，因為「腎上腺素神經的作用力有限……直接面對這些症狀，並不會讓情況惡化。」

精神科醫師花費數星期、數個月、甚至數年尋找疾病的「原因」。行為學家則是丟擲硬幣，他們不在乎背後的原因，卻試圖改變行為；其中一個方法就是直接面對恐懼，同時教導或反覆勸說病患放鬆。維克斯的方法也包括面對恐懼，所以有部分重疊，只不過她的治療程序完全不同，而且不包含訓練放鬆。她所謂的面對恐懼，其實是指經歷恐慌。

9 譯註：指的是第一次世界大戰期間德國入侵比利時與盧森堡後所開闢的戰區。

二十世紀後半葉，行為主義逐漸轉變為認知行為治療。亞倫・貝克博士（Dr Aaron Beck）建立的認知行為治療方法是改變人們的負面思考模式，透過「認知重建」（cognitive restructuring），用更務實的思考取代負面思考。

但是維克斯認為理性的大腦沒有多大助益。源自內心深處的恐懼無法藉由訴諸大腦更高階的執行功能（executive function）消除。她自己就嘗試過這個方法。焦慮會阻礙理性思考，因此首要之務是減緩焦慮。就她所知以及在診療室親眼所見，聰慧且思慮周詳的人也會被自己的想法干擾。內在的想法確實能發揮作用，但需要借助外力。它們就像是引發戰鬥或逃跑反射的老虎，唯有當威脅源自於內心，內在的動物性才會誘發本能反應。她勸告說，「想法」就是這樣。一切都是內在的想法在作祟。接受、而非抵抗，再次成為解方。反抗只會讓內在的想法發揮作用。她建議保有這些想法，可以的話，試著讓想法更負面。最終目的是讓這些想法變得無關緊要。

維克斯並不否認，改變態度對人們確實有幫助，但她在日後出版的一本書當中明確指出，這並非她的首要目標。「雖然我治療敏化的方法，是改變病患在面對自己病情時的心情，但我真正的目標是治癒身體神經功能出現的某種混亂狀態（增強回應），為了方便，之後我會直接稱為神經疾病。」〔10〕

維克斯的著作對某一群人特別有效，而且通常能立即看到成效，這群人都患有當時仍未被發現、後來被稱為恐慌發作的疾病。根據維克斯自身的經驗，強烈的焦慮急需在當下得到協助，而

不是等到下星期與醫生約診，躺在長椅上接受諮商。這就是為什麼她總是會接起電話，從不拒絕任何病患。

雖然這本書提供完整的解決方案，但是維克斯看得出來，諮商扮演了重要的角色，但必須是值得信賴的人提供諮商，所以她提醒讀者，「盡可能謹慎地選擇由誰提供協助。必須是你身邊最有智慧、而非最親近的朋友。」要化解這個難以解決的問題，或許可求助「有經驗的諮商師……他可以教導你從比較不痛苦的觀點看待問題。」

但是，首先要解決「敏化」的問題。因為專業人員不理解這個流程，所以無法向患有神經疾病的人們解釋。維克斯認為，只要生病或持續擔憂同一個問題，就會導致神經系統敏化，身體會因為接下來引發的神經反應而「被戲弄」，進而產生恐懼，最終陷入永久的惡性循環。

就在《幸福就在轉念後》出版的同一年，另一位精神科醫師走進了歷史。唐納・克萊恩（Donald Klein）給兩百位精神病患服用稱為伊米帕明（imipramine）的藥物後寫了一篇論文，他是在偶然間發現這個藥物能減緩恐慌，也就是佛洛伊德所稱的焦慮精神官能症（anxiety neurosis）或維克斯所稱的神經疾病的症狀。由於發現這一藥物，出現了新的精神疾病類別：恐慌症，但是直到二十年後，精神病手冊才列入這項疾病。

10 *Simple, Effective Treatment of Agoraphobia*, p24.

維克斯極力避免標籤化，她偏愛統稱為「神經」。日後精神醫學界雖然區隔出不同的焦慮狀態，但是維克斯都採取同一種治療方法。這不僅與當時的主流做法背道而馳，更是走在時代前端。到了一九七〇年代，主流趨勢是區分以及命名不同的病症。

「某些疾病對我們是有益的，特別是年輕時，」她做出結論。「我們不應該被過度保護。你從當下的痛苦所獲得的經驗，將會成為你日後的依靠。」〔11〕

這是她在書中所寫的最後一段話，不過她所說的接受，與多年後所謂的「嚴厲的愛」（tough love）沒有半點關聯。接受確實有效，而且非常簡單。「中國有句諺語是這麼說的：『車到山前必有路，船到橋頭自然直。』」〔12〕

羅伯特・杜邦讚揚《幸福就在轉念後》達成了「非凡成就」，「對於焦慮症治療的理解，向前邁出了重要的一步」。在全球所有精神疾病當中，焦慮症最為常見，但是「沒有患病的人表現出的輕蔑態度，反而讓焦慮症患者更痛苦，這些沒有患病的人將自己的正常焦慮狀態，與那些經診斷罹患焦慮症的病患所承受的極端痛苦，混為一談，許多醫生，包括精神科醫生，甚至完全不理解這種病症的問題與解方。」〔13〕

日後維克斯告訴讀者，雖然似乎有很多事情要記、有很多事要做，「但是你知道，其實沒有那麼複雜。你只需要知道一個字：接受。」〔14〕這就是她的核心概念，卻耗費數十年才逐漸被更多專業人員認可。四十二年後，《認知治療的臨床應用》（*Clinical Applications of Cognitive Therapy*）這本教

科書罕見地承認，這概念是出自於維克斯。「採用『接受』策略治療恐慌症，是維克斯在一九六〇年代所提出的概念。」〔15〕一九八〇年代末期，維克斯告訴外甥女法蘭西絲，她相信她的著作會繼續流傳五十年。

11 *Self Help for Your Nerves*, p172.
12 ibid.
13 杜邦寫給澳洲總督府祕書長的信件。一九九〇年五月三十一日。
14 *Peace from Nervous Suffering*, p184.
15 Freeman, A. et al. *Clinical Applications of Cognitive Therapy*, 2nd ed. Springer. 2004. p150.

19 不科學的科學
Unscientific Science

兩名一八五六年出生的男性開啟了以下關於心智的激烈爭論，持續超過一世紀，至今仍未有定論：是否所有精神疾病都存在某種共通現象，還是不同疾病各有其顯著的特殊差異？出生於奧地利帝國摩拉維亞地區弗萊貝格市（Freiberg）的佛洛伊德是眾所周知的統合派；出生於德國諾伊斯特雷利茨（Neustrelitz）的埃米爾・克雷佩林（Emil Kraepelin）則是分割派。兩人出生一年後，達爾文寫信給他的朋友、植物學家約瑟夫・道爾頓・胡克（J.D. Hooker），區分這兩種學術研究方法，他的結論是兩種方法都有其必要。「統合與分割這兩種方式都很好，」他在一八五七年寫道。〔1〕

被譽為「偉大的德國精神醫學分類專家」的克雷佩林認為，精神分析「並非完全依據科學原則」，而且致力於命名與區分特定精神疾病。〔2〕他的觀點持續流傳，直到一九七〇年代，在另一

1 O'Toole, G.B. *The Case against Evolution*. Macmillan. 1925.p37.

2 Ebert, A. & Bär, K-J. 'Emil Kraepelin: a pioneer of scientific understanding of psychiatry and psychopharmacology'. *Indian Journal of Psychiatry* 52(2). 2010.

場與佛洛伊德學派更為血腥的爭論中，兩派人馬再度激烈交鋒。克雷佩林和他的信徒們堅持測量（measurement）與經驗主義的重要，至於佛洛伊德學派的精神分析方法，似乎既是一門藝術、也是一門科學。

這是一座大型競技場，有其他許多重要活動同時在此發生。一九六〇年代初期，維克斯埋頭撰寫專門探討神經系統的《幸福就在轉念後》的期間，與佛洛伊德分庭抗禮的還有哈佛精神科醫師伯爾赫斯・佛雷德里克・史金納（B.F. Skinner）領軍的激進行為主義者（Radical Behaviourist）。行為主義的起源可追溯至美國心理學家約翰・華生（John Watson）早期提出的理論，他在一九一二年開始研究，只依據可觀察的行為去治療精神疾病，而不探究病患的想法與感受。佛洛伊德學派深入挖掘潛意識，但行為學家選擇忽視無法觀察的面向，專注於看得見的外在行為。

關於心智科學的論戰，陷入新一輪的交鋒，華生的理論等於再一次駁斥精神分析的內省療法，但這不會是最後一次。不過，行為主義與其所抱持的「機械觀」，同樣引發諸多批評，與華生同時代的心理學家威廉・麥克道格爾（William McDougall）就指責華生，只依靠「單一資料，也就是只透過觀察人類與其他生物的動作或其他肢體變化所取得的資料、或是觀察到的事實」。〔3〕

華生的研究其實是依循俄國心理學家伊凡・帕夫洛夫（Ivan Pavlov）的做法，帕夫洛夫訓練狗兒在聽到鈴聲時分泌唾液。自帕夫洛夫開始，學術界出現了新觀念，那就是行為是可以學習或制約的。可以學習的行為也可以「（被）反學習」（unlearned）。帕夫洛夫創造了「神經論」（nervism）一

詞，他認為這與胃腸道特別有關。

史金納在帕夫洛夫和華生的理論與實驗基礎上，提出了正增強（positive reinforcement）與負增強（negative reinforcement）概念支持他的理論假設：環境塑造了人類。這同樣是僅依據可觀察的行為所得到的結論，只不過史金納是在老鼠身上做實驗後，再據此推論人類的行為。〔4〕

如今已證實精神分析理論無法獲得經驗主義的支持，行為主義學家則試圖為他們的精神疾病研究建立一套科學與統計基礎。維克斯並未捲入這些爭論，她的研究方法是以生物學為取向，它的歷史意義在於點出了心智與身體之間的連結。在二十世紀中葉，學術界仍努力想要整合生物學以及心理學與情緒的生理調節機制。研究人員以面對「科學」的態度，同時在實驗室與臨床現場探究牽涉到心理學、神經學與荷爾蒙等領域的複雜路徑。〔5〕佛洛伊德學派仍持續獲得不少人認同，但醫生和科學家偏愛以生物學觀點看待精神疾病。

最好的例子是出生於匈牙利的加拿大心理學家漢斯．薛利（Hans Selye），除了其他醫學專業，他還是地位舉足輕重的內分泌權威，一九五〇年出版了第一本探討「壓力」的專著，拜他所賜，

3 McDougall, W. 'Fundamentals of Psychology: behaviourism explained'. 1929. http://psychclassics.yorku.ca/Watson/Battle/macdougall.htm [sic]

4 McLeod, S.A. 'Behaviourist Approach'. 2017. https://www.simplypsychology.org/behaviorism.html

5 Jackson, M. *The Age of Stress: science and the search for stability*. Oxford University Press. 2013. p2.

他選定的「壓力」一詞成了現代生活的隱喻。薛利出版的劃時代著作《生活的壓力》（*The Stress of Life*）說明了壓力如何啟動荷爾蒙的自動反應，日後維克斯也提出了證明。接著薛利解釋這些反應如何引發嚴重的疾病，例如潰瘍、高血壓、動脈硬化、關節炎及腎臟病。

除了佛洛伊德學派、行為主義與生物學等多種療法，藥物治療也具有一定的吸引力。維克斯治療病患時，會向他們解釋神經系統如何運作、以及如何控制神經系統，同時間藥廠因為近期發現可減緩焦慮的新型藥物而受到激勵，紛紛出資贊助各項研究，開發能消除精神痛苦的藥物。不過在一九五〇年代，人們對於大腦化學所知極為有限，這些藥物都是意外發現的，多半是偶然間發現原本用來治療其他疾病的藥物，對另一種疾病亦具有療效。〔6〕

傑出的澳洲焦慮專家、雪梨新南威爾斯大學的精神醫學教授蓋文・安德魯斯（Gavin Andrews）曾提到，他於一九五六年取得博士學位時，認為精神障礙的生物化學謎團即將解開。「史上第一次我們有了治療焦慮症、憂鬱症和躁狂症的藥物，我預期這將是開發精神病藥物的起點，而且我相信十年內，將會出現類似治療糖尿病的藥物，我們一定能開發出專門用來治療心理問題的胰島素。」

各界投入大筆資金研究抗憂鬱藥物的藥理學，然後依據老鼠實驗的結果，開發出人類可服用的藥物。

安德魯斯表示，其實不難理解為什麼維克斯會惹怒同業。「巴比妥鹽（barbiturate）是當時常用

的鎮靜劑，結果居然有位小姐要大家別再服用它，我相信許多醫生認為她是在挑釁，因為她不在乎他們是如何治療病患的。她挑戰了醫療專業的正統，當時醫學界首度將抗憂鬱藥、抗焦慮藥、抗精神病藥作為治療藥物，但是這位小姐卻說有更好的治療方法。」

一九六〇年代初期，心理健康專業分成精神科醫師與心理學家兩大類，以及相信與不相信藥物治療兩大派別。你是要治療完整的一個人還是一組基因？你是要探索潛意識還是改變行為？你要如何改變人們的態度，進而轉變他們的情緒？

維克斯沒有在任何圈子交到朋友。她認為佛洛伊德精神分析是在浪費時間；雖然態度和思考模式很重要，但是相較於她強調的神經系統，它們反倒是次要的。至於行為主義學者的減敏法，她認為理解**敏化**是理解焦慮的更好方法；她也從不鼓吹放鬆，因為做起來一點也不會讓人感到放鬆。最後，偶爾給予溫和的鎮定劑確實有好處，但她的目的是要讓病患擺脫藥物治療。

就在維克斯出版新書的同一年，與亞倫・貝克（Aaron Beck）同樣被視為心理學認知革命主要發動者的心理學家艾伯特・艾利斯（Albert Ellis）〔7〕，寫了《精神治療的理智與情感》（*Reason and*

6 Valenstein, E.S. *The War of the Soups and the Sparks: the discovery of neurotransmitters and the dispute over how nerves communicate.* Columbia University Press. 2012.

7 Hollon, S.D. & DiGiuseppe, R. 'Cognitive Theories of Psychotherapy' in Norcross, J.C. et al. (eds) *History of Psychotherapy: continuity and change*, 2nd ed. American Psychological Association. 2010.

Emotion in Psychotherapy），提出認知治療的概念，認知治療後來也被納入行為治療。如今除了行為，想法也受到重視。艾利斯著重的是非理性（irrationality），貝克的重點則是不精確思考（inaccurate thinking），不過兩者都能改變人們對自我與周遭世界的看法。艾利斯提出的理性情緒行為治療（Rational Emotive Behaviour Therapy）是第一種認知行為治療形式，就此界定了現代心理學的走向。

不過，艾利斯對於維克斯的著作評價很高。自一九七五年至艾利斯過世之前，一直與他合作的雷蒙．迪吉塞佩教授（Raymond DiGiuseppe）提到：「一九七〇年代我還是個博士後研究員時，艾利斯常會討論到她的著作。我們會定期引介或推薦維克斯的著作給客戶。閱讀治療（bibliotherapy）是理性情緒行為治療當中很重要的一環，只要買得到維克斯的著作，我們就會把這本書列在推薦書單的最前面。」

後來維克斯被視為認知行為治療的先驅，但她的治療方法其實牽涉到許多概念，並非完全吻合認知行為治療的做法。雖然維克斯承認態度很重要，此外想法也會影響神經系統，但是改變對事物的思考方式、用正面思考代替負面思考，並非她的治療方法。她把優先順序倒了過來。她認為首先應治療神經系統，接著再改變內在想法。艾利斯是個極富魅力的紐約人，樂於接受其他人挑戰自己的論點，幾年後他也了解到這一點，並公開認可維克斯的著作，特別是關於害怕恐懼的概念。〔8〕

維克斯讓病患接受，敏化的神經系統是不受控制的，她建議患者「漂浮經過」困擾他們的想

法，不要讓這些想法產生任何影響——它們只是想法而已。她提倡的不反應（non-reactivity）或是巧妙地採取不活動（inactivity）的策略，在當時是非常陌生的概念。維克斯提出的治療方法可說相當獨特。

維克斯過世十年後，內華達大學教授史蒂文．海斯（Steven Hayes）提出了廣受歡迎的新一代認知行為療法，稱為「接受與承諾治療」（acceptance and commitment therapy），這個新療法與維克斯的治療方法有更多共通之處，因為它同樣強調接受。接受與承諾治療被稱為「第三波認知行為治療」，等於是為維克斯的開創性方法提供了另一個例證。

不過在一九六〇與一九七〇年代初期，精神醫學界爆發了反精神醫學運動，大家對於佛洛伊德精神分析方法愈來愈沒有信心。精神分析師，也就是所謂的統合派，遭到分割派直接攻擊，新克雷佩林派自認更為「科學化」，他們認為應詳細觀察症狀，才能更完整地分類與區分不同的精神疾病。分割派成了標籤機，大略區分精神問題的不同元素，然後命名為各個不同的疾病。

歷經長達一世紀的建立、拆毀與重建，到了一九八〇年代，認知行為治療成了主流，不過用來證明治療成功的統計數據卻受到外界質疑。若要取得嚴謹的統計測量數據，證明使用這種方式治療令人絕望的混亂情緒確實有效（efficacy），還需要一根神仙棒。

8 Ellis, A. 'Discomfort Anxiety: a new cognitive-behavioural construct, part I'. *Journal of Rational-Emotive and Cognitive-Behaviour Therapy* 21(3/4). Winter 2003.

多年來人們更加明白，藥物無法完全治癒精神疾病，精神分析雖然有所助益，但也可能帶來傷害。至於沃爾普博士提倡的暴露治療，對於會抗拒接受此種療法的病患成效也相當有限，這類型的病患都曾經歷恐慌發作，特別是身處於寬敞的戶外或公共空間時。

但是直到一九八〇年代，才出現關於懼曠症的臨床紀錄。在這場精神醫學戰爭中，標籤派占了上風，第三版的《精神疾病診斷與統計手冊》（*Diagnostic and Statistical Manual of Mental Disorders*）終於將懼曠症列入其中。這是一本定義精神疾病的專業精神醫學手冊，而且是制訂精神疾病相關法律與監管架構的基礎，更是業界做出回應時可依據的參考指標。《精神疾病診斷與統計手冊》將疾病分門別類、並提供統計測量數據，間接凸顯出科學有效性（scientific validity）的重要。

維克斯寫下了她再熟悉不過的景觀，在她的人生中曾親身穿越這片景觀，在診療室裡她進一步拓展了自己的理解。雖然痛苦會有各種型態的變化，但維克斯始終是統合派、而非分割派。她認為它們只是同一個主題的不同變形，這個主題就是恐懼。

維克斯並沒有承襲精神醫學或心理學傳統，也沒有遵循任何意識型態或思想流派。雖然她的分析是以神經系統的醫學科學作為基礎，並非完全新創，但至少從來沒有人運用她的方法向一般大眾說明這一切。同業也無法提出可證明有效的治療程序。由於缺乏實證結果，精神醫學界持續分裂。

20 掌控市場
Getting a Grip on the Market

一九六二年十二月二十六日，《幸福就在轉念後》獲得了錢也買不到的曝光機會。《澳洲女性週刊》將黃金版面留給了這本書：書名放在雜誌封面上顯眼的位置，文章出現在第一個跨頁。〔1〕

文章開頭是維克斯回想某位男性病患「處於神經緊張的狀態，無法自行走路或進食」。這是一則奇蹟復原的故事。她說他學會了「漂浮」經過恐懼，不久後就能在無人協助下自行進食，在病房內來回走動。

她認為人們可以建立內在的聲音，特別在恐慌復發時。專題的每個區塊都是借用她的治療程序作為標題：「面對……」、「接受……」、「漂浮……」以及「讓時間流逝」。

還有一個小區塊的標題為：「十四件你該做以及不該做的事」，簡短列出維克斯的治療清單。

一、不要逃避恐懼。

1 *The Australian Women's Weekly*. 26 December 1962. © Bauer Media Pty Limited.

二、接受所有與情緒崩潰有關的奇特感覺，並認清這些感覺只是暫時的。
三、不要自艾自憐。
四、盡快解決你的問題，如果不願採取行動，那麼就接受新的觀點。
五、不要浪費時間去想「假設當初……」或者「要是……」。
六、面對悲傷，知道時間能緩解痛苦。
七、讓自己變得忙碌。不要躺在床上胡思亂想。心平氣和地投入某件事，而不是拚命地試圖忘記自己。
八、記住肌力取決於你在使用肌肉時有多大的信心。
九、接受你的強迫意念，暫時與它們共存。不要試圖排除與抵抗這些意念。讓時間來化解。
十、記住你的康復並非「完全依靠你自己」，有非常多人已經準備好要幫助你。你或許需要協助。你要樂於接受，不要感到羞恥。
十一、不要因為生病、無法做決定而感到沮喪。你一旦康復，便能輕鬆做出決定。
十二、不要每天衡量你的進步。不要計算你生病了幾個月或幾年，也不要因為想到這些就變得垂頭喪氣。當你正朝向康復之路邁進，不論你病了多久，最終必定會康復。
十三、絕不接受失敗。記住，再給自己一次機會，永遠不嫌晚。
十四、面對、接受、漂浮以及讓時間流逝。如果你這麼做，必定能康復。

沒有人比維克斯本人更能精準確地改寫自己的著作。即使是她的出版社也承認，她就是自己的最佳編輯；《澳洲女性週刊》的記者溫尼費德・孟岱（Winifred Munday）什麼事也不能做，只能介紹作者，然後加上「作者說」或「維克斯提醒」等字眼，藉由直接引述填滿跨頁的篇幅。

雖然這本書無關政治，但是從維克斯大篇幅描述一九六〇年代的妻子角色，就能清楚看出她如何看待性別角色及其造成的傷害。她不尊重家務，常直言不諱地提出建議。她會勸告女性應該去找其他事情來做。「對於情緒崩潰的女性來說，家務一點也不有趣，但是你自己真正感興趣的事將會是幫助你重新振作、步上正軌的重要力量，因此情況允許的話就去找出你的興趣。」

維克斯認為應該找到有創意、但不需要太專注的工作，而不是成天忙著做家務。但是她也時常遭遇抵抗。「有時候很難說服丈夫相信，讓太太參加人造花製作課程，好過在家為他煮晚餐……丈夫的態度通常是：『如果她有時間做人造花，為什麼不能做飯？』」

維克斯知道背後的理由。她從來不想自己做飯。「如果你是個焦慮的太太，假使你不想洗碗盤，只想做人造花、餵狗或是在花園挖土，不要因此覺得有罪惡感，」她說。

愈來愈多書評刊出，有些正面評價來自內容嚴肅的刊物，例如《澳洲書評》（*Australian Book Review*）。「看到那些被歸類在自助精神醫學的書籍，多數人的反應是嗤之以鼻，但是當你開始閱讀這本書，所有醜陋的質疑全會消失無蹤。這本書具有一項特別的優點，但它在目前美國出版的同類型書中絕對找不到。」

《幸福就在轉念後》熱賣，意謂著五十九歲的維克斯擁有足夠的信心，可以在一九六三年從全職醫療崗位上退休，不過她仍繼續擔任瑞秋佛斯特醫院的顧問。這本書上市後立即創下令人滿意的銷售佳績，當時便可以明顯看出，在這個領域，大眾與專業市場可以說完全互斥。

在精神醫學社群，有些人對這本書絲毫不感興趣，另外有些人則是百般挑剔，不過維克斯的醫學同業對它的接受度較高，畢竟她是他們的一份子。書出版後不久，《澳洲醫療期刊》（*The Medical Journal of Australia*）刊登了一篇《幸福就在轉念後》的書評，建議「可以將這本書視為帶有醫生祝福的處方藥，推薦給別人……多數內容值得在一旁加註『每天閱讀三次』，對病人非常有益」。〔2〕期刊的結論是，維克斯的建議比起藥物治療還要有效。維克斯一直希望，有一本可觸及精神醫學社群的期刊更全面地證明，她所提出的方法是有效的。

《幸福就在轉念後》出版一年後，羅氏實驗室（Roche Lab）開發的煩寧（Valium）問世，這是一種苯二氮平類（benzodiazepine）的新型藥物，這類型藥物包括利眠寧（Librium）、克癇平（Klonopin）與贊安諾（Xanax），它們都屬於鎮靜劑，有上癮的可能。隨後市面上出現抗憂鬱藥物。人們開始接受大腦化學不平衡的說法。這些藥物的效力通常是偶然間意外發現的。不過在接下來的幾年，化學不平衡理論愈來愈有影響力，精神分析與心理學治療反倒沒有明顯的進展。藥物成了可能的萬靈丹。

由於藥物治療的結果有成功、也有失敗，因此某些醫生認為，維克斯的著作是更適合的替代

方案。但此時她仍持續與佛洛伊德學派以及堅不可摧的專業信仰堡壘對抗。「我開始進入社會工作時，佛洛伊德分析依舊是治療焦慮的首要選擇，包括懼曠症在內，但是許多人不僅無法從這種療法中獲得幫助，有些人甚至因此受到傷害，還有些人跑來找我，希望我能拯救他們。」

維克斯成功治癒病患的消息持續在醫學同業間傳散。當醫生看到他們的病患因為閱讀她的著作而獲得幫助，便將這本書介紹給其他人，許多人正是透過這種非正式管道推銷這本書。

《幸福就在轉念後》在澳洲大受歡迎，代表它有外銷的潛力，一九六三年由安格斯與羅伯遜公司在英國出版，接著由科沃德麥卡恩公司（Coward-McCann）在美國出版（英文書名改為：*Hope and Help for Your Nerves*）。同年，維也納出生的精神科醫師特魯蒂．史賓賽博士（Dr Trudy Spencer）碰巧看到維克斯的著作。史賓賽在華盛頓接受精神科醫師的訓練，並在當地待了五年。她使用印有正式抬頭的信箋，寫了一封充滿仰慕之情的信件給維克斯，提醒她「想要在美國獲得認可」可能會非常困難。

「我非常理解你反對的是什麼。我在華盛頓特區擔任精神科醫生，而且在一個強烈支持佛洛伊德學派的環境中待了五年。外人很難打入那些圈子。所有新出現的、違背既有傳統的想法都會遭到否決。向來如此。」

2 寫給杜邦的信件。一九八九年。

史賓賽在寄給維克斯的信中，附上了她研究日本精神科醫師森田正馬的論文副本，她形容這位精神科醫師「幾乎可說是當代的佛洛伊德」。史賓賽寫道，森田正馬設計了一套可廣泛應用的方法，治療在日本被稱為「神経質」（發音為shinkeishitu）的焦慮精神官能症。「你的技巧和他的非常類似，我覺得這樣的巧合值得注意。」

森田正馬理論的核心，是「觀察無法透過行動或意志控制的想法、感受與身體知覺。接受森田正馬治療而成功康復的學生意識到、並且接受了想法與感受會不時出現波動，因此不需要做無謂的掙扎或抵抗。」〔3〕或者換另一種說法，森田正馬「認為治癒病患不只是消除他們的恐懼而已，還要讓他們的內心接受先前感受到的恐懼」。〔4〕

史賓賽說，她最想知道維克斯對這理論的看法。維克斯究竟是怎麼想的，已無從得知，不過她保留史賓賽的信件長達二十五年。一方面史賓賽成功預測了未來，她在最後抱持些許希望地結論道：「就許多方面來說，美國是個開明的國家，孕育出許多新穎且具有革命性意義的事物，所以讓別人聽到你的想法也不是不可能的事。」

一九六〇年代中期，由於《幸福就在轉念後》銷售成績亮眼，安格斯與羅伯遜決定在澳洲與英國發行平裝本。一九六六年，維克斯簽訂新合約。她的編輯碧翠絲・達維斯相當尊敬這位醫師作家的地位，不僅確認她能親自參與平裝本的宣傳，還請她核可書封上的所有推薦語。維克斯挑選的推薦語當中，有一段來自倫敦的《每日見聞報》（*Daily Sketch*）：「這是一段拓展人類理解的非

凡探險之旅，幫助你從此過著極度幸福快樂的生活。」

表面上看來風光，但實情並非如此。維克斯與經紀人史蒂芬森關係惡化。他終於實現承諾，發掘到一本暢銷書，但他們的關係卻因此破裂。凡是牽涉到史蒂芬森的財務，最終的結果就是一團混亂，日後維克斯與其他男性合作，讓他們協助推銷她的作品，結果也一樣糟糕。更常見的情況是，情況愈來愈混亂，沒有一次妥善解決。如果安格斯與羅伯遜能夠多加留意，就會注意到兩人不合的第一個徵兆。先前史蒂芬森曾寫信給出版社，告知所有收益的百分之九十直接支付給維克斯，只需要將另外百分之十的收益支付給他作為經紀人的佣金。維克斯極力要奪回支付款項的掌控權。這是第一步。

一九六四年十月二十一日，維克斯正式終止史蒂芬森的「經紀合約」，史蒂芬森不再代表她，但維克斯沒有告知安格斯與羅伯遜，後者全然不知道她的決定，仍繼續支付史蒂芬森百分之十的佣金。維克斯也沒有要求出版公司停止支付。她向來不喜歡衝突，更何況史蒂芬森喜怒無常。

不過，史蒂芬森領取《幸福就在轉念後》的版稅抽成僅持續了兩年。一九六五年六月二十九日，他受邀擔任一年一度的澳洲文學之夜（Australian Literature Night）的演講嘉賓，這是野蠻俱樂部

3「基本概念」。日本森田正馬心理學院。http://www.moritaschool.com/read-me/

4 Watanabe, N. & Machleidt, W. 'Morita therapy: a Japanese method for treating neurotic anxiety syndrome'. *Der Nervenarzt* 74(11). November 2003. pp1020–4.

（Savage Club）主辦的活動，地點在雪梨市場街的國家宴會廳。「史蒂芬森發表了一場精彩的演講，他談到了書籍審查以及自己曾參與《查泰萊夫人的情人》英國祕密版本的編輯工作，」他的傳記作家克雷格・門若說。「野蠻俱樂部的成員全體起立鼓掌……就在野蠻俱樂部成員的掌聲稍停之後，史蒂芬森再度起身，向所有人答謝，接著就在座位上離世。」〔5〕

史蒂芬森死後，維克斯趁機索討她在一九六四年終止兩人合作關係後，史蒂芬森持續收到的版稅抽成。她請A・E・麥金托什與漢德森法律事務所（A.E. McIntosh & Henderson）與B・J・莫洛尼（B.J. Moroney）組成律師團，負責這個案件。幾個月之後，也就是一九六五年十月二十九日，他們寫信給「安格斯與羅伯遜的經理」。

當醫師時，維克斯可以掌控自己的所有事情。但是現在，她得和作家經紀人、出版公司、以及出身三教九流的創業家打官司。事後證明，他們比起那些心懷感激的病患要令人失望。一開始他們面對的是情緒激動的史蒂芬森，接著是官僚組織。她的律師團遭遇了一道機構高牆，他們寄出的信件就此石沉大海，直到一九六六年一月他們再次去信。依據維克斯收到的一九六五年一月一日至一九六五年六月三十日的結算報告，「國內和海外版稅收入」有扣款，她推測這些款項「流入了史蒂芬森的帳戶」。〔6〕她的律師團很有禮貌地要求，「所有匯給已故的史蒂芬森作為經紀費用的扣除款項，應立即支付給維克斯。」

這一次安格斯與羅伯遜終於回應了，但是維克斯律師團收到的，居然不是出版公司的回覆，

而是一本《幸福就在轉念後》與一張二・八七美元的付款通知單（一九六六年二月十四日英鎊被美元取代）。他們將書退回給出版公司。「隨函附上這本書，非常感謝貴公司對於我們在一九六五年十月二十九日寄出的信件所做的回覆。」

備感挫折的維克斯寫信給辦事效率絕佳的編輯達維斯，希望她能解決問題。史蒂芬森「自一九六四年之後就不再是我的經紀人，」她寫道，接著她說，「原因出於某些私人理由」，「情況遠比這件事還要複雜，但是我們沒有必要深究」。儘管如此，維克斯依舊「允許他持續領取他應得的版稅，直到他過世為止」，但是她接著補充，「既然人已過世，所有合約立即失效」。

達維斯自己與史蒂芬森也有些過節，因此她在一九六六年五月二十五日寫了一封道歉信給維克斯的律師，解釋會計部門不知道維克斯最後指示，要求在史蒂芬森過世後停止付款給他。達維斯告知他們，安格斯與羅伯遜會開立一張二三・五八英鎊的支票給維克斯作為上一期的版稅，以彌補之前匯入史蒂芬森帳戶的費用，同時向他們保證，日後版稅將會全額支付給維克斯。

達維斯另外寫了一封信給維克斯，信中隱約透露她對史蒂芬森不滿：

親愛的維克斯：

5 Munro, C. *Wild Man of Letters: the story of P.R. Stephensen*. Melbourne University Press. 1984.

6 安格斯與羅伯遜公司文件。新南威爾斯州立圖書館。

感謝你在五月十七日寄來的信件，另外我要告訴你，我們會立即發行平裝版，並準備製作傳單。很遺憾你沒有正式告知我們，自一九六四年之後史蒂芬森已不再是你的經紀人，卻還是讓他持續領取版稅抽成，直到他離世為止。我不知道自七月到十二月的版稅中扣除的百分之十版稅支票，是否已經寄給史蒂芬森的遺孀，但是我會持續與伊利夫先生一起調查清楚，並讓你知道事情的進度。〔7〕

接著達維斯寄了一份備忘錄給「伊利夫」，指出公司多付了款項給「佩西．里賈納德．史蒂芬森」，最後她寫道：「請記得，《幸福就在轉念後》日後的所有收入，不論是來自於雪梨還是倫敦的銷售，或者海外的額外版稅，必須全額付給維克斯。」她特別在「全額」兩個字下方畫線。這份備忘錄立即傳遍安格斯與羅伯遜內部，日後公司將不再支付版稅給史蒂芬森遺產管理委員會（Estate of P.R. Stephensen），「包括所有可能來自倫敦的海外收入」。〔8〕事情解決後，維克斯的一名律師，也就是負責將書退回給出版公司的那位冷淡地寫道：「如果不是效率太差，他們的行銷能力確實值得嘉許。」

到了一九六五年，維克斯花了不少時間待在倫敦，事實證明她才是自己的最佳宣傳員。她非常樂於回到歐洲，而且很高興有機會再次出國。後來她的著作在美國上市，看到美國版書封放上了書評，她覺得特別開心，也很期待平裝本出版。雖然新書銷售成績亮眼，但是她對於安格斯與

羅伯遜的行銷能力卻有些疑慮。她預期這本書將會在英國熱賣，非常擔心倫敦辦公室一直在狀況外，沒有做好準備。

一九六六年五月，她寫了好幾封信給達維斯，討論之前提議的平裝本發行。她非常希望達維斯理解「這本書在英格蘭將會熱賣」，因此委婉地催促她「盡快出版新版本」。她表示，之後《她》（*She*）雜誌將會刊登文章，《女性》（*Women*）、《護士季刊》（*The Nurse Quarterly*）、《英格蘭心理衛生組織期刊》（*Journal of the Mental Health Organisation, England*）等刊物也會陸續跟進。未來還會有更多宣傳機會。

除此之外，英格蘭和蘇格蘭的開放門戶協會（Open Door Association）將購買這本書作為入會條件之一，這個協會的會員人數成長迅速，短短一年內便從二百五十人大幅增加至二千二百五十人。接下來還會有更多宣傳活動，會員人數勢必會繼續成長。

這是一次重大突破。開放門戶協會成立於一九五九年，創辦人愛麗絲・內維爾（Alice Neville）來自肯特郡的奇斯爾赫斯特（Chislehurst），長期為懼曠症所苦，後來她決定去做自己最害怕的事情，終於成功治癒了自己。《幸福就在轉念後》這本書讓她印象最為深刻，從此她和維克斯建

7 ibid. 19 May 1966.

8 ibid.

立了互惠的關係。

儘管維克斯對於安格斯與羅伯遜有些疑慮，她與達維斯仍維持良好的互動。她總是能滿足維克斯的所有要求。「真是太好了，現在我們知道《幸福就在轉念後》在英國將會賣得相當不錯，也知道倫敦辦公室會盡力善用這次宣傳機會。」

到目前為止，有不少國家有興趣出版這本書，維克斯依舊事必躬親。其中一個歐洲版本，她堅持要修改「漂浮」的翻譯。但是譯者有其他想法，並下定決心說服她，他確實有充分的理由：他是真心喜愛這本書。一九六五年七月三日，他寫信給在澳洲的維克斯說明他的理由，並透露他的專業判斷是基於自己的經驗。這種情況相當常見，即使維克斯沒有刻意鎖定任何聽眾，但她總是有辦法找到。

首先譯者自我介紹，他提到寫信給她是基於「兩個原因」。首先，他感謝她寫了這本書，接著透露在他的國家，他可能是第一個真正實踐她建議的人。「我從來沒有精神崩潰，但是去年底我收到這本書的時候，確實是『神經出了問題』，」譯者寫道。這位譯者接著解釋說，他的心臟問題困擾他多年，但是維克斯提出的說明幾乎完全解決了這個問題。不過，他更感謝的是這本書帶給他妻子的幫助。

> 當我收到你的書，我的妻子正因為嚴重的精神崩潰而住院。她已經病了十五年，分別在不

同的醫院待過幾個月。她曾接受休克療法，並持續服用鎮定劑，但是情況沒有明顯好轉，一直無法治癒。我不需要向你說明她的生活情況；有時候她幾乎要放棄。我自己是已經放棄所有希望，我想她生病有部分是因為我個人的麻煩造成的。最糟的是，我無法理解她，我感到非常徬徨無助。

她出院後，我把翻譯手稿拿給她看。這是她第一次覺得自己有機會擺脫這一切困擾。她仍會遭遇許多挫折，但是現在她知道解決的方法，而我也知道自己幫得上她。現在她已經好多了。她獲得一份兼職工作，這在一年前是完全不可能發生的事。我也希望出版公司能給予這本書應有的宣傳機會。（很遺憾你沒有將這本書交給更知名的出版公司。）

他表示，他偏愛的那個字具有「更正面、更明確的特質，而且和『漂浮』一樣屬於不及物動詞」，此外他也希望她能接受他的選擇，據他表示，「這個字的發音具有某種讓人感覺舒適的放鬆效果」。〔9〕

到了一九六六年年底，維克斯對於倫敦辦公室的能力以及倫敦主管華特・布契爾（Walter Butcher）的作為感到憂心忡忡。但是達維斯相信，布契爾非常了解這本書在英格蘭的銷售情況，

9 信件（人名和國家隱藏）。一九六五年七月三日。

一定會確保有足夠庫存應付市場需求。然而維克斯依舊不放心，她親自寫信給布契爾，「親愛的布契爾先生，你或許已經注意到，我的書在英格蘭的銷售終於開始有了起色。」

維克斯提到開放門戶協會非常支持這本書，她形容這個協會相當於心理健康領域的戒酒者匿名會（Alcoholics Anonymous）。她不希望布契爾對於她愈來愈受到歡迎有絲毫的懷疑，她告訴他，協會創辦人內維爾收到「數百封信件」，稱讚維克斯每個月為他們的刊物所撰寫的專欄文章。「確實，那些受疾病所苦的人們從來沒有讀過或聽過類似的內容。所以，你會看到我的名字逐漸傳遍英國各地。我確信未來一定會看到。」

她催促布契爾聯繫內維爾，評估購書需求，因為協會有「長串的等候名單，但是他們手上只有六本書。根據我的經驗，如果有人借閱這本書，多半會在還書後自己去買一本。」她告訴他，內維爾想要推銷這本書。「我已經告訴她，她想說什麼就說什麼。但是只有我不能那樣說話。」

在信件的結尾，維克斯補上了一段話：「達維斯小姐已做好準備和你合作，我相信到時候必定會有足夠數量的新書，滿足任何新增的需求。」從這段話可以看出，或許是達維斯慫恿維克斯直接寫信給布契爾。

維克斯預料倫敦辦公室恐怕無法滿足市場需求，結果證明她是對的。一九六七年一月一日，達維斯寄了一份備忘錄給喬治・佛格森，讓他知道「維克斯為自己和這本書爭取到大量曝光機會，特別是在《星期日鏡報》（*Sunday Mirror*）刊登了一篇長文」。但是「顯然會有幾個月，倫敦辦公室完

全無法供貨，原因是雖然裝訂完成的新書已經到貨，書衣卻是給平裝版用的」。維克斯知道消息後簡直氣炸了。

在雪梨的辦公室，達維斯詢問佛格森：「正確的書衣什麼時候會送到倫敦？維克斯博士說她之前曾懇求WB（布契爾），如果出現大量購書需求，就直接賣沒有書衣的新書。他有這麼做嗎？」

當年稍後，佛格森寄出一份備忘錄給相關工作人員，標題寫著：「維克斯：《幸福就在轉念後》」。「請注意，倫敦辦公室對這本書的需求瞬間暴增，因此必須為他們的市場再版平版印刷的版本。」

現在，他們自己發現了維克斯早已料到的事：《幸福就在轉念後》大為暢銷。達維斯要求佛格森，確保這本書在南非獲得應有的宣傳機會。到了一九六六年五月，這本書已被翻譯成法文、德文、荷蘭文、丹麥文和挪威文，在這些國家販售。〔10〕另外，南非、日本、印度、以色列和義大利出版公司也爭取出版。

不久之後，出版公司收到來自世界各地的版稅支票。但其中有些支票竟不翼而飛，所以維克斯意識到有必要緊盯原來的出版公司。她發現，協助安格斯與羅伯遜處理海外銷售的作家經紀人羅伯特・哈爾賓（Robert Harben）曾寄了一張一百四十四英鎊的支票給安格斯與羅伯遜的雪梨辦公

10 安格斯與羅伯遜文件，同上。

室，這是荷蘭版的銷售所得，但是這張支票並未存入維克斯的銀行帳戶。她寫信給安格斯與羅伯遜的會計人員詢問這件事，並要求公司支付這筆款項；她也提到，布契爾手上還有另一張支票應該要寄給她，也就是一九六八年前六個月英格蘭銷售所得的版稅收入。「可否麻煩你盡快將這張支票寄到我在麥覺理街的地址？這筆錢金額龐大，大約是四千美元，想必你能夠理解為什麼我希望支票盡快寄出。」

英格蘭和歐洲市場迴響熱烈，代表說更大的市場——也就是美國——必定會有很不錯的銷售成績。「現在她要出發前往美國，進一步談論與宣傳《幸福就在轉念後》，」她的編輯在寄給佛格森的備忘錄中寫道。

正當維克斯在美國巡迴宣傳時，克雷蒙恩的家卻出事了。達爾西一直住在公寓樓下，但是藥物無法有效控制她不穩定的情緒。現在她還要照顧哥哥布萊恩第二段婚姻生下的兩個小孩，分別是十歲的芭芭拉和十四歲的提摩西，因此背負了不小的壓力。布萊恩希望他太太伊瑟空出時間陪他旅行，因為他倆都無法忍受他獨自一人旅行。達爾西同意幫忙照顧她的姪女和姪子三個月。

提摩西和芭芭拉不知道發生了什麼事。這樣的安排簡直是一場災難，又沒有維克斯在身邊幫忙解決。達爾西多數時候都躺在床上，兩個小孩發現他們有時被捲入大家庭的風暴，有時則被棄而不顧。芭芭拉寫信給她的母親，「老天，我恨透這個地方，身邊沒有任何人……」讀到這些信件之後，布萊恩和伊瑟相信，達爾西並沒有照顧好他們的孩子。後來提摩西和芭芭拉被送往其他

親戚家，但這也意味著他們必須花更多通勤時間上下學。

維克斯的外甥女蒂塔稱她是「破房整修工人」，但是維克斯從來就不懂得如何「整修」家庭問題。莉莉更點出了這項工作的矛盾之處：畫家的房子一直沒有刷上油漆；水電工家中的水龍頭一直漏水。或者，就如同蒂塔所說的：沒有女人能夠成為自己家庭的先知。

21 第二個家

A Second Home

如今維克斯的工作重點都放在她的新書，她也因此認識了許多新朋友，不少人對她充滿感激。她正是透過這種方法認識了舉止優雅、情感脆弱的倫敦地方法官喬伊絲·斯基恩·基廷。後來，斯基恩·基廷成了維克斯人生中除了科爾曼之外，關係最密切的好友之一。她倆是在開放門戶協會認識的，斯基恩·基廷加入協會的目的是希望獲得協助，治療懼曠症。

斯基恩·基廷很快發現自己深受這名澳洲醫師吸引，維克斯承諾會治癒她的疾病，完全相信她有可能康復，而且對於自己治療神經疾病所採取的務實方法相當有信心。維克斯為了宣傳新書，延長停留在倫敦的時間，她將斯基恩·基廷視為病患給予治療，斯基恩·基廷發現，這位澳洲醫生為了治療病患，願意毫無保留地付出。

為了回報維克斯，斯基恩·基廷同樣對她毫無保留地付出。斯基恩·基廷全家時常稱呼維克斯「維吉」(Weekey)，他們居住的公寓位於市中心的肯辛頓區，這裡也成了維克斯永久的家。他們的住家有兩層樓、七間臥房、數個接待室，天花板挑高，而且可以遠眺大型花園廣場的景觀，

整體空間寬敞而舒適。

斯基恩・基廷的先生已在數年前離世，她育有兩名年幼的孩子，分別是保羅（Paul）和茱莉亞（Julia），還有一名保母艾琳・阿普頓（Irene Appleton）與他們同住，他們都親切地叫她「南」（Nan）。未來的數十年，這棟位於女王門花園三十三號、總計有五層樓的維多利亞式住宅，成了維克斯的第二個家，她很常住在這裡，待在克雷蒙恩家的時間反而變少。

自斯基恩・基廷之後，維克斯也陸續與幾名病患維持密切的關係，但很少有人能像斯基恩・基廷一樣，與維克斯的個人生活保有如此緊密的聯繫。維克斯並沒有刻意與病患保持專業上的距離，在世界各地都有人提供住家空間讓維克斯暫住，他們感謝她的付出，因此樂於款待她或是提供服務。她不斷遇到有想法、有智慧、卻為疾病所苦的人，這些人認為她是個天才，並將她視為朋友，這樣的角色非常適合這位熱愛交友的女性。

一九六〇年代中期的某天，達維斯的桌上出現一張便條紙。「（前幾天）維克斯博士想要確認你知道她在倫敦的聯絡地址。女王門花園三十三號，倫敦ＳＷ７。斯基恩・基廷太太收」。

自一九六四年以來，維克斯待在倫敦與美國的時間愈來愈長。她熱愛跨國旅行。倫敦是很好的基地，斯基恩・基廷盡心盡力地款待她，她是維克斯的東道主、病患與朋友。這名身材高挑、骨架比例完美的女人長期深受懼曠症所苦，在接受維克斯治療後不久，便真正感到如釋重負，但是「治癒」的效果並沒有因為他們的關係變得親近而進一步改善，他們也沒有因此保持專業距離。

斯基恩．基廷的兒子表示，雖然母親的懼曠症病情明顯改善，但她依舊處於高壓狀態。

由於維克斯長時間與斯基恩．基廷生活在一起，所以偶爾來此造訪的維克斯家人也認識她。維克斯待在倫敦的期間，說話的口音變得如同她姪女潘妮所說的，盡可能接近英語。有一次潘妮和她的外祖母斯卡拉特（Skarratt）一同前來肯辛頓的公寓拜訪維克斯，這位外祖母展現出的英國人姿態，總是讓潘妮的祖母范感到很不舒服。

窗簾已經拉上，屋內顯得昏暗，傭人送上下午茶。結束時，潘妮和外祖母在維克斯的陪同下離開公寓。他們走下長長的階梯，步行到陽光普照的戶外，依舊捨不得說再見。維克斯和她們一起沿著街道漫步。最後，他們聽到斯基恩．基廷焦急地呼叫維克斯，因為她不知道維克斯去了哪裡。維克斯回到斯基恩．基廷的身旁，潘妮和外祖母繼續往前走了一段路之後，外祖母回頭看了一眼，接著用發音標準的英語叫著外孫女的小名說：「唉，小美女，在我看來她根本沒有康復！」

在倫敦，維克斯同樣複製她在雪梨享有的階級地位。斯基恩．基廷相當依賴她，全心全意為她付出。南給予維克斯的支持也獲得了回報，後來維克斯將一本書的獻詞獻給了南。維克斯的所有生理需求都有人負責照料，科爾曼也加入其中，扮演支援的角色。但是斯基恩．基廷的子女對於這樣的安排卻有些不滿，只要母親的這名好友住在家裡，他倆就成了隱形人。晚餐時，維克斯和斯基恩．基廷自顧自地說話，兩個孩子被徹底忽略。不論在什麼樣的情況，維克斯都無法自在

地與小孩相處，畢竟保羅和茱莉亞不是她的家人，他們只是和斯基恩・基廷住在一起。

但是隨著維克斯和科爾曼與這兩個孩子相處的時間愈來愈長，兩個孩子也愈來愈了解這兩位女性。對於維克斯所做的一切，保羅相當敬佩、讚賞不已，這點毋庸置疑。成年後他成為音樂家，之後更成了一名治療師。在他眼中維克斯是業界先驅，她的著作獨一無二，他親眼目睹她在英國受到廣大民眾熱烈歡迎。「不論階級地位、不論社會和財務條件，所有人都知道她是誰。這個國家的每個人都認識她！」

保羅還記得「堆積如山的郵件」。維克斯會在書中為自己的其他產品打廣告，包括錄音帶和唱片，然後留下斯基恩・基廷的住家地址作為聯絡地址。當地郵局根本難以應付如雪片般飛來的大量信件，有時候保羅和茱莉亞還得幫忙收集「麻袋」。

不斷有人來按門鈴，有時甚至是突然出現。有位機長患有恐懼症，嚴重到他不得不停飛，然後毫無預警地出現在維克斯家門前。之前他花了大把鈔票四處求醫，因為飛行不僅是他的熱愛，也是他的收入來源。「在很短的時間內，我想我們說的是六個月，維克斯就讓他恢復健康。這真的讓我印象非常深刻，因為他病了非常久，現在終於能夠重回工作崗位，」保羅說。

那名機長並非唯一接受維克斯幫助而重新飛上藍天的人。一九七一年四月二十四日，一封寄給維克斯的電報送到女王門花園三十三號。

我讀了你寫的書，聽了你的錄音，我打電話給你。現在我成了全新的人。駕駛小型飛機飛行，能夠再次重生真的是太好了。

（姓名隱藏）加州特哈查比

曾有一名患有舞台恐懼症的流行歌手經由維克斯協助，重新站在鎂光燈之下。幾年後，維克斯在一場演說中提到了「那些知名人物，如果我說出其中幾個人的名字，你們一定知道是誰」，這些名人都曾向她尋求協助。〔1〕

保羅親眼見證維克斯著作的影響力，但讓他驚訝的是，這樣有智慧的女人竟然會選擇他母親與其他來自全球各地的病患，協助處理她的語音和錄像產品，而且方法雜亂無章。「這個女人是天才，走在時代的前端，寫出這些了不起的著作，卻選擇依靠那些脆弱的病患，而不是雇用專業人員，」他觀察說。保羅也提到，某些與維克斯建立商業合作關係的病患，似乎總會惹上麻煩。

維克斯一直維持這樣的工作模式。白原市恐懼症診所的詹恩已經成功將康復的病患轉為醫院的治療師，不過邀請病患共同經營事業，是全然不同的一回事。斯基恩·基廷必須協助處理維克斯語音產品的龐大需求，以及來自英格蘭各地的大量郵件，因此承受了不小的行政工作負荷，但

1 *The Latest Help for Your Nerves*, p89.

是她心甘情願為維克斯付出。保羅記得他母親接手大量工作，南和科爾曼也不遑多讓。「這真的是很奇特的組合，他們全都盡心盡力、工作有效率、而且對她忠誠，」他說。

保羅認為《幸福就在轉念後》非常具有開創性，「是一本令人驚艷的書」。但是他無法理解維克斯的商業直覺竟然如此失準，他也看不透這個女人。他認為她體恤他人的能力其實有些局限，她在人際關係上的成功，並未延伸至專業興趣之外的其他人。他同意這或許是必然的結果，他的想法和維克斯某些家人一樣。如果不是過於執著，她充滿幹勁與冷靜自持的個性確實是很好的優點。維克斯有時也會顯得獨裁、自我中心，保羅和其他人就曾親眼目睹她的專橫霸道。

不過，偶爾維克斯也會展現出較為輕鬆的一面，例如當她與斯基恩・基廷一起度假時：在其中幾張照片上，這位上了年紀的女子坐在雪撬上開懷大笑。但是如此尋常的歡樂場景當少見。

維克斯就如同太陽，周圍有其他行星環繞，不過倫敦的生活與澳洲差異很大。在倫敦，科爾曼終於不再是隱形人。在斯基恩・基廷家，她不僅被看見、被聽見、甚至受到喜愛，這些關注來自保羅和茱莉亞。當維克斯待在家裡，他們兩人便很難找到容身之處，他們發現科爾曼也面臨同樣的難處。「我媽和克萊兒的關係非常密切，我覺得貝絲幾乎成了邊緣人，」保羅說。他敏銳地感受到這一點，因此與科爾曼變得非常親近，她細心關照保羅和他妹妹的需求。對於這兩名來自澳洲的女性，保羅毫無保留地展露他偏愛科爾曼，他女兒的中間名為「貝絲」，正是為了向這個他形容「品行極為端正」的女性致敬。長期熱愛音樂的保羅認為，科爾曼本身擁有極高的天賦，

卻一直活在維克斯的陰影之下。

「她絕對是個頂尖的鋼琴演奏家，我的意思是，她非常非常優秀。」不過除了她是出色的鋼琴家之外，保羅更看重她的另一個特點。他在科爾曼身上明顯注意到一項人格特質，只不過回到澳洲後這項特質再度被無視。保羅從小男孩成長為年輕男性的過程中，沒有父親陪在身邊，母親的眼中只有她自己，但是他在科爾曼身上找到了渴望已久的同理心。她是真心關心他。他語氣堅定地說，科爾曼具備「非常非常高超的傾聽技巧。她絕對能成為非常出色的諮商師。」

他說，科爾曼真的是全心投入。她會傾聽、深思，然後提出真正中肯、有用、符合常理的回應。維克斯的家人從沒看過這樣的科爾曼，不過在維克斯面前科爾曼一向如此。

「比較這兩個女人，科爾曼的性格非常溫暖、柔和、充滿善意，維克斯則是將全副心思放在工作上，工作以外的任何事情都是阻礙，」他說。但是保羅也理解，身為職業女性，在那樣的時代她必須努力爭取認同。

維克斯承受不小的壓力，加上她總是只顧著自身利益，因此私底下不時會說錯話。這個女人說話時總會展現出權威感、同時又懷抱著惻隱之心，她時常花數個小時與焦躁的陌生人講電話，但是她無法全神貫注時就會顯得冷漠。某天，她熟識的一名年輕人心情沮喪地來找她，這名年輕人即將要結婚，卻擔心對方並非對的人。或許是因為當時維克斯不能受打擾，或是她認為話題可能會導向令人不自在的性領域，於是她完全無視對方的問題，只說了一句有些不合時宜的格言，

就直接關上了溝通的大門：「所有黑貓到了晚上看起來都一樣。」這種生物化約論的說法確實令人難忘，那名年輕人後來就再也沒有向維克斯求助。

22 失敗的合夥生意
Bad Busines

一九六八年，六十五歲的維克斯看到她的第一本著作在英國上市五年後，重回暢銷書排行榜，而且不只一次。「我相信這本書創造了出版業的歷史，」她說。[1]她的著作廣受大眾市場歡迎。一九六九年二月十六日，她在英國廣播公司（ＢＢＣ）的黃金時段節目《與自己的恐懼共處》（*Living with One's Fears*）擔任來賓，播出時間在六點新聞節目之後。[2]由於媒體的報導，她的觀眾人數不斷成長。一九六九年四月，維克斯與美國的山楂樹出版公司（Hawthorn Books）簽訂平裝本出版合約，並開始巡迴全美各地宣傳。

維克斯喜出望外。她在英國和美國都非常受歡迎，她也很享受其中，而且外界是以她自我認定的專家身分對待她，至少大眾媒體是如此。「還沒有哪位病患向我描述的恐懼情緒是我沒聽過的，」她時常這樣說。[3]

1 寫給杜邦的信件。一九八九年一月十五日。

2 接受帕迪．費尼（Paddy Feeney）的訪談。《與自己的恐懼共處》。ＢＢＣ。一九六九年二月十六日。

從一篇報導可以看出她不服輸的語氣，那篇文章寫道，她宣稱「到了六十六歲，你已經沒有任何真實的恐懼。我甚至已經和我的未來和解。」〔4〕說出這段話時，她「那雙帶著微笑的藍綠色眼睛閃閃發亮」。

維克斯的著作率先運用現代方法治療精神疾病。早在精神疾病被更多人接受之前，她便一直努力消除外界對於精神疾病的負面刻板印象。許多為精神疾病所苦的人都是「普通人，並沒有特別的性格問題」。來到精神科醫師診所的人們「比起那些精神官能症患者還像正常人」。只有少數人需要接受精神科醫師治療。〔5〕

她不願為人們經歷的神經疾病貼上任何標籤，避免將「神經」病態化；她也不喜歡「用技術性名稱指稱懼曠症或其他恐懼情緒，因為她相信，給病患的疾病貼上標籤只會帶來更多傷害，而非助益」〔6〕，一九六九年《舊金山觀察家報》（*The San Francisco Examiner*）在〈學習如何不抵抗恐懼〉這篇文章中寫道。

許多新聞標題打動了家庭主婦，不過維克斯一直強調，男性的情緒同樣容易受影響。有些人因此拒絕升遷。有權力的男性也會感到驚慌失措。「企業大亨寧可爬三層樓梯，也不願搭電梯；董事長開了三十英里的路，只因為不想穿越某座橋梁，」她告訴《洛杉磯時報》（*Los Angeles Times*）說。

熱門的脫口秀節目也爭相邀請維克斯。在美國，她受邀擔任美國廣播公司《迪克．卡維特脫口秀》（*The Dick Cavett Show*）的來賓，這個節目談論的話題較為嚴肅，在同類型節目中收視率排

名第三，僅次於強尼．卡森（Johnny Carson）與梅夫．葛里森（Merv Griffin）。一九六九年十月十四日，她接受哥倫比亞廣播公司葛里森的脫口秀節目訪問，同場的來賓還包括克林．伊斯威特（Clint Eastwood）與薩夏．迪斯提爾（Sacha Distel）。

湊巧的是，美國知名的神經科學家約瑟夫．李竇（Joseph LeDoux）曾提到，一九六九年「神經科學正式誕生，成為一門學科」。[7]當時精神分析與行為心理學仍占有優勢地位，直到數年後，隨著神經科學的發展，更偏向生物學的治療方法才真正獲得青睞。維克斯強調的，是神經系統以及第一與第二恐懼的概念，她已經預料到數十年後生物學和大腦生理學將重回主流。

維克斯擅長簡化心智與身體連結的複雜運作，然後向大眾說明，因此當她面對麥克風或攝影機，就和她動筆寫作一樣成功。她接受電視節目訪問時發現，觀眾回應相當熱烈，電視台自然願意支付她昂貴的住宿與機場接送專車的費用。讚揚三級車廂旅行的日子已成了回憶。

要衡量維克斯究竟有多成功其實很簡單，每當她接受訪談，相較於同台的其他名人，她總能

3 'Anxiety-Ridden Housebound Women Must Learn Not to Fight Their Fears'. AP Newspapers. 28 July 1969.
4 ibid.
5 Weekes, C. *Pass Through Panic. Audio.*
6 'Learn How Not to Fight Fear'. *The San Francisco Examiner*. 10 August 1969.
7 LeDoux, J. *Anxious: the modern mind in the age of anxiety* (UK edition). Oneworld. 2015. p26.

引起更多觀眾發自內心的回應。「癱瘓總機」這個隱喻不斷出現，用來形容她對電視觀眾的影響力。她參加美國廣播公司製作的熱門日間脫口秀節目《女孩聊天室》（*Girl Talk*），接受維吉尼亞・格雷姆（Virginia Graham）訪談，一星期五天吸引了大約兩百萬名觀眾。格雷姆的觀眾通常是為了收看名人專訪，包括演員貝蒂・戴維斯（Bette Davis）、露西兒・鮑爾（Lucille Ball）、麗莎・明妮莉（Liza Minnelli）、奧莉維亞・德・哈維蘭（Olivia de Havilland）、格蘭達・傑克遜（Glenda Jackson）以及政治領袖身邊有權有勢的妻子，例如黛薇・蘇卡諾（Dewi Sukarno）〔8〕。

某日雷姆詢問她的製作人，也就是她在回憶錄《如果我做到了，你也可以》（*If I Made It, So Can You*）中提到的蒙提（Monty），哪位知名來賓獲得最多回應，製作人告訴她是維克斯時，她大感意外。「她住在雪梨，是非常受到觀眾歡迎的來賓。當我們邀請她上節目，廣告時間觀眾會打電話進來哭喊著說，『什麼時候可以聯絡這個醫生？』」蒙提說。

格雷姆從不承認她也會感到恐懼。「我依靠的每個人全都不可靠，我沒有人能求助。我想或許正因為如此，反而讓你變得更堅強，」她說，「我知道有人寧可在梅約診所住兩個禮拜，也不願去歐洲。」〔9〕但是蒙提一點也不意外維克斯人氣這麼高，他從沒有忘記她，就在維克斯參加《女孩聊天室》節目十年後，他在雪梨與她碰面。

就和當初維克斯在英國觀察到的情況一樣，在美國，對於她提供的錦囊妙方同樣有大批民眾需求孔急。人們把她當成朋友、熱情款待她——但不是所有人對她只有感激之情。有些人對於未

知的商機躍躍欲試，希望獲指定為她的代理人；有些人則對於她的著作影響如此廣大印象深刻，不論是否取得維克斯的同意，就直接拿來使用，變成自己的產品。不過他們的目的，只是想要在自己的社群或組織內部，宣傳維克斯的治療方法。

維克斯回到澳洲後，門鈴聲響起，電話鈴聲不斷。儘管生活忙碌，她仍繼續接收需要幫助的人。有些人已經準備好飛到澳洲尋求協助。她們獲得維克斯全心全意的照顧之後，還以為要支付龐大的費用。維克斯的外甥女莉莉記得，她的阿姨成功治癒了一個德州人的妻子，卻只願意收取一般的諮商費用，所以那名德州人一直想盡辦法要報答維克斯。

「我絕對不會忘記當時的情景，」莉莉模仿德州人的口音說，「維克斯博士你到底在說什麼？」莉莉笑說，維克斯只是聳聳肩。「這就是我眼中的阿姨，她只是全心付出，然後說：不用，不用，我只收這些費用。」

那名德州人非常洩氣，「索性跑去古馳（Gucci）為克萊兒阿姨特別訂製一個手提包，讓她放自己的手稿，或是旅行時帶著她的書，」莉莉說，「有些（病）人就是這樣。她只收最低的費用，他們只好送禮物給她。有個病人送她一枚鑲有鑽石的胸針。她從沒想過會收到這些禮物。」

8 譯註：印尼已故總統蘇卡諾的遺孀，一九四〇年出生於日本，原名為根本七保子。一九六二年與蘇卡諾結婚，成為第一夫人。一九六七年印尼發生政變，黛薇．蘇卡諾帶著女兒流亡海外，經營珠寶和美妝事業，目前定居東京。

9 Graham, V. *If I Made It, So Can You.* Bantam. 1978. p2.

整體來說，這些病患的回應，等於肯定了維克斯在雪梨診所治療焦慮的方法確實有效。病患的情況逐漸好轉。維克斯的著作上市後，持續收到讀者寄來的信件，未曾間斷。「在雪梨，我們會用大約一公尺深的大型綠色塑膠垃圾袋，」維克斯過世前一年在寫給杜邦的信中說道，「其中一袋最上方的信件，寫的是關於我著作的評論，有些真的非常精彩。」〔10〕

維克斯的商業合作模式就和那些大型綠色垃圾袋一樣克難。有不少讀者相信，自己是因為閱讀維克斯的著作而順利康復，一九六〇年代中期某個時間點，維克斯開始讓一些熱心的這類仰慕者成為商業夥伴，她偏愛這樣的工作模式。他們真心理解她的著作能發揮什麼影響力，對她來說，這項因素要比其他商業考量來得重要。

她與德州商人傑克．亞尼薩斯（Jack Yianitsas）的關係始於一九六六年。兩人的友誼持續了十年，最終卻變得一團糟，兩人不只失和，甚至陷入棘手的法律戰，一開始是針對維克斯，接著是針對維克斯的親戚。

亞尼薩斯原本是辦公室家具的業務員，但最初他希望在劇院工作。後來他成立「成功動能」（Success Dynamics）這家公司，製作自助語音產品，他潛藏的戲劇天分因此有了出口。有了這些產品，亞尼薩斯開始在全國各地發表激勵人心的演說，但這位鼓勵大眾建立自信的男人卻陷入了崩潰，他承認自己因為焦慮症發作而被送到醫院急診室。〔11〕

在這段亞尼薩斯所說的「人生的黑暗期」，他在圖書館發現了《幸福就在轉念後》，當時它被

錯誤歸入宗教類書籍。這本書治癒了他。亞尼薩斯成了另一個心懷感激的讀者，一直想要聯繫這位幫助他重生的貴人。「她的治療方法對我的人生、我的生存以及康復，產生了重大影響，我希望找到維克斯博士，當面感謝她。」〔12〕

亞尼薩斯聯繫維克斯的出版公司，隨後維克斯親自回覆他。他在閱讀維克斯的著作之前，已經看了不只一位精神科醫師，他不知道自己到底出了什麼問題，但是他的收入主要來自於向企業員工發表現場演說，這更進一步加深他的恐懼。恐慌發作再加上發表激勵演說的壓力，讓他陷入了難以解決的困境。

長達十年，不論是在私人生活還是專業工作領域，這對醫生和商人一直維持著密不可分的關係。亞尼薩斯說話語氣柔和，有著德州人的溫暖性格，維克斯非常信任他。亞尼薩斯則發現和維克斯「相處時非常舒服自在」，兩人會一起討論「每一件事」。亞尼薩斯根據自己在自助類產品累積的經驗，看到了拓展維克斯個人品牌與事業的商機。維克斯和科爾曼一起住在他位於德州的家，亞尼薩斯形容科爾曼「溫柔、親切、相當討人喜歡」。他陪同維克斯在全美各地巡迴宣傳，協助安排電視和廣播電台採訪。與維克斯碰面時，他告訴維克斯精裝本已經絕版，他宣稱是他自

10 寫給杜邦的信件。一九八八年。

11 *The Indianapolis News.* 14 November 1979.

12 Yianitsas, Y. 'A Personal Message from Jack Yianitsas.' n.d.

作主張與一家美國出版公司「播下種子」，發行平裝本。

根據亞尼薩斯的說法，他後來說服維克斯製作一系列語音產品，包括《幸福就在轉念後》、《早安，晚安》（*Good Night — Good Morning*）、《邁向自由》（*Moving to Freedom*）、《度假去》（*Going on a Holiday*）、《遠離神經疾病》（*Freedom from Nervous Suffering*），亞尼薩斯擁有這些產品的獨家發行權。

他說他將維克斯視為朋友，辯稱自己無意獲取任何金錢利益，唯一目的只是希望協助其他人取得她的出版品，「加速從神經疾病中復原」。〔13〕

這是非正統的做法。他們成立了「加拉哈德製作公司」（Galahad Productions），並且以維克斯的名義開立銀行帳戶。他解釋說，錄音產品的銷售所得會直接付給他，再由他代表維克斯存入銀行。

後來維克斯終於承認，自己不適合當女企業家，只是一開始她沒有意識到這一點，但多年後終於認清事實。她的個人生活非常節儉，金錢不足以引起她的興趣。面對自己的責任義務時，她行事果斷，但牽涉到朋友或家人的金錢問題，她就變得慷慨大方，完全沒有想到專業與私人金錢混淆可能面臨的風險，而且勢必會引發利益衝突。但是沒有人能將她從她自己手中拯救出來。

亞尼薩斯稱維克斯是個天才。他說維克斯非常信任他，因此指定他為美國代理人，可依據她著作的內容免費提供治療。他說是維克斯建議他這麼做的，這樣就能為病患省下打電話到澳洲與她談話的成本。

亞尼薩斯宣稱他透過電話為許多人提供諮商，而且拒絕了取得公司百分之十五股份的提議，

此外他還協助安排媒體邀約。他雖承認他看準了這是賺錢的大好機會，不過也堅稱這絕對不是他的主要目的。

亞尼薩斯表示，兩人決裂的時間，就在他出版記錄他個人故事的《從恐慌到平和》（*From Panic to Peace*）這本書之後，書中詳細描述他如何在閱讀維克斯的著作後順利康復。他說這是他自己的產品，因此獲利歸他，他自己宣傳這本書。他將自己的康復歸因於維克斯的治療方法，他這麼做也是在幫忙宣傳她的著作，所以他相信維克斯會因此感到「驚喜」和「高興」。但他也承認，他擔心如果他事先徵求維克斯的同意，維克斯必定會回絕。

他在宣傳語音產品時，信頭上寫著：「『傑克．亞尼薩斯的個人故事』：這份禮物能夠幫助你理解與應對神經和情緒壓力，恢復健康。」產品的行銷文案並未提及維克斯博士，因為亞尼薩斯認為這項產品說的是他個人的故事。但維克斯不這麼認為：內容牽涉到她的著作，但是他並未取得她的同意。她認為這背叛了她對他的信任。

「維克斯有些控制狂傾向，習慣主導或控制自己的病患，希望我們所有人盲目服從她，」亞尼薩斯堅稱。維克斯找來律師，但是亞尼薩斯兩次提到，「律師介入」後，他拿出一封維克斯用她平常愛用的藍色信紙寫給他的信，圈出其中一句話：「如果沒有你，這一切不可能成真。」

13 亞尼薩斯寫給J．S．歐康納哈里斯律師事務所（J.S. O'Connor Harris）合夥大律師與律師的信件。一九九年四月二十五日。

最終維克斯選擇放棄，不願與亞尼薩斯纏鬥下去。亞尼薩斯持續銷售她的產品給需要的人，他宣稱自己這麼做完全是出於利他考量，而非為了獲取個人利益。

就在維克斯過世後多年，兩人分道揚鑣將近二十年後，亞尼薩斯取得維克斯在英格蘭製作的錄像作品，開始在美國販售，但當初這支影片賣給他的條件，是只能作為他個人使用。之後亞尼薩斯與維克斯的後代陷入了另一場法律戰。往後數十年，維克斯的商業合作爭議不斷，令她的外甥女法蘭西絲頭痛不已。

對於已高齡八十多歲的亞尼薩斯來說，如今留給他的只有痛苦。他與維克斯曾如此親近，他覺得兩人的關係就像「一場失敗的婚姻」。他說他失望透頂，想要用某種方法「報復」自己，例如現在他已經接受自己無權銷售維克斯的錄像作品。但他依舊辯稱，他只是想要宣傳她的著作，從她著作中獲得的金錢利益根本微不足道。

「如今回想過去，她個性尖酸刻薄，不承認、也不感激我無私的付出、幫助她成功。這讓我感覺以及確信，多年來我為了發展她的事業無條件地奉獻與努力工作，所以我『享有權利』而且擁有正當的理由，索取應有的賠償。」

不過在一九六六年，維克斯完全想不到，將病患轉為商業夥伴實在有欠妥當，甚至會引發難以化解的糾紛。但同時，她的知名度因為書籍熱賣而水漲船高。

23 遠離懼曠症
Peace from Agoraphobia

一九六九年，維克斯與其他名人的智慧語錄一起出現在媒體上。《政治家雜誌》（*Statesman Journal*）刊登了〈優秀女性名言〉，引述了維克斯的話，與伊莉莎白・泰勒（Elizabeth Taylor）並列：「人們應該學會別想著擁有完美的生活。最重要的是接受無法改進的部分，」維克斯說。[1]

當年十一月，媒體報導「這位肩膀寬大、個性樂觀的澳洲人，在大學實驗室待了十二年，之後決定攻讀醫學博士學位（「這樣我就能和其他人一起工作」）。她甩了甩一頭鐵灰色的短髮……『我對這些人有著無比的同情心與無比的耐心，絕不輕言放棄，』」她對《洛杉磯時報》說。

一九七二年，《出版人週刊》（*Publishers Weekly*）報導，美國版的《幸福就在轉念後》在美國西岸熱賣，並登上美國整體書市的暢銷書排行榜，她說能擁有這樣的銷售成績，「對一本澳洲書來說真的很不容易！」[2]

1 *Statesman Journal*. 20 July 1969.
2 *The Australian Women's Weekly*. 22 November 1972.

這也是非常了不起的成就，因為這本書在首度出版六年後，終於登上美國暢銷書排行榜。一九六〇年代結束時，全球各地都在競標她的著作。一九六四年她的著作被翻譯成德文，一九六九年翻譯成南非文，一九七二年翻譯成西班牙文，不久之後挪威文、荷蘭文、日文、法文、丹麥文以及瑞典文版本陸續出版。（稍後，又出版了匈牙利文、泰文和盲文版。）熱門的《讀者文摘》（*Reader's Digest*）刊登了書摘，到了一九七〇年代初期，這本書總計大約售出二十五萬本。[3]

安格斯與羅伯遜自然是樂不可支。一般出版部門主管約翰・艾伯內希（John Abernethy）列舉了三本書，證明澳洲書籍也能受到全球讀者喜愛，維克斯的著作是其一。（另外兩本書分別出自小說家湯瑪斯・肯尼利〔Thomas Keneally〕與專精網球主題的作家保羅・麥茲勒〔Paul Metzler〕。）

如今看來，探討焦慮的書確實有市場。一九七一年，安格斯與羅伯遜跟美國山楂樹出版公司簽約，發行美國版《幸福就在轉念後》的平裝本，但現在安格斯與羅伯遜希望出版第二本書，而且已取得版權。一九七二年，《心神安寧》（*Peace from Nervous Suffering*）分別在美國、加拿大、英國、澳洲、紐西蘭和所有大英國協國家上市。

但是這背後大有玄機。儘管精神醫學和心理學界近來都已察覺到，焦慮議題的市場需求一直未獲滿足，但就在他們決定進一步深入觀察的同時，也開始定義新的精神疾病類別。過去大眾熟知的「家庭主婦症候群」（housebound-housewife syndrome）現在有了重要的全新醫學名稱：懼曠症。德國神經學家卡爾・韋斯特法爾（Carl Westphal）於一八七二年首次診斷出這項疾病，隨後業界某

些知名學者不斷提及，例如英國精神科醫生以薩克．馬克思博士，他的專長是焦慮症治療，多年後他也認可了維克斯的著作。

相關的統計數據紛紛出籠。「根據推估，在英格蘭大約有十萬人患有這項疾病，在美國至少有三十萬名患有神經疾病的家庭主婦。也有男性患有懼曠症，但人數不多，」《彭薩科拉新聞日報》（*The Pensacola News Journal*）於一九六九年報導指出。〔4〕

這個疾病的病患主要是女性，不過維克斯明白，生這個病的不限於特定性別。更重要的是，她不喜歡使用標籤。她極力避免貼標籤，因為她相信這麼做只會引發比起反效果還要嚴重的後果。「病患也是人……將病患貼上標籤只會使他們更加恐懼，」媒體引述維克斯的話說。〔5〕

維克斯成功治癒了病患和讀者，但當時精神醫學界並未明確細分不同的神經疾病。當時還沒有使用「恐慌發作」、「強迫症」（OCD，obsessive-compulsive disorder）、「創傷後壓力症候群」（PTSD，post-traumatic stress disorder）、「廣泛性焦慮症」（GAD，generalised anxiety disorder），以及「社交焦慮症」（SAD，social-anxiety disorder）等名詞，更別提使用縮寫了。幾年後，又細分出新的疾病，直到二〇一七年，第五版的《精神疾病診斷與統計手冊》包含有二十三種具有不同特性的焦慮類別，多於

3 ibid.
4 *The Pensacola News Journal*. 27 July 1969. p48.
5 *Los Angeles Times*. 24 July 1969.

第四版的十種，其中有四種是全新的類別。〔6〕

媒體形容維克斯是先驅，特別是在懼曠症領域，但她一直反對標籤化的趨勢發展，她傾向於運用單一的統合方法治療焦慮症狀。這些新標籤只不過是同一個問題的不同樣貌，這個問題便是：害怕恐懼。不論是恐懼市集或骯髒的場所，還是對橋梁、船舶或飛機感到害怕，在維克斯的著作中，這些恐懼的源頭都一樣。

直到數十年後，其他醫學同業才認同維克斯的看法，但還是有許多自始至終都不認同。有不少學者的學術聲望，是建立在更精確細分的焦慮症類別。焦慮症專家大衛・巴洛在二〇一七年時表示，之所以朝向逐漸細分的趨勢發展，主要與研究資金和終身職有關，與科學無關。〔7〕隨著神經科學持續發展，以及人們對神經生物學有更深入的理解，更加佐證了維克斯治療神經疾病的方法：比起了解不同焦慮疾病的差異，了解它們之間的相同之處會更有用。

雖然維克斯反對標籤化，但是懼曠症的討論熱潮大幅提升了她的市場價值與影響力。現在她幾乎全職參與宣傳活動，也樂於享受成為熱門講者所擁有的貴賓待遇。這是「二度指揮巡迴宣傳，」在她的第一本著作出版多年後重登暢銷書排行榜時，報紙這樣報導。

現在，她還要宣傳另一本新書。《心神安寧》雖然重複了第一本書的內容，不過說明得更加詳盡，以因應亟待滿足的市場需求。但是就某方面來說，出版這本書也意謂著她已決定向市場低頭。在一九六九年時，她堅決反對貼標籤，理由是這麼做只會加深人們的恐懼，但後來她看到大

眾和同業如此熱衷討論懼曠症，便漸漸不再抗拒。最終維克斯博士選擇迎合市場。

懼曠症確實有市場，隨著維克斯的第一本書大賣，出版公司也希望打鐵趁熱，及時抓住這個新機會。第二本書的內容簡單扼要。維克斯在宣傳時解釋說，《心神安寧》主要鎖定「某種特殊的恐懼」，也就是懼曠症。她表示，這是第一本「醫生直接寫給患有這種嚴重疾病的病患的著作……確實，除了專為醫學期刊撰寫的懼曠症論文，或是其他探討恐懼和恐懼症的著作中曾提到懼曠症，這是第一本專門探討懼曠症的書。」

還有更隱微的壓力促使維克斯願意「貼標籤」。她的朋友斯基恩．基廷經認定患有懼曠症，她們第一次碰面的開放門戶協會就是專為懼曠症而成立的慈善組織，他們非常積極地宣傳維克斯的著作。如果繼續反對下去，只會適得其反。維克斯是在斯基恩．基廷的英國住家完成《心神安寧》這本書，之後她告訴杜邦，她們倆人共同生活了二十五年。「如果你真的想了解懼曠症，就應該像我一樣盡可能時常以及長時間和患者一起生活，」她寫道。

維克斯在之後出版的某本書中，承認了斯基恩．基廷的貢獻，不過是把她視為朋友，而非病患。在《心神安寧》書中，維克斯更加慎重地寫下了獻詞：「敬獻給那些鼓足勇氣，促成這本書誕生的人。」

6 Barlow, D. https://www.youtube.com/watch?v=aqPbLIY8RLg

7 Barlow, D. https://www.youtube.com/watch?v=HHjnG5fFPYg

懼曠症的討論熱潮持續延燒，接下來的十年維克斯更是乘浪而行。雖然她是個機會主義者，但她的假設並未動搖。懼曠症的現象讓人們失去行動力，但是追根究柢，所有源頭都是相同的：害怕恐懼。

因此，她的新書主軸存在一個矛盾。她對於懼曠症的分析以及治療方法，與她先前針對神經疾病提出的整體治療方法並沒有太大區別。懼曠症並非對於廣大的開放空間、群眾或是對離開住家而感到恐懼。維克斯解釋，這些人因為離開家所給予的安全感，而產生強烈的恐懼感受，他們害怕的是這種感受。所以問題來自內在，而非外在。「懼曠症並非是害怕某個事物。他們是害怕自己的內心。他們必須學習如何不因為恐慌而恐慌。」

維克斯再次挑戰「只有女性患有懼曠症」的刻板印象。她在《心神安寧》的第一章〈家庭主婦與城市主管〉（The Housebound Housewife, the Citybound Executive）中，同時向受苦的女性和男性喊話。但是從副標〈女性而非男性〉可看出，維克斯也承認，相較於男性，有更多女性患有懼曠症，不過她接著解釋說這是一種文化現象，無關乎性別，她堅稱「是女性的家庭生活使她們出現懼曠症的症狀」。

另一個副標更直接點出她的重點：〈他的太太四處跟著他〉（His wife went everywhere with him.）。疾病的症狀不分性別。維克斯指出，「患有神經疾病的男性抱怨的症狀與女性相同……先前人們被制約，總以為這些症狀是『女性的』，實際上並非如此。許多擔任副手的男性，如果不是因

為害怕出差，依據他們的資歷早就應該坐上最高領導人的位置。我稱之為「城市主管症候群」（citybound executives' syndrome）。」〔8〕

維克斯決定放手一搏。但是「城市主管症候群」並未引發熱烈討論。懼曠症倒是成功成為熱門話題，維克斯持續利用這次熱潮獲得大眾關注。一九七二年四月二十七日，《洛杉磯時報》報導，「高齡七十歲、但看起來年輕有朝氣的維克斯博士，面帶微笑、散發迷人魅力地抵達世紀廣場（Century Plaza），正式開始新書《心神安寧》的全國巡迴宣傳活動。」〔9〕宣傳邀約蜂擁而至，她忙著接受美國各大電台聯播網與知名主持人所主持的電視脫口秀節目訪談，包括邁克・道格拉斯（Mike Douglas）、艾琳・佛朗西斯（Arlene Francis），以及貝瑞・法貝爾（Barry Farber）。在五月二十六日播出的道格拉斯脫口秀節目中，維克斯吸引了眾人的目光，當天節目的來賓還包括湯姆・特萊昂（Tom Tryon）〔10〕、查理博德三重唱（Charlie Byrd Trio）以及輪滑運動示範。

英國的書評也相當正面。《衛報》的書評家形容《心神安寧》是一本「非常有幫助的書」。

8 *Peace from Nervous Suffering*, p14.

9 *Los Angeles Times*. 27 April 1972. p106.

10 譯註：一九二六～一九九一，美國演員與小說家，曾參與演出電影《紅衣主教》（*The Cardinal*）與電視影集《神鎗蕩寇誌》（*Texas John Slaughter*），之後轉而創作科幻與恐怖小說。

在書中，維克斯完整而簡單地說明懼曠症可能引發的各種症狀，並以整體角度看待這個疾病。她指出導致神經疾病的三大原因：敏化、困惑，以及恐懼。許多患有懼曠症的病患會隨身攜帶維克斯的前一本書《幸福就在轉念後》，他們將這本書視為他們的聖經。不過第二本書更有價值，在醫學界找到更好的方法治療這個令人傷心的疾病之前，家庭主婦懼曠症患者可以先遵循維克斯博士的建議，幫助自己逐步遠離疾病。〔11〕

在維克斯最引人注目的治癒案例中，有許多是懼曠症患者，他們透過她所說的「遠端指示」（remote direction）——也就是她的著作和錄音產品——而獲得治癒。如果她同意使用標籤，那麼懼曠症將會是她的殺手級類別，因為不論她針對一般焦慮症狀所寫的書多麼有價值，很明顯的，她的治療方法對於那些長達數月、數年、有時甚至超過十年都無法走出家門的病患非常有效。這樣的成就進一步推升了她的聲望，因為這些病患常被認定是最難治癒的。

由於《心神安寧》鎖定懼曠症，因此引起了新一批專業人員的注意。維克斯受邀為《英國醫學期刊》（*British Medical Journal*）撰文，她的文章〈懼曠症的實用治療方法〉於一九七三年五月刊出。維克斯也趁此機會公布統計數據，支持她所說的成功治癒懼曠症的主張。

在一九六〇年代，維克斯一直與英國的自助團體保持聯繫，因此有機會接觸許多已經讀過她的著作、或是聽過她的錄音產品的懼曠症患者。她在一九七三年告訴《星期日泰晤士報》（*The*

Sunday Times），有兩千名病患她從未謀面。[12]現在的她擁有大批支持者，可以透過問卷提出問題，邀請他們評量「遠端指示」的價值。她急切地想要證明，透過著作或錄音帶進行治療，確實是有效的。在英國和愛爾蘭，有五百二十八位懼曠症患者同意參與問卷調查，她運用這項調查結果證明她為《英國醫學期刊》撰文所提出的論點。

參與調查的這些懼曠症患者，曾接受數個月到六年不等的治療，其中有六十%的病人罹患懼曠症達十年以上，有二七%的人甚至長達二十年以上，所以絕大多數的人「可歸類為長期懼曠症病患」。[13]他們幾乎接受過所有已知的正統療法。

她的結論是，「十四至二十九歲的病患當中，有七三%的人認為治療結果令人滿意與良好；三十至三十九歲的病患，有六七%的人認為獲得類似良好的治療結果；至於四十至四十九歲的病患，比例為五五%。年紀更大、病情更為棘手的族群，也就是五十至七十四歲的病患當中，則有四九%的人表示有不錯的改善。」

這篇刊登於專業期刊的文章，為維克斯的下一本書奠定了基礎，這本新書特別鎖定當時仍難以觸及的專業市場。相較於針對神經問題提出符合常理的建議，鎖定懼曠症更能讓人印象深刻。

11 Stott, C. 'The Permanent Prisoners'. *The Guardian*. 25 August 1972.
12 'Terror of Open Spaces'. *The Sunday Times*. 10 June 1973.
13 Weekes, C. 'A Practical Treatment of Agoraphobia'. *British Medical Journal* 2(5864). 26 May 1973. pp469–71.

在此同時，維克斯持續出現在各家電台、電視台與報紙媒體。她參加電視節目《輕鬆生活》（*Living Easy*），主持人正是被《華盛頓郵報》譽為「美國心理學門面」的喬伊絲・布羅瑟斯博士（Dr Joyce Brothers）。

當時極為多產的報紙專欄作家安・蘭德斯（Ann Landers），自一九七〇年代中期後便不斷為維克斯的著作背書，過去「很少」看到她為新書宣傳[14]，她撰寫的讀者問答專欄刊登於一千兩百家報紙媒體，廣受大眾喜愛。

蘭德斯公開許多讚揚維克斯著作的信件。其中一位充滿感激的匿名支持者寫道：「維克斯博士改變了我的人生。我感覺自己成為全新的人。你為我做了其他醫生做不到的事，**之前我看過好幾個醫生**。安，拜託你，再次推薦這本書。——伊文斯頓的興奮讀者」[15]

蘭德斯持續推薦維克斯的著作長達數十年，她在一九八五年時寫道：「多年前我介紹了兩本維克斯博士的著作。有好幾千人寫信告訴我，這些書治癒了他們的懼曠症，其中有非常多人甚至不知道這疾病的名稱。就我所知，維克斯是第一個寫書探討這個疾病的人。」

維克斯治療方法的重點在於，人們應該要跨越那座令人畏懼的橋梁，但必須運用特殊的方法，也就是她提出的方法：全然接受與理解記憶如何與神經系統合力密謀，讓身體保持在好戰的狀態，隨時準備開火。嚴格來說，這確實是一種暴露療法。正如同維克斯所說的，人們必須學會如何與恐懼同行，才能學會如何無懼而行。

你正承受著壓力。身體會自動分泌腎上腺素作為回應。腎上腺素如閃電般迅速傳遞到你的大腦、心臟與胃。你開始氣喘吁吁、頭暈目眩，因為噁心而覺得難受，感覺像是前額被套上了鐵圈。

無論發生什麼事，都會令你感到恐慌。這件事會再度引發你本能的恐懼，讓你更焦慮不安。當事情真的再次發生，你的體內會分泌相當於原本兩倍分量的腎上腺素。如果你經常沿著某條固定路徑行走，就能夠在一片空地上闢出一條道路，同樣的道理，你的神經也會建立一條高速道路，也就是分泌大量腎上腺素回應焦慮與壓力。這代表你已經敏化了。

到了一九七三年，維克斯愈來愈常公開批評精神分析。「回到兒童時期找出是什麼原因引發目前的疾病，這或許很有趣，但是對於治療眼前的疾病幾乎沒有任何幫助。」[16]人們「現在急需解脫。他們希望有人告訴他們要怎麼做，而且就是現在。他們不需要被帶回兒童時期，然後告訴他們說母親不愛他們。」[17]造成敏化的原因無關緊要。「恐懼的習慣才是當下最重要的問題。

14 'Advice Columnist Ann Landers Dead at 83'. *Chicago Tribune*. 22 June 2002.

15 *The Evening Review*. 30 July 1976.

這一點必須根治。」〔18〕

「恐懼的習慣」這個結論，是基於過去長達一世紀的演化與神經系統的學術研究成果。此外還有另一個更精妙、更重要的概念。維克斯提出「第一與第二恐懼」（first and second fear）的概念，並說明兩者的差異。理解並知道如何管理這兩種恐懼，正是維克斯治療方法的核心。她在最後一本書中分析了情緒、大腦以及對於恐懼現象的誤解，而這正是數十年後的學術研究方向。

16 *Press-Telegram*. 10 June 1973. p77.

17 *The Pittsburgh Press*. 24 April 1970. p13.

18 *The Daily Tribune*. 2 August 1969. p3.

24 研究恐懼的先驅 A Pioneer of Fear

「演化會思考。」——約瑟夫・李竇〔1〕

對於大眾因為他的關係而對大腦恐懼有所誤解，李竇相當自責。這位紐約大學知名神經學家被譽為「先進的神經科學和心理學界的真正領導人」〔2〕，他的專長是恐懼與大腦「生存迴路」（survival circuits）的研究，後者對於維克斯的著作非常重要。

「大眾普遍將杏仁體視為大腦的恐懼中心，這一點我要負起部分責任……它已經成了文化迷因，所以不能視而不見，甚至有非常多科學家也混淆不清，」他在某次為了介紹史密森尼協會（Smithsonian Associates）的課程而接受採訪時說道。李竇想盡辦法讓大眾、甚至其他科學家聽到他的澄清，但是誤解依舊存在。

1 LeDoux, J. 'Facing Fear'. https://www.youtube.com/watch?v=UbqoLdd1wpY
2 Ressler, K.R. quoted in LeDoux, J. *Anxious: the modern mind in the age of anxiety* (UK edition). Oneworld. 2015.

李竇解釋，與大眾認知相反，恐懼並非「住」在大腦內的杏仁體中，也沒有專門為想法和感受而存在的「房屋」，大腦內部只有系統（system）、網絡（network）和流程（process）。他提出澄清的目的是要強化自己的論點：他認為科學界對於恐懼的誤解，阻礙了焦慮症治療的進步。在二〇一五年出版的《焦慮：運用大腦去理解和治療恐懼與焦慮》（*Anxious: using the brain to understand and treat fear and anxiety*）書中，李竇強調，學界對於恐懼缺乏明確定義，因而產生讓人困惑的誤解。

不僅大腦內部沒有單一的恐懼「房屋」，人們感受到恐懼時，其實牽涉到大腦內部兩個獨立的系統。根據李竇的區分，一個是偵測與回應威脅的系統，也就是引發戰鬥、逃跑或是僵住不動的反應機制，他稱之為「生存迴路」，此時「演化會思考」；另一個系統則會產生「有意識的恐懼感受」。這兩種系統的運作方式非常不同。〔3〕

維克斯必定深有同感，因為她的著作正是以此論點為前提。李竇稱之為「雙系統方法」（two-systems approach），維克斯則是使用大眾化語言，提出了「第一和第二恐懼」的說法。

區分兩者有何不同很重要。李竇認為，正因為沒有區分這兩種系統，「導致人們無法進一步理解恐懼和焦慮症，未能開發出更有效的藥物與心理學治療方法」。〔4〕簡言之，藥物干預手法，例如抗憂鬱藥，依據的是治療老鼠的生存迴路，也就是牠們的戰鬥、逃跑或僵住不動的本能反應，或是維克斯所稱的第一恐懼的結果。李竇和著有《情緒跟你以為的不一樣——科學證據揭露喜怒哀樂如何生成》（*How Emotions Are Made: the secret life of the brain*）一書的心理學家麗莎・費德曼・巴瑞特（Lisa

Feldman Barrett）都認為，這種內在生存本能並非一種精神狀態，甚至不應歸類為「恐懼」。

雖然維克斯持續使用「恐懼」一詞，但她也特別指出兩種非常不同的大腦狀態，區分兩者的差異成為她分析與治療焦慮的核心基礎。在她的第二本書《心神安寧》中，她進一步解釋先前提過的神經系統，特別是兩種不同的恐懼。她認為，理解它們如何以及為何如此不同，是破除毀滅性的恐慌循環的關鍵。

維克斯和李竇以及巴瑞特一樣，都認為第一恐懼並非一種精神狀態，這種恐懼不受意識控制，三個人也都運用動物類比強調他們的論點，證明這種自動防衛機制是如何運作的。維克斯在書中說明自律神經系統及其兩大分支：交感神經系統（sympathetic nervous system）與副交感神經系統（parasympathetic nervous system）的運作，還解釋了「恐懼—腎上腺素—恐懼」這個循環模式。正如同許多演化學者所知道的，戰鬥或逃跑是一種生存迴路，所有動物都具有這種生存迴路，也就是人們常聽到的簡稱「蜥蜴腦」（lizard brain）。我們面臨危急的狀況時，非得仰賴這個原始腦區不可，不過，要是它連沒有真正發生緊急狀況時也會活化，這種慢性狀態就會造成傷害。根據維克斯的形容，這種感受對身體造成的影響，就好比一道「閃光」（flash）。

3 LeDoux, J. & Pine, D.S. 'Using Neuroscience to Help Understand Fear and Anxiety: a two-system framework'. *The American Journal of Psychiatry* 173(11). November 2016.

4 ibid.

維克斯說的「第一恐懼」很容易理解，它是一種生存反應，也就是觸發戰鬥或逃跑的無聲警報。但是「第二恐懼」就比較難以描述。這到底是什麼？

在另一篇淺顯易讀的文章〈第一恐懼必定會永遠消失〉中，維克斯斷言，當第一恐懼揮鞭造成傷害後，會隨之引發第二恐懼，也就是（大腦浮現災難性想法）「如果……會怎麼樣」的情緒感受。當人類感知到威脅，第一恐懼會觸發一連串的身體反應：心跳加速、胃部翻騰、身體顫抖，接著引發第二恐懼。「天啊，我很害怕！我再也受不了。在這些人面前我看起來就像在耍白痴！讓我離開這裡！現在！立刻！馬上！」

雖然維克斯並沒有提出神經學的解釋，不過她所說的「第二恐懼」激發了人類大腦的另一個流程，也就是意識情緒（conscious emotion），這個流程牽涉到大腦內部另一種運作機制，後來李竇稱之為「皮質意識網路」（cortical consciousness network）〔5〕，它屬於更為近期的演化發展。這些網絡（而非大家更為熟知的前額葉皮質〔prefrontal cortex〕概念）產生了意識，促使反思、想法、自我意識與焦慮情緒生成。

維克斯所說的第一恐懼會選擇抄捷徑，不到一眨眼的功夫就做出反應。第二恐懼則是針對第一恐懼進行有意識的反思，並做出令人感到恐懼的評估結果，因此時間稍慢。維克斯指出，這兩種恐懼相互勾結，合力引發恐慌的惡性循環。她說，第一恐懼「處於正常強度；我們理解它、並接受它，因為我們知道當危險消失，這種恐懼也會隨之消除」。但如果是敏化的人，第一恐懼「就

會如電流般疾速傳遞，對於引發恐懼的危險事件過度反應，他無法立即消除這種恐懼。事實上，他通常會選擇逃避恐懼，而當他決定逃避，就會引發第二恐懼。此時他對第一恐懼產生了恐懼。或許他更擔憂的是身體的恐慌感受，而不是最初的危險。因為原先的惡魔，也就是敏化，延長了第一道閃光，看起來像是有第二道閃光加入。這也就是為何兩種恐懼感覺是同一個。」

多年後李竇做出結論，「處理威脅的流程引發了恐懼和焦慮等適應不良的感受」，患有恐懼和焦慮症的人「對於威脅過度敏感」，因而變得過度警惕。

維克斯提出「接受」療法，目的是為了打破由敏化或過度警惕所導致的恐懼循環。此外這種療法假設，較為近期演化的大腦區域，也就是大腦的推理系統，無法切斷戰鬥或逃跑等較為原始的生存迴路。

因此，若要達成「心神安寧」的狀態，還需要身體一起合作，而不是只有心智，這正是維克斯治療原則的重點：「面對、接受、漂浮以及讓時間流逝」。這種治療方式是為了抑制神經系統的反應，避免第二恐懼重新觸發第一恐懼的無聲警報，讓病患有機會重新取回掌控權。反抗恐懼只是白費力氣，因為病患會啟動額葉新皮質連結，努力「思考」解決問題的方法，但這麼做並無法操控原始的生存迴路。事實上，神經科學正好顯示情況完全相反：處於恐慌狀態時，人們的思考

5 LeDoux. *Anxious*, op. cit. p177.

會受到阻礙。理性無法超越一切，先前榮格已提到這一點：

我進行研究時的基本原則是，任何發展理論（developmental theory）都必須結合心理學與生物學。過去二十年來我一再強調，所有關於人體運作的理論，不能僅僅描述心理上的過程，還必須吻合我們對於大腦發育的生物構造所知的一切。〔6〕

以下是李竇對於不同過程提出的解釋：

如果你的大腦能夠意識到自身的活動，你就能察覺到這個大腦系統何時會啟動，你會發現自己僵住不動，注意到心跳逐漸加速，知道自己正處於恐懼狀態。這是有意識的體驗，並非源自杏仁體，因為你已經清楚知道或是理解自己身處的情境，所以位於大腦皮質、特別是前額葉皮質的更高階核心腦區會主動引發這種體驗。這是完全不同的情況，而且很可能是人之所以為人的獨特之處。〔7〕

這正是維克斯所稱的第二恐懼。

維克斯還提到大腦習慣牢不可破，記憶會更加固化這些習慣，身體會反射性地做出回應。但

是這些習慣必須打破。維克斯認為，可以藉由接受恐懼，或是不要在第一恐懼之上再增加第二恐懼，就能達成破除習慣的目的。不過她也不斷提醒，「方法簡單，卻不容易」。因為神經系統已經被訓練成以負向迴路做出回應，因此必須學習「在不恐慌的情況下面對恐慌」。她指出，最終目標是要讓這些身體反應「變得無關緊要」。

巴瑞特的說法是：「你的身體主宰你的心情。」〔8〕維克斯和許多人一樣，選擇從神經科學的角度了解情緒的形成，她認為情緒並非發生在我們身上的事情，而是我們自己建構出來的。

巴瑞特表示：「你的所有感受都源自於你依據知識及過去經驗、對於自己可能產生的感受做出的某種預測。是你建構起自身的經驗。你相信什麼，就會感受到什麼。」和李竇一樣，維克斯認為恐懼是一種比戰鬥、逃跑或僵住不動還要複雜的狀態。更確切來說，人體內有一組「內在體感網絡」（interoceptive network）會「預測」未來，形成情緒的基礎。例如，當老愛吹毛求疵的老闆靠近你身邊，雖然你沒有任何工作計畫要進行，依舊會心跳加速。這種預測行為有可能變成自動反應，觸發神經系統採取行動。

如同巴瑞特所說，如果你的大腦持續運用過去的經驗，改變你的心情，那麼維克斯想做的是

6 Schore, A.N. *The Science of the Art of Psychotherapy*. W.W. Norton & Co. 2011.

7 LeDoux. 'Facing Fear', op. cit.

8 Barrett, L.F. https://www.youtube.com/watch?v=kY6mCVCubjI

藉由接受，抑制記憶的作用力，原因是大腦和身體會因為敏化，而回想起先前不受控制的恐懼湧現時的體驗，然後過於迅速地為可能引發的恐懼情緒預作準備。

雖然接受、而非抵抗是維克斯治療方法的核心，不過她還提出了其他新穎的療法，其中一種她稱之為「領會」（glimpsing）或是發現新觀點。人們可以透過領會，解決導致焦慮持續存在的難題。維克斯說，首先人們必須找到新角度，用比較不痛苦的方式看待自身的處境，這過程可能需要他人協助。「他必須找到新觀點。」

> 如果每天有某些時刻他能夠領會到新觀點，就表示他已經有了開始。確實，這只是開始。雖然他有可能一再失去這些短暫的心神領會時刻，時常陷入絕望，但只要他努力不懈，這種短暫感受就會愈來愈清晰、愈來愈穩定，並且持續更久，直到最終達成和解，帶來平靜。〔9〕

換句話說，必須打破記憶循環，也就是「恐懼的習慣」。特別是在治療強迫症病患時，維克斯就會使用這種技巧。

紐約臨床心理學家、美國焦慮症與憂鬱症協會（Anxiety and Depression Association of America）創始會員馬汀．賽伊夫（Martin Seif）對於維克斯和她的著作相當熟悉。「像我這樣的老派學者持續引用維克斯論點的真正原因是，實際上我們的確採用了第一和第二恐懼的說法。而且讓人覺得不可思

議的是，她的描述竟然符合日後才發展完成的神經學理論。」

神經學家與靈長類動物學家羅伯・薩波斯基（Robert Sapolsky, 1957-）在他所寫的《行為：暴力、競爭、利他，人類行為背後的生物學》（*Behave: The Biology of Humans at Our Best and Worst*）〔10〕書中總結說大腦的神經可塑性（neuroplasticity）有不同的可能性，「令人覺得興奮，而且值得期待」，但通常也有所局限，只不過有一個重要的例外。他認為神經可塑性帶來的好處主要在「心理學層面」。〔11〕維克斯早在她那個時代，就已觀察到神經可塑性的現象，至少與心情有關的部分是如此，她提出的簡單療法目的就是降低敏化，因為她認為，令人痛苦的恐懼感撲朔迷離的成因正是敏化。

在李竇探討焦慮問題的學術著作最後，他的結論是，冥想或許可以當做治療方法，它能改變人們的狀態，打破恐懼或焦慮感受的認知建構（cognitive construction）。〔12〕這是另一種接受形式，不過維克斯比較偏愛「漂浮經過」、「靜止不動」的說法。

9 *Peace from Nervous Suffering*, p60.
10 編註：本書繁體中文版由八旗文化翻譯出版。
11 Sapolsky, R. *Behave: the biology of humans at our best and worst*. Bodley Head. 2017. p153.
12 LeDoux. *Anxious*, op. cit. p317.

25 生活在兩個世界

Living in Two Worlds

在一九七〇年代初期，維克斯和科爾曼規劃了一趟較為長期的海外旅遊。如今達爾西的三個女兒都已經結婚，只剩下達爾西一個人住，因此維克斯和科爾曼決定讓她搬到兩人居住的樓上公寓，樓下則留給短期租客。最早的房客是一名美國營養師和她的丈夫，兩人住了六個月。第二個房客是知名的澳洲時事節目主持人麥可·威爾希（Michael Willesee），當時他還很年輕，剛恢復單身，租房期間他看到許多名人造訪這間公寓，包括女性主義代表人物吉曼·基爾（Germaine Greer）。

維克斯和科爾曼結束海外旅遊後，返回澳洲。科爾曼愈來愈熱愛烹飪，會特意觀看羅伯特·卡里爾（Robert Carrier）[1]的電視節目，試做他介紹的豐盛歐洲料理。沒多久，科爾曼搭配葡萄酒、大蒜和香料精心烹調而成的餐點，就觸碰到了維克斯消化系統的極限。

維克斯偏愛簡單的食物，這是她的能量來源，不過她倒是很愛吃蛋糕。法蘭西絲說，凱莉茵

1 譯註：一九二三～二〇〇六，知名的美國廚師和烹飪作家。曾主持《卡里爾廚房》（*Carrier's Kitchen*）、《美食、美酒與朋友》（*Food, Wine and Friends*）與《美味素食》（*The Gourmet Vegetarian*）等電視節目。

香（Caraway seed）是她的最愛。她的阿姨相當挑食，三十年前她在法國就吃過大蒜，但直到現在還是很討厭。不過她很鼓勵科爾曼烘焙，所以到了後來，蛋糕、餅乾和酥皮點心，成了另一個讓她有所寄託的烹飪興趣。

再次回到家後，維克斯又懷念起旅遊的時光，以及沿途享受的奢華生活。「自從她出書賺了錢，到任何地方都是搭乘頭等艙，她也習慣了所有安排都必須符合最頂級的標準。她會搭乘協和號旅行，」她的外甥女莉莉說。

但是返回澳洲後，維克斯不僅享受不到海外旅行的好處，更缺乏知識上的刺激。她熱愛自己的直系家人，但是他們彼此之間缺乏共通點。而且家中麻煩不斷。「當她回到家，整個人就會變得焦慮不安。」這是她的家，但是正如莉莉所說的，「家庭也帶來許多問題。」

她的弟弟雖然不是最主要的家庭問題來源，卻讓其他人都感到疲累。布萊恩時常跑來家裡，莉莉記得有一次看到布萊恩出現時，她直接脫口而出：「噢，天啊，又是布萊恩！」維克斯只關心自己，她的工作永遠被放在第一位，但她是這個家的家長，其他家人三不五時就會找她幫忙解決他們的問題。不過，很快的她自己也惹上了一些麻煩。

她的外甥女蒂塔與丈夫離婚，帶著兩個兒子搬到附近的寄宿公寓。維克斯和達爾西認為這樣不太妥當，於是計劃將他們接回家裡一起住。維克斯非常喜歡蒂塔，她想讓蒂塔搬進她們樓下的公寓。如果說維克斯將哪個外甥女視為親生女兒對待，必定是達爾西最小的女兒蒂塔。蒂塔的父

親離家時，她才七歲，之後她的母親陷入精神崩潰。維克斯相當保護這個年輕女孩，她看得出來這孩子的情緒容易受傷，兩人的關係既熱烈又溫柔，維克斯更是全心守護這段關係。蒂塔容貌出眾、聰明且富有才智，可惜情緒不穩，而且相當脆弱。從蒂塔成年後維克斯寫給她的一封信中，可以看出維克斯深刻感受到以及意識到蒂塔的脆弱。

「我理解你，你將經歷非常多痛苦。生來你的內心缺乏任何保護，成了箭靶，」維克斯在寄給這名年輕女子的信中寫道，自己看到她的潛能，因此極力鼓勵她外出工作。「我希望你不要擔心，我希望你能想清楚自己的工作，因為這是你的未來。如今你已經完成了大學課程，而且取得了榮譽學位。」

蒂塔帶著兒子回到克雷蒙恩，之後她成了夥伴、知己、照顧者、病患，有時候甚至是戰士。但是對她們兩人來說，這段經歷可說好壞參半。每個人都相信自己理解對方，但是這並不能保證兩人可以就此和平相處。就蒂塔看來，雖然她的阿姨自我訓練要保持鎮靜，但由於她很容易被激怒，因此需要不斷練習。

蒂塔承認，她自己也是這樣。「她只要看著我，就知道我的感受是什麼。她會告訴我，我看到了什麼，我會說我不想討論這件事。她了解我，因為她了解她自己，我們其實是同一類人。」

維克斯總以為，她應該參與蒂塔生活的各個層面，她也確實這麼做了。但是蒂塔卻覺得她阿姨想要掌控她所愛的每一個人。蒂塔承認，她阿姨的建議都是對的，但是阿姨的監督讓她沒有了

隱私，她感到相當煩躁，忍不住發火。

維克斯那種自我控制的方式讓人覺得透不過氣，蒂塔逐漸失去耐性，極力想要打破現狀。有一次她成功了，看到維克斯被她激怒，大動肝火，她可樂了。「我笑了出來，我真的很開心。我說：『很好，原來你也會發脾氣。』因為我覺得，發洩情緒是很重要的事。」

之前維克斯曾給達爾西開立鎮定劑，現在她也給蒂塔開了相同的藥。這一次依舊沒有事先通知並取得家人的同意。不過，從沒有人去挑戰維克斯。

蒂塔回到米爾森路三十七號之後，維克斯掌管的大家庭有了新的一代。亞當（Adam）和傑森（Jason）一起回到他們母親的娘家時，分別只有三歲和六歲。他們在成長過程中就已經明白，樓上公寓有許多規矩，其中最重要的是「不要打擾姨婆」。不過亞當總會利用他個人的魅力、表現出順從的態度，成功攻破科爾曼有如禁衛軍般的嚴密守衛。仍處於學齡前時期的亞當，證明了自己真的理解樓上這兩名女子喜歡依照某種方式做事，因此非常受到她倆的歡迎。他知道必須先按門鈴，留心自己的行為舉止。沒多久他更是用計成功，上桌和她們一起吃早餐。

「感覺像是每天早晨都會有的正式場合，她們願意讓我參加，真的很特別。每天都有吐司加蛋和一杯茶，因為我還小，所以還會有一杯水或其他飲料。非常英式風格、很傳統，而且用的全是銀製餐具。」

這項儀式持續多年，「她們特別講究餐桌擺設和禮儀。她們教會我許多禮節。」亞當學會如

何握刀，姨婆也會糾正他的發音。亞當明白，他的姨婆「改變了世界」，所以遵守姨婆的規範是很重要的。她在媒體上的優異表現不斷受到讚揚，家裡永遠有收不完的信，正好滿足這名年輕集郵者的需求。他的姨婆熱愛網球，每年夏天他們會一起觀看網球比賽。他們的另一個最愛是電視遊戲節目《世紀銷售》（*Sale of the Century*）。

不僅姨婆得到他的喜愛，科爾曼更是第一次毫無保留地愛著維克斯之外的另一個維克斯家人，亞當也樂於接受與回報這份愛。他和「人很好的」外祖母達爾西的情感也相當深厚，當他母親遭遇麻煩，他就會去找外祖母。與丈夫離異以及撫養兩個小孩的責任，更加重了這位「緊張不安」的年輕女性的問題。

維克斯明白蒂塔會有多焦慮，因此努力讓這個外甥女情緒穩定。她會閱讀蒂塔的心情。「她就在我身上練習。她真的是這麼做！她通常會看到我處於某種狀態，接著對我說：『坐下來，保持冷靜。』然後開始幫助我。你只需要聽到她說話的聲音，」蒂塔說。「我們是容易神經緊張的家庭，她說我們是賽馬家族。」

所有外甥女都會找維克斯幫忙解決問題，男孩們也有樣學樣。亞當記得，他父親認為維克斯「厭惡男人」，但這個說法顯然不適用莉莉的丈夫奈吉爾（Nigel），維克斯非常敬重他。

維克斯相當看重自己身為家庭醫生的角色。蒂塔也心知肚明，但是有一次她為了表示反抗，決定向另一名醫生請教自己的消化問題。她知道她阿姨一定會大為光火。果不其然，維克斯感覺

受傷、氣急敗壞，她忍不住問蒂塔，這位新醫生開了哪些處方。當她知道所有資訊後，語帶嘲諷地告訴蒂塔，她接受的治療方法是錯的。

維克斯愈來愈像同時生活在兩個世界。雖然她的直系家庭理解她早已享譽國際，但她依舊是他們的阿姨、他們的姊姊。在海外，維克斯吸引了不少女性，她們把她當成自己的阿姨或母親一樣地愛她，她也愛她們。

一九七六年，美國出版公司誇耀說《幸福就在轉念後》「已獲得全球醫學和醫療健康專業人員背書。數百萬美國人在電視台和廣播電台聽過維克斯博士的談話，讀過《讀者文摘》刊登的書摘。」[2]但是它卻沒有獲得廣大專業人士認可。

維克斯仍在想辦法掌控亞尼薩斯以及她的產品在美國的行銷工作，但是就在這個時候，另一名粉絲找上她。來自佛羅里達的商人史蒂芬．萊許（Steven Reich）飛到澳洲與維克斯碰面，之後更是成了常客。時年三十多歲的萊許當時陷入困境，他有過一段失敗的婚姻，第一次知道維克斯的時候，已經進出醫院多次。

維克斯認為萊許會是另一個令她滿意的助手。萊許也發現維克斯是個天才，他為她傾心，同時也看到了商機。維克斯無法抵擋萊許殷勤的關照，於是便讓萊許住在她澳洲的家。一開始，他看起來就像個忠誠的夥伴。他不在澳洲時會打電話保持聯繫。維克斯將他介紹給亞尼薩斯，後來亞尼薩斯宣稱，他曾代表維克斯為許多美國人提供諮商，萊許正是其中之一，顯然亞尼薩斯為萊

許省下了不少打到澳洲的電話費。亞尼薩斯表示，在某段時期，萊許每天都會打電話給他，他也免費提供治療。

沒多久，三人的合作關係便宣告破局。一九七七年維克斯與亞尼薩斯決裂，需要法律協助，萊許抓住機會取而代之，成為她的商業夥伴。他推薦自己的律師，維克斯希望趁機替換原本不盡滿意的商業協議，但事後證明新的協議引來更多麻煩。根據亞尼薩斯的說法，萊許會出現在他家門口，確認他是否持續發行維克斯的出版品。後來萊許總是習慣性地帶著敵意，去拜訪他認為與他爭奪維克斯出版品發行權的人。自此之後，維克斯的商業合作關係也變得更加令人頭痛。

一九七七年十月十八日，維克斯、她妹妹達爾西、以及萊許共同為沃斯製作公司（Worth Productions）擬定了一份合約。萊許成為維克斯錄音帶在美國的獨家發行商，維克斯指定達爾西擁有百分之五十的版稅權。他們可以用加拉哈德製作公司的名義銷售，這正是之前維克斯和亞尼薩斯共同成立的公司。萊許成為公司總經理，雖然他沒有領取薪水，但是可以取得公司百分之五十的淨利。

萊許很難相處，而且性格複雜。他宣稱擁有維克斯所有錄音和錄像產品的美國版權。維克斯與他簽訂合約協議後，等於徹底排除了其他有可能成為成功商業夥伴的人選。在維克斯面前，萊許會控制自己的脾氣，但其他人看到的卻是他的另一面。

2 *The Argus*. 22 August 1976.

在萊許莫名與維克斯解約前，他會定期來澳洲住在維克斯家。後來維克斯厭倦和萊許一起住在樓上公寓，於是讓他搬到樓下，這讓蒂塔火冒三丈，她必須特地為萊許空出房間，讓他和她母親與兩個兒子一起住在一樓。她記得這位個頭高挑、身材削瘦的男子脾氣暴躁。某天他和蒂塔與她的兩個兒子一起搭渡輪，他因為不小心被跳板上的繩索絆倒而惱羞成怒，對他們大發雷霆。

蒂塔的兒子將萊許看做另一個與姨婆同住的「怪異」人士。不過讓他們印象深刻的是，萊許顯然是個百萬富翁，他們想著可趁機為自己謀取福利。他們一直想要一台越野單車，他們以為萊許可能願意贊助，結果大失所望，最後他倆只拿到運動衫。

接下來數年，萊許變得難以掌控。他似乎只是抱著錄音帶不放，無意對外銷售。萊許實在難以捉摸，維克斯愈來愈感到挫敗，她擔心已經錯失宣傳她產品的大好時機。萊許和亞尼薩斯一樣令人失望，但是這段關係造成更大的傷害。維克斯對萊許的容忍度超乎任何人。萊許或許始終堅信維克斯能治癒所有神經疾病病患，然而可以確定的是，維克斯從未治癒萊許。所以維克斯要全力對付她所說的萊許「病」，但是這段複雜難解的關係逐漸變成沉重的負擔，後來她甚至開始害怕萊許。

不過這些都是後話了。當時維克斯在萊許身上看到的，是令人期待的各種可能。她被他熱情的甜言蜜語所迷惑。維克斯原本帶著這份期望迎接一九七七年到來，最後卻以個人的悲劇告終，維克斯的人生自此進入了最後動盪不安的十年。

26 靈魂伴侶 The Soulmate

維克斯的第三本書《簡單而有效的懼曠症療法》於一九七七年上市，距離她第一本書出版已經事隔十五年。維克斯趁著這本書出版的機會，遠離大眾市場的喧囂喝采，接受來自專業殿堂更為冷靜嚴肅的回應。唯有如此，才更能確保她在歷史上取得永久的地位。

原本阻礙維克斯獲得專業認可的「自助」緊箍咒也逐漸鬆綁，如今媒體形容維克斯為「開創者」或「專家」，或是和其他態度嚴肅的專業人員一樣，偶爾會引述維克斯的說法，例如當年稍後公開抨擊維克斯的沃爾普博士。〔1〕

截至此時，《幸福就在轉念後》已經熱賣超過三十萬本，美國版只有販售精裝本；《心神安寧》則已經賣出五萬本。探討神經疾病的兩套長版錄音專輯，則已經在英國、美國、加拿大和其他國家售出六千套。〔2〕維克斯的著作長銷十五年，成功破除了自助類書籍銷售週期短暫的說法。

1 *The Baltimore Sun*. 26 December 1976.

2 *Simple, Effective Treatment of Agoraphobia*, p4.

安格斯與羅伯遜擁有《簡單而有效的懼曠症療法》在大英國協市場的版權，山楂樹出版公司則擁有北美市場版權。雖然關於病患人數的預估有不同版本，不過山楂樹出版公司宣稱，大約有超過一百萬名美國人患有懼曠症。美國媒體介紹維克斯是首度公開討論懼曠症的開創者之一，為了讓這本探討懼曠症的新書獲得學術界青睞，並支持她成功治癒病患的主張，她完全根據「事實」撰寫這本書，這些事實來自於她調查五百二十八位英國男性與女性懼曠症患者的結果，「這些病患接受我治療的時間從一年到七年不等」。〔3〕

在簡介中，她語氣輕鬆地向已故的「佛洛伊德博士」提出建議，佛洛伊德在生前已經承認，精神分析對他的某些病患毫無幫助。「眼看著他們離開他的照料後，依舊無法康復，他感到相當沮喪，」她寫道。「如果他用另一種方法治療這些人，甚至採納這本書提到的、本質上與精神分析完全不同的方法，或許更能成功治療這些病患。」〔4〕

維克斯的治療方法依舊不變。雖然她接受貼標籤，但並沒有改變自己的想法，她認為這只是另一個「害怕恐懼」的案例，雖然被稱為懼曠症，但問題源自於內在、而非外在。如果她有能力看到未來，就能享有其他人為她辯護的待遇。《簡單而有效的懼曠症療法》出版三十年後，知名的焦慮症專家大衛．巴洛博士證實了維克斯早就知道的事，也就是問題其實源自內在。

「主要是最近十年我們發現，」他在二〇〇八年寫道，「患有情緒障礙的人面臨的重大難題之一，是他們會逃避自己的情緒。恐慌發作是非常令人恐懼的體驗。所以現在我們回到原點，我們

仍舊使用暴露治療技巧，但是採取暴露治療的真正用意，是要解決個人的內在情緒問題。」[5]

巴洛明白，暴露療法本身並無法達成效用，因為真正的關鍵是：人們必須接受以及應付面對空曠場所時，內在的感受或情緒。他承認，懼曠症的痛苦來自「強烈的負面情緒本身。這正是我們要解決的問題。」[6]

在《簡單而有效的懼曠症療法》書中，維克斯明確承認恐慌會復發，也承認她所說的治癒指的是「康復，但難免會復發」。因此她強調，「必須學習如何應對恐慌，而不是想辦法習慣恐懼的情境。康復是指能夠應付恐慌與其他神經症狀，而不一定是完全消除它們。我們活著的時候，必定會感受到壓力，以及出現這些症狀，怎麼可能完全消除？」[7]

一月時，一如往常在科爾曼陪同下，維克斯開始了為期兩個月、橫跨二十二座城市的美國巡迴宣傳活動。一九七七年二月三日，維克斯和詹恩博士（在美國成立第一所醫院附設恐懼症和焦慮症診所的精神科醫生）共同擔任全國廣播公司（NBC）電視節目《明日》（*Tomorrow*）的來賓，

3 ibid p3.
4 ibid.
5 Barlow, D. http://podbay.fm/show/218827921/e/1200513360
6 Barlow, D. https://www.youtube.com/watch?v=HHjnG5fFPYg
7 *Simple, Effective Treatment of Agoraphobia*, p125.

這個節目由當紅的「夜間電視脫口秀節目始祖」湯姆．辛德（Tom Snyder）主持，〔8〕一集時間達三十九分鐘，是同時段收視率最高的節目。〔9〕隔月，她參加了全國聯播廣播節目《盧．葛登秀》（*Lou Gordon Program*）。

維克斯在懼曠症領域愈來愈享有信譽。《新聞日報》（*Newsday*）稱她為「全球最常被引述的恐懼症權威」。除了關於懼曠症的談話內容，維克斯對於焦慮症的描述也完全不同於過去常見的神經質（neuroticism）說法。她是典型的樂觀派，認為神經疾病是一種「特權」。她說，經歷過這種疾病的人「比其他人更成熟、更富有同情心。詩與音樂對他們的意義更為深刻。對於那些未曾經歷神經疾病的人，我為他們感到遺憾。經歷過的人比起未曾經歷的人有趣太多了！」

維克斯認為這些病患並非神經質，她聲稱「通常是賽馬才會患有懼曠症。他們是勇敢的普通人，告訴他們這些話對他們會有幫助。」她引述了艾薩克．馬克思博士的說法，馬克思博士曾談到，懼曠症正是這群人的典型特徵，他們並沒有「特別神經過敏」。她說，這一點與她在病患身上感受到的是一樣的。〔10〕

維克斯告訴《田納西人日報》（*The Tennessean*），她是「真正的醫生」。「我曾是研究人員，但喜歡和人們一起工作。當你和我一樣這麼長時間擔任醫生，你就會懂得尊重別人。我感覺自己能夠幫助到他們，這讓我覺得一切都是值得的。」

自從與維克斯合作歌唱表演，這是科爾曼首次出現在媒體報導中。但是維克斯提到這個人生

的靈魂伴侶時，完全缺乏應有的尊重。她對這位夥伴的描述，可能是由她母親范所寫的。《田納西人日報》寫道，「當其中一位朋友，伊莉莎白．科爾曼小姐」出現時，維克斯「笑著向大家介紹說『跟屁蟲小姐』是她的旅伴」。

不過說是「拖油瓶小姐」或許更為精確。科爾曼發現新書宣傳行程負擔過重。隨著維克斯第三本書出版，科爾曼很清楚知道，全美巡迴宣傳活動會是什麼樣子。兩人離開澳洲之前，科爾曼想到未來行程可能面臨的處境，就覺得痛苦不堪，內心非常抗拒。她總是將維克斯放在第一位，但是現在的她很害怕面對巡迴宣傳活動中，必然要承受的漫長疲勞旅程：飯店、機場，以及長途飛行。

第一次有人記得這樣的事，科爾曼在她的臥房內大哭，維克斯的一名外甥女陪在她身旁。她已經高齡七十七歲，一直深受心臟問題困擾，感覺心力交瘁。但這次依舊是維克斯占了上風，最後兩個人還是一起出發前往美國。

雖然行程一開始不太順利，但維克斯有充分理由預期這本新書將再次創下銷售佳績。只是

8 'Tom Snyder, Pioneer of Late-Night Television, Dies at 71'. *The New York Times*. 31 July 2007.

9 Sarpa, J.J. 'A Historical Study of Mental Health Programming in Commercial and Public Television from 1975 to 1980'. Dissertation. 1985.

10 *Simple, Effective Treatment of Agoraphobia*, p29.

當時她並不知道，《簡單而有效的懼曠症療法》銷售成績相對遜色。這是她所有著作中銷量最差的；這本書在一九九二年絕版，但其他著作依舊持續販售。不過在當時這本書仍有一定的銷量，因此一九七七年十月二十三日維克斯受邀，在心理治療促進協會（Association for the Advancement of Psychotherapy）第十八屆年會上向精神科醫生發表演說，只不過這次演說再次令人失望。

儘管這次專業演講行程依舊引發爭論、令人沮喪，但是大眾對她益加認可。十一月七日，《時代》雜誌大篇幅引述她的理論，說她認為懼曠症並非「真正的恐懼症，只是某種階段的焦慮狀態。」出現在如此有影響力的雜誌上，正常情況來說，必定會在國內引起話題並廣獲報導。

但是當時並非正常情況。在洛杉磯西奈山醫院（Mount Sinai Hospital），維克斯坐在已失去意識的科爾曼身旁。到了行程尾聲，就在她們即將登機返回雪梨之際，科爾曼表明她不想再搭飛機到處奔波了，接著便昏倒在洛杉磯國際機場的飛機跑道上。

維克斯拚命想喚醒她，卻徒勞無功。她們坐上救護車趕到醫院，接下來十天科爾曼徘徊在生死邊緣，一直沒有恢復意識。十一月十日，科爾曼離世，享壽七十七歲；當年，維克斯七十四歲，身體依舊健朗。

科爾曼躺在醫院時，維克斯握著她的手，現在她有很多時間回想過去的一切。十個月前被她稱呼為「跟屁蟲小姐」的科爾曼，已經跟隨她超過四十年。之前維克斯曾在書中提到，必須說出自己的問題，她特別強調選擇「一位有智慧的諮商師」很重要，科爾曼正是她身邊有智慧的諮商

師，從她日後的行為可以證實這一點。她在下一本書的獻詞中，首度向這位人生伴侶公開表達自己的敬意：

謹以此紀念伊莉莎白．科爾曼，總是把責任放在自己的喜好之前，看重愛與忠誠勝過一切。〔11〕

維克斯陪伴科爾曼的遺體返回澳洲，科爾曼的葬禮於十一月二十日在雪梨舉行，也就是她過世十天後。布萊恩和他的妻子看到維克斯焦慮地站在一旁觀看，他們擔心科爾曼意外過世會產生負面影響。

隔月，《紐約時報雜誌》（*The New York Times Magazine*）刊登了維克斯另一段讓人難以置信的成功故事。一個名叫「彼得」的男子多年來出現各種恐懼症狀，發作時全身起雞皮疙瘩。他看過二十六位精神科醫師、二十六位神經科醫生，服用過三十二種藥物，但最後他只打了一通電話給維克斯就治癒了（他在書封上看到她的名字，但是他的症狀太嚴重，根本無法閱讀）。根據報導，一個月後他開始「打網球」。〔12〕

在一九七七年最後一期的《紐約時報圖書增刊》（*The New York Times Literary Supplement*），《心神安

11 *More Help for Your Nerves.*
12 *The New York Times Magazine.* December 1977.

寧》被列入當年度銷售榜的第二名。通常這樣的肯定會讓維克斯喜出望外，但現在她無心接受；榮耀已為悲傷所掩蓋。

除了喪友之痛，還有許多實際的問題等著維克斯處理，包括科爾曼在西奈山醫院接受治療時，產生的數萬美元帳單。對一位只收取微薄費用甚至免費提供治療的澳洲醫生來說，這次治療揭露了美國醫療系統的殘酷真相。維克斯都還沒有從喪友的震驚與哀痛中恢復，一想到自己眼睜睜看著科爾曼接受不必要的醫療測試，還要為此支付大筆費用，就覺得憤恨難平。她拒絕全額支付，直接對其他家人說：「讓他們去告。」

接著她銷毀科爾曼寄給她的信，悲傷的情緒引發了無可避免的後果。有很長一段時間，只要提到科爾曼，維克斯便忍不住落淚，她總是避開科爾曼住過的臥房。布萊恩擔心她從此對所有事情失去了興趣。

蒂塔說，自從科爾曼離世，她阿姨雖然「繼續做著以前就在做的事」，但她已經不再是以前的那個她。如果說有哪件事考驗著維克斯個人的應對能力，非這件事莫屬。維克斯失去了她的「靈魂伴侶」，維克斯家人都認識科爾曼；但同時她的日常生活，她的作息常規也因此被打亂。科爾曼不僅僅提供陪伴與親密的情誼，還負責操持家務。維克斯要如何在沒有科爾曼的情況下生活，這確實是個問題。

她的家人雖然明白她的損失有多巨大，但是依舊無法理解兩人的關係。在她們剛開始共同生

活時，女性好友終身同居並非特例，也不會引發爭議，特別是在經歷第一次世界大戰屠殺後女性人口過剩。第二次世界大戰後也是如此，所以這兩位女性與家人同住的消息，並未受到太多關注，直到邁入一九六〇年代，新世代開始享有前所未有的社交與性自由。隨著時間過去，維克斯的家人開始思索兩人關係的本質。

顯而易見，這段關係絕對忠誠、而且情感深刻。但是除了友誼，他們不清楚這段關係究竟代表什麼意義。雖然他們很想知道答案，但是沒有人去問當事人。這段關係令人好奇，偶爾也會被提出討論，卻沒有達成任何結論，家中其他女性也完全接受現狀。

保羅曾近距離觀察他母親、維克斯和科爾曼這三位女性之間的關係。在與充滿愛心、總是認真傾聽的科爾曼長時間交談的過程中，保羅得知許多她的事，他知道她是個嚴格遵守紀律的天主教徒。他還記得她對他說，自己曾愛上一名男子，最後卻落得分手的下場，讓她身心交瘁。他感覺這是一場悲劇，為她的人生帶來劇烈衝擊，她甚至因此放棄了鋼琴家生涯。

維克斯自己也放棄了她的未婚夫奧魯索。她與科爾曼的關係穩定而持久，成為她追求不凡人生的支持力量。

兩人在貝爾維尤山與范以及拉爾夫同住時共用房間，當時由於家中空間擁擠，她們別無選擇。當她們搬到自己的公寓後，所有人都知道她們擁有各自的臥房。維克斯從不會在肢體語言上展現出柔情，在克雷蒙恩的家，由於一直有其他家人在場，所以兩人之間最親密的動作，就只是

偶爾維克斯會輕拍科爾曼的手。

和維克斯一起觀看電視中的性愛畫面時，完全無法放鬆。她會明顯感到不自在，用手摀住臉，從手指縫隙偷窺螢幕，如果外甥女剛好在場，就會被阿姨的舉動激怒、逗笑、或是感到尷尬。以一位行醫多年、而且宣稱自己聽過「所有」人的私密恐懼情緒的醫生來說，對於性的議題，維克斯的想法有些古板守舊，她曾經用生物學家的感性口吻，非常不浪漫地形容性就是「心癢」（itch）。

有人回想起維克斯曾在一九八〇年代談到同性戀。法蘭西絲記得她阿姨總會帶著些許同情心，觀察同性戀者的困境，他們長期遭到外界詆毀，突然間因為新診斷出的愛滋病而驚慌不已。「現在他們又會因為這個疾病受到責罵，」她觀察說。

維克斯的性格熱情洋溢，聆聽過她的錄音帶或是看過她影片的人都能明顯知道，而且深刻感受到她的信念堅定。她的激發系統同樣過度活躍，所以才會如此了解「神經」的運作。所有人都理解、也接受她愛「貝絲」，某些戀愛運不佳的家人甚至有些羨慕她們。

「你知道，親愛的，」多年後維克斯對法蘭西絲說，「如果我嫁給男人，就不可能擁有現在的成就。」但是在科爾曼仍在世、為她付出這麼多的時候，維克斯並沒有把握機會公開承認，是因為有這名女性辛勤打理家務，才讓這一切變為可能。

維克斯將第一本書獻給已過世的母親，第二本書獻給無名的焦慮症患者，第三本書則沒有獻詞。直到科爾曼過世七年後，也就是一九八〇年代中期，維克斯終於藉第四本書的獻詞，公開表

明科爾曼之於她的意義。這份獻詞還提到了不少人，包括其他朋友和家人，不過科爾曼被排在五人名單中的最後一個，維克斯獻給她的兩個形容是「愛與忠誠」。

如今科爾曼已不在人世，維克斯失去了生活的重心。眼前的問題是，原本由這位毫無怨言的夥伴一手包辦的家務瑣事，要由誰來接手？

不久之後，維克斯發現答案近在眼前：達爾西。這一次維克斯依舊如自己所願。達爾西不滿地離開樓下的聯邦式公寓，搬到樓上更乏味無趣的空間，她的女兒蒂塔與蒂塔的兩個兒子則繼續住在樓下。

雖然達爾西答應接手科爾曼的家務工作，但她沒有能力為姊姊築起防火牆。如今再也沒有人擔任守門人，替維克斯關門、讓她躲在門後、成為她情緒發洩的出口或是提供她建議。在這個功能失調的家庭中，一旦發生任何衝突，維克斯再也無法像過去那樣不受干擾。

後來，維克斯和朋友凡斯與奧魯索的相處時間愈來愈長，但她依舊悲痛欲絕，失去了目標，情緒焦躁不安。原本的家雖然擁有難得的海港景觀，卻因為科爾曼離世而逐漸失去吸引力。

眼前沒有什麼事情可以分散維克斯的注意力，她開始懷念旅行和海外生活的日子。同業對於她的著作反應平平，特別是在自己的國家，這難免讓她心中有怨。不過最主要的原因，是她仍在適應沒有科爾曼的生活。新年時她前往英格蘭接受BBC的廣播節目專訪，由於反應熱烈，對方邀請她下星期再次上節目。〔13〕

維克斯漫無目標地想著未來可能的選擇。一方面是達爾西和大家庭的拉力，他們要不是沉溺於自己的生活，就是忙著應付自己的問題，這些都讓維克斯感到壓力沉重。沒有了科爾曼在身邊，維克斯總會忍不住逃離到倫敦，和熱情款待她的斯基恩・基廷與「南」阿普頓一起生活。這是另一個以女性為主的家庭，但是少了家庭的複雜混亂與責任。在倫敦與好友同住的日子，反而更接近之前她與科爾曼共同生活的時光。

從媒體的訪談中，可以真正看清維克斯的內在。沒有了科爾曼這位知己陪伴，維克斯在專業上的自制力開始減弱，她的公開談話偶爾會透露不尋常的私人生活細節。一九七八年八月，她接受《澳洲女性週刊》採訪時，首度對外表示自己出現了「壓力症狀」，也談到這樣的經歷如何導致她產生了以下認知：每當她經歷一段時間的身體不適之後，就會感受到壓力。她也表明，「我說的不是永久治癒」，這句話或許更能反映她當時的心情。[14]這是很重要的澄清，她所說的「康復」是指有能力接受以及應付症狀復發。由於她曾親身經歷痛苦的一年，才會特別澄清。（五年後，她再次使用「治癒」一詞，不過她也警告，「只有病患準備好與痛苦的記憶共處，並知道如何應對這些經歷再度重現」，才能真正治癒。）

但是維克斯向《澳洲女性週刊》揭露個人隱私的舉動，倒是讓她的家人大吃一驚。她表示，自己正考慮永久移居倫敦。她說這次「逗留」澳洲「或許是最後一次」。她對自己的國家和同業提出新的批評，同時談到許多私人生活的缺憾。

她批評年輕醫生不願意家訪，她認為唯有透過家訪，才能學習到何謂「真正的行醫」。不過她最大的抱怨是，儘管她在國外名氣響亮，在國內卻沒有什麼曝光機會。澳洲的專業人員對她的著作不感興趣。在談到將要返回倫敦生活時，她補充說「很遺憾」自己「並未收到任何邀請」，因此無法向澳洲同業談論她的治療方法。

令維克斯失望的是，「英國和美國各地的診所都會教導」她的治療成果，但是在澳洲，「只有少數幾個治療師開始理解如何運用我的方法治療病患」。治療工作成了她人生中最重要的事。她提到自己的「工作」時，感覺就像要用大寫字母一樣的加重語氣。一直以來她的工作就是她人生的核心，如今沒有了科爾曼，工作更成為不可或缺的穩定支柱。她的海外出訪機會愈來愈多：「在美國，我要面對兩億人，在英國則超過五千萬人。」

就在這些談話刊出後不久，維克斯前往紐約，不過在當年的十一月，她的弟弟因為心臟病發突然過世，享壽六十九歲。他死後，在他衣櫃的每個抽屜裡，都發現有不知從何而來的銀色紙片，後來證實這是抗胃酸藥物Quick-Eze的包裝紙。他遺傳了維克斯家族的腸胃問題，卻沒有向任何人抱怨消化不良問題，而是選擇默默忍受。

就在科爾曼過世一年後，維克斯最小的弟弟也離開人世，她決定回到澳洲，「與家人共度聖

13 *The Daily*. 4 January 1979.

14 'Dr Claire Weekes: healer of shattered nerves'. *The Australian Women's Weekly*. 23 August 1978.

誕節」。除了要參加布萊恩的葬禮，還有另一件事促使維克斯回國。當時或許已有人告訴她，她即將獲得渴望已久的公開認可。

在一九七九年的新年榮譽榜單中，維克斯獲得大英帝國表彰：基於她「對醫療業的服務貢獻」，頒發員佐勳章。在此之前，有多位她的病患寫信給總理鮑伯・霍克（Bob Hawke）支持提名她，隨後霍克將這些病患的請求轉給女王。

這次表彰並沒有引起大量的媒體報導，因此維克斯只好在地方媒體上自我宣傳。她告訴《澳洲女性週刊》，她的治療模式影響了全球的精神科醫生。過去十到十五年來治療方法已經改變，他們開始採取「更簡單的方法治療神經疾病，反對過去的佛洛伊德學派方法」。關鍵字是**簡單**。「隨著我年紀愈大，就愈看重簡單。但簡單也是最難達成的目標。」〔15〕

15 ibid.

27 辯護 Vindication

一九七八年，來自巴爾的摩謝波德與伊諾克普拉特醫院（Sheppard and Enoch Pratt Hospital）的一位精神科醫師前往明尼蘇達州拜訪一名同業。道格拉斯・荷德倫博士（Dr Douglas Hedlund）對於自己在伊諾克普拉特醫院精神科取得的精神分析成果感到相當挫敗，他聽說名氣響亮且受人尊敬的亞瑟・哈迪博士（Dr Arthur Hardy）採用澳洲醫師維克斯的方法治療病患，而且成效更好，因此想知道更多相關資訊。

荷德倫回到巴爾的摩，準備嘗試維克斯的治療方法，他著手成立門診部，專門治療懼曠症。他開始尋找願意協助他的「異端份子」，他發現加拿大籍員工莎莉・溫斯頓博士（Dr Sally Winston）取得伊利諾大學的心理學博士學位。溫斯頓是這間醫院住院服務唯一的心理學家，其他人全是精神科醫生，「由於我並非精神分析訓練出身，大家都認為我的言論是異端邪說，」她說。

很明顯的，遵循維克斯的治療概念意謂著慣常做法（usual practice）再度受到醫界重視。精神科醫生（或某種程度來說是心理學家）向來只遵從理論學家、而非自助類書籍作者的說法。多年

來，同一棵樹上兩條不同樹枝的樹葉，因為彼此之間關係緊張而不停搖晃。由於精神科醫師是受過訓練的醫學博士，他們的地位高於心理學家，但諷刺的是，他們很少有機會運用生物科學的知識。他們認為心理學家沒有受過完整訓練，成天埋首於潛意識的謎團，因此對於心理學家侵犯他們的領域感到非常火大。

當時精神分析廣受大眾歡迎及接受，因此必然會出現供不應求的問題。精神科醫師的費用也相當昂貴，心理學家〔1〕與社工的市場需求明顯不如精神科醫師。

溫斯頓記得一九七〇年代在精神病院工作時，聽過「許多荒謬的臨床案例討論」。她已經想不起來「有多少次因為採取有害的做法，無端浪費了不少精力和時間」。她提到精神分析治療不僅缺乏彈性、時間漫長，而且病患的焦慮症狀幾乎沒有改善。

「你沒有向人們解釋，也沒有回答他們的問題。你所做的就是成為病患投影的鏡子，你對所有問題視而不見，以免產生依賴，一旦你回答問題，就會破壞這段關係的影響力。你不直接對病患說話，也不對他們解釋。你就是不願這麼做。」

精神分析不僅無效，通常還會產生反效果，有些病患症狀不僅沒有改善，反倒還惡化，特別是患有懼曠焦慮症或強迫症的人。維克斯的方法反而更能成功治癒這些病患。

另一方面，溫斯頓也看到維克斯確實創造了奇蹟，她親眼目睹薩爾達・米爾斯坦（Zelda Milstein）驚人的康復成果，米爾斯坦在讀完《幸福就在轉念後》與《簡單而有效的懼曠症療法》

這兩本書後，原本棘手的懼曠症問題就此迎刃而解。

「薩爾達已婚而且有孩子，她曾經長達十年出不了家門，她接受過以心理動力學為主的心理治療，實際上她嘗試過各種心理療法，希望能成功走出家門。」但是全都無效，溫斯頓說——直到薩爾德偶然發現維克斯的著作。她花了點錢買了維克斯的兩本書，不僅因此克服了恐懼，而且就和紐約的詹恩醫生一樣，成功地將病患轉為治療師。在溫斯頓的監督下，薩爾達自己也成了專業治療師。

在當時，不只是哈迪、荷德倫和溫斯頓批評精神分析，反精神醫學運動也如火如荼地展開。匈牙利出生的精神科醫師湯瑪斯・薩斯（Thomas Szasz）後來轉向反精神醫學陣營，他直言不諱地批評同業，說精神分析師和心理治療師的工作更像是魔術師、符號學者以及社會學家。〔2〕後來維克斯明確表示認同薩斯的說法，並且取得對方同意，引述他於一九六一年出版的《精神疾病的迷思》（*The Myth of Mental Illness*）的內容，書中的結論是「精神分析干預的目的是治療道德問題，而非醫療問題。」〔3〕

溫斯頓說，告訴病患他們能夠康復，再跟他們解釋如何康復（就如同維克斯採取的做法），

1 Decker, H. *The Making of DSM-III*. Oxford University Press. 2013.

2 ibid.

3 *Simple, Effective Treatment of Agoraphobia*, p24.

對當時的精神科醫師來說是難以想像的事。但是哈迪在明尼蘇達已經做了好幾年，更因為成功治癒恐懼的病患而一舉成名。

哈迪於一九九一年過世，《紐約時報》的訃聞描述他「對於古典精神分析的治療結果感到不滿……決心打破過去接受的佛洛伊德學派訓練」。〔4〕但是談到曾經影響他的人們，卻沒有提到維克斯，而是提到了另外兩個人，分別是知名的阿諾德．拉札魯斯博士（Dr Arnold Lazarus）和約瑟夫．沃爾普博士。

溫斯頓表示，維克斯揭露了懼曠症是「一種恐慌發作併發症，因為她的重大貢獻，許多人從此不用再接受心理動力學或傳統認知行為治療等，無效的治療方法。」

溫斯頓完全能理解維克斯的著作，以及這些著作背後的思維所產生的影響，之後她又在謝波德與伊諾克普拉特醫院的門診部成立了她所說「極富爭議的懼曠症治療中心」。

「醫院社群抱持懷疑，因為精神分析理論推測行為治療將會產生症狀取代（symptom substitution）的結果，進而引發『更深層』的衝突。所以這種方法被認為既膚淺又危險，」她說。

多年後，治療中心證明了這種治療方式是成功的，後來治療中心轉型為馬里蘭焦慮與壓力疾病研究所（Anxiety and Stress Disorders Institute of Maryland），先前的爭議也早已隨風而逝。溫斯頓說，維克斯開發的「面對、接受、漂浮、讓時間流逝」治療方法，以及她提出的第一和第二恐懼概念是「劃時代的創新」。她指出，早在美國臨床心理學家史蒂文．海斯〔5〕發展接受與承諾療法的數十

年前，維克斯就已採取類似的治療方法。

維克斯對於大腦的觀察同樣具有先見之明。溫斯頓相信，維克斯比任何人都要了解心智與身體之間的關係、大腦的運作方式、以及大腦的恐懼迴路。如今人們透過最先進的大腦斷層掃描技術，證實維克斯在早期提出的見解是正確的。

「最近這十年，人們運用過去無法做到的方法，逐漸理解大腦的恐懼迴路。神經科學家約瑟夫．李竇全力發展以及四處宣傳的論述，基本上就是第一和第二恐懼概念。但是他也從未聽過克萊兒．維克斯這個人。」

維克斯運用她的方法治療更廣泛的精神問題，也就是現代教科書所稱的「精神官能症」，不過她會盡量避免這種帶有批評意味的說法，而偏愛使用醫學性的描述，也就是神經疾病。她的描述暗示了這個疾病只是暫時，而非永久的狀態。她認為精神疾病和精神健康是逐漸演變的過程。

一九六〇年代的性革命意謂著，在壓抑含蓄的維多莉亞文化時期，曾激發佛洛伊德靈感的情緒包袱已不存在。關於什麼樣的疾病需要接受治療，一直引發外界抨擊。什麼是精神障礙？為什麼說是「精神」？難道與大腦無關？「障礙」指的是什麼？多少人有精神障礙？什麼是正常，什麼是不正常？舉例來說，在一九七二年之前，《精神疾病診斷與統計手冊》仍將同性戀視為疾病。

4 *The New York Times*. 31 October 1991.

5 編註：亦見於第十九章。

在一九七〇年代，法院不太在意精神科醫師的意見，而且通常會否決專業精神科醫師提出的監禁建議證詞。反建制派的觀點再度崛起，反主流文化的思想深入大學校園。精神醫學不見容於當時的政治圈，人們指控有些人的問題其實不適合監禁，卻遭精神科醫師這樣處理。

越戰爆發使得美國精神科醫師更加分裂，某些精神科醫師為軍隊提供服務，他們堅稱，雖然第二次世界大戰和韓戰期間，軍方任由戰爭精神官能症的問題惡化，但是這次軍方已經預先想到這個問題，並擬定好治療程序，也使得因為精神問題而被迫撤離的人數降至不到總數的百分之五。〔6〕在越戰退伍軍人反戰組織的積極奔走之下，外界才得知許多返鄉士兵長時間承受重大創傷的折磨。

這十年，因為這門「科學」引發的爭論愈演愈烈，角力場就在第三版的《精神疾病診斷與統計手冊》，在紐約哥倫比亞大學精神科醫師羅伯特・斯皮策（Robert Spitzer）的主持之下，這本書必須決定將哪些疾病歸類為標籤派，也就是分割派。在這本專業手冊的改版過程中，斯皮策與他所帶領的研究人員，對於精神分析以及被認定不符合科學原則的精神分析方法，提出了質疑。

斯皮策極力呼籲應採取明確的診斷。他認為，有必要辨識不同的精神疾病並加以命名，醫師才能提供治療；犬儒派指出，藥廠應針對這些被正式診斷為「疾患」的病症研發藥物。最終確認第三版《精神疾病診斷與統計手冊》應納入哪些疾患類別的波士頓會議，其實是由贊安諾的製造商普強製藥公司（Upjohn）所贊助。

斯皮策領導的團隊增加了精神疾病的數量，但後來他對於自己曾大力支持的標籤化趨勢，感到有些不安。有批評者認為，第三版《精神疾病診斷與統計手冊》有可能將正常行為（例如害羞）病態化，斯皮策坦承這樣的擔憂或許是對的。不過諷刺的是，當初正是拜斯皮策所賜，同性戀從第三版《精神疾病診斷與統計手冊》中移除。

不過，除了懼曠症和恐慌症，還出現了另一個重要的診斷類別，這次區分出新的類別確實更有幫助，至少正式承認了為戰爭服務的個人的確受到了影響。在越戰退伍軍人反戰組織施壓多年後，「創傷後壓力症候群」正式被納入手冊。艾略特．史密斯與一些醫生曾極力呼籲政府，要正視第一次世界大戰期間引發的砲彈驚恐症，如今終於證明他們是對的。

不過，同業還是無法認同焦慮有可能引發憂鬱症，這是維克斯提出的論點，她比較偏愛使用「耗損」（depletion）一詞，此外她也提到有可能出現「過飽」（repletion）的情況。在她的第一本書《幸福就在轉念後》，她說憂鬱症「源自於情緒疲勞」。[7]她形容胸口會有「馬蹄」的感受，不過她選擇從醫學或生物學的觀點，來描述她觀察到的現象：神經系統已精疲力竭。「如果你……認知到身體只是暫時耗損、而非陷入消沉，那麼就會明白身體會及時為情緒電池充電，自己治療自己，

6 Pols, H. & Oak, S. 'War & Military Health: the US psychiatric response in the 20th century'. *American Journal of Public Health* 97(12). December 2007. pp2132–42.

7 *Self Help for Your Nerves*, p65.

這時候你需要做的就是抱持希望。」直到多年後，同業才接受焦慮和憂鬱相互有關聯，或是用專業術語來說，兩者屬於併發症。

二〇一二年，湯瑪斯・施瓦茲博士（Dr Thomas L. Schwartz）試圖引進「難治型憂鬱症」（treatment-resistant depression）治療方案。他的目標鎖定沒有罹患其他併發症的憂鬱症患者，但後來他清楚知道，要找到只患有重度憂鬱症、而沒有其他精神併發症的患者，根本是緣木求魚。所有病患都同時患有焦慮症和憂鬱症。

在維克斯發現兩者之間互有關聯的五十年後，施瓦茲寫道：「關於憂鬱症和焦慮症併發的研究非常稀少，食品藥物管理局也沒有核准專門治療兩種疾病同時併發的藥物，但是在一般的精神病患身上，至少有百分之五十的人同時患有這兩種疾病。」〔8〕

維克斯曾舉例說明憂鬱症是由環境、而非基因引發：

> 某位家人的心情，很容易會因為另一個家人心情憂鬱而遭破壞。同樣的，如果有好幾名家人同時有憂鬱症，其他家人就會非常害怕自己最終也會得憂鬱症。讓人陷入憂鬱的必然原因之一，就是持續感到害怕；恐懼會讓人筋疲力盡，憂鬱症通常是情緒耗竭的結果。〔9〕

維克斯理解遺傳學，如果她想要找出證據，在自己的家庭就找得到，但她卻拒絕接受基因決

定論。相反的，她認同心理學家的觀點，將認知行為治療視為最重要的治療方法，反對化學失衡理論支持者的論述。

但是維克斯不屬於、也難以歸類為哪個明確的類別。她就像老派的學者，採取跨領域的方法治療焦慮，並且參考自身的經驗。維克斯的著作探討了《精神疾病診斷與統計手冊》認定分屬於不同疾病的一系列疾患。面對這些疾病，她的治療方法是回歸「簡單但不容易」的概念，也就是接受，而非抵抗。

8 Schwartz, T.L. & Petersen, T. (eds) *Depression: treatment strategies and management.* CRC Press. 2016. p308.

9 *More Help for Your Nerves,* p117.

28 步入老年 Old Age

一九八〇年代初期的某天，一名澳洲精神科醫生前往維克斯在克雷蒙恩的家拜訪她。蓋文·安德魯斯的本意是向她表示敬意，但是他花了一些時間才達到目的。

安德魯斯原本拒絕閱讀維克斯的著作，他覺得她寫的書簡直「糟透了」，「完全從病患角度出發」。他偏好閱讀學術性刊物，維克斯的著作對他毫無吸引力；科學驗證和評估在哪？為何她沒有完成隨機對照研究？他坦承，自己原本質疑維克斯的建議，認為她的建議就像「好祖母」的勸告一樣不可靠。

不論是就醫師專業或學術角度而言，安德魯斯對維克斯的寫作主題一直非常有興趣，身為精神醫學教授，他所受的訓練相當國際化。一九五〇年代他遠赴海外深造，當時精神疾病的藥物開發前景大為看好。之後由於受到艾薩克·馬克思博士影響，加上待在英國期間投入焦慮症的心理學研究，安德魯斯決定回到澳洲，尋求適合的生涯發展機會。雖然他是精神醫學訓練出身，卻捨棄藥物和精神分析，仿效馬克思採取認知行為療法，並在自己的家鄉成立第一間焦慮診所。

多年來，他看到維克斯的著作一直陳列在機場書報攤上極為顯眼的位置，感到有些羨慕。他也注意到，有些他的病患「因為她的書而得到幫助」。他的想法開始轉變。

他知道維克斯選擇了一條艱難的道路。「醫師學院必定會認為，在懼曠症領域她已遠遠走出主流，因為她認為許多案例不需要接受藥物治療，人們在讀過她的書之後就能自我治癒……她的書在全球各地銷售，甚至包括機場，真的是隨處可見。」

正因為維克斯對藥物治療抱持懷疑，所以安德魯斯希望能和她見上一面。他和維克斯一樣都不認同大腦內部化學失衡理論。

安德魯斯抵達維克斯位於克雷蒙恩的家，他向「一位個頭嬌小、完全沒有貴婦架子的年長女性」自我介紹，「她似乎覺得有人探望她是她的榮幸，感到非常開心」。他發現她是「一位有智慧、富有同情心的人」，他記得當時自己盡力展現出最好的一面。就像是「某種儀式舞蹈，我知道自己跑去看她令她感到榮幸，因為老人多半被世人遺忘」。那麼他為什麼要去找她？「你不可能讓五月女王（Queen of the May）〔1〕退休，卻不為她獻上花環，」這就是他的回答。

某些同業如今已經理解，維克斯提出了全新且非常實用的治療方法。曾撰寫多本學術著作的馬克思在其中一本書中，認可了維克斯的著作。他引述了一段她對懼曠症的生動描述，這段文字展現出維克斯家庭慣有的幽默感：「一個孤單的身影，口中用力咀嚼著一顆糖果，其中一隻手握著狗牽繩，另一隻手推著購物車。這是艾吉·佛比（Aggie Phobie），他只有在天黑後才會出門。」〔2〕

她接受位於英國布拉福德的林菲爾德山醫院（Lynfield Mount Hospital）邀請，發表演說。當時醫院附近某家診所的精神科醫師收到主管指示，要求他們抵制，但是他們依舊跑去聽了這場演講，並告知維克斯醫院高層其實禁止他們前來。

一些在英國和美國的精神科醫生告訴她，他們會在讀完她的書後才開始治療病患。一九八〇年代在美國巴洛博士的診所服務的威廉・桑德森博士（Dr William Sanderson）說，病患會到診所「告訴我這本書的內容」。他非常驚訝竟然有這麼多人知道這本書，後來他終於理解這本書「對病患真的很有幫助」。

一九八一年新改版的美國版《幸福就在轉念後》上市，書封正面的文案引述了專欄作家安・蘭德斯的話：「這位了不起的女性幫助了非常多人。我誠心推薦《幸福就在轉念後》。」

一九八〇年代初期，維克斯拜訪紐約白原市診所，獲得專業人員的尊敬與關注。一如往常，診所盛情款待這位貴賓，珍・伊斯特布魯克（Jean Easterbrook）曾是詹恩的病患，當她得知維克斯即將到訪白原市，她沒有諮詢任何人的意見，便決定打電話給人在澳洲的維克斯，邀請她入住她與母親同住的房子。對維克斯來說，這是再好不過的安排。有一張照片正是維克斯在伊斯特布魯克家中的臥房拍攝的，她看起來相當輕鬆自在。

1 在五月一日五朔節的節慶活動上，會選出年輕女性扮演擬人化女神「五月女王」。

2 Marks, I.M. *Fears, Phobias, and Rituals: panic, anxiety, and their disorders*. Oxford University Press. 1987. p338.

精神科醫師羅伯特．杜邦也曾特地造訪白原市診所，加上受到維克斯啟發，他決定轉換生涯跑道。維克斯不僅提出獨特的治療方法，而且具有個人魅力，因此杜邦希望她能為新成立的美國恐懼症協會（Phobia Society of America）貢獻自己的才能。一九八三年杜邦邀請她前往華盛頓，在他舉辦的第二屆年度會議上主持一場特別講座。「她吸引了來自全美各地的觀眾，」他回想說。

杜邦對維克斯個人的焦慮經驗相當好奇，沒想到她竟然承認偶爾晚上會恐慌發作。他很同情她的遭遇，卻發現她對於他出於善意的安慰完全無動於衷。

「我的好男孩，你或許很懂得藥物問題，卻沒有治療焦慮的才能，」她回說，「你說的恐慌發作，只不過是我大腦的某些化學物質暫時失調。這對我來說毫無意義，所以你同情我只是顯示你實在不了解問題本身或解決方法。所以我完全不想、也不需要你同情我。這不會對我造成困擾。這件事一點也不重要。」

這是維克斯的另一面：專橫，而且缺乏外交手腕。但是這位女性卻從不會拒絕受苦的人們打來的電話，她毫不吝嗇地給予他們個人與專業上的支持，她告訴外甥女蒂塔說，「只有真正的好人才會生病」。

她的病患和讀者也以同樣的態度回報她。杜邦記得，就在同一年，「某天傍晚和維克斯博士」待在白原市診所的治療中心，他從未看過如此成功的治療效果。「我和她一起走過懼曠症病患的身邊，這些人因為她的著作而得到幫助，這是我這輩子從未有過的體驗，」杜邦說。「不同年齡

層的病患走到她面前，許多人眼眶泛淚，拿出一、兩本她的著作，書的內頁滿是折角，他們對她說：『謝謝你讓我的生活變得好過。我從沒想過還有機會親眼見到你，謝謝你，你的書對我和我的家庭意義重大。』」〔3〕

此時杜邦向維克斯提出一項建議。他想要舉辦一場活動，邀請她與某些病患對談，同時全程錄影。影片可用來宣傳她的治療方法與恐懼症協會，協助教育需求不斷成長的焦慮治療市場。維克斯點頭同意，於是杜邦著手安排訪談。影片製作完成，維克斯返回澳洲。然而，一回到家，她便徹底改變心意，並立即聯絡杜邦。維克斯告訴杜邦，她犯了嚴重錯誤，她希望日後不要以任何形式使用那支影片。

杜邦震驚不已，心情跌落谷底，他說恐懼症協會已經支付一萬元製作影片。他試圖說服維克斯，但她不為所動；她願意賠償一萬美元，但錄影帶必須銷毀。深感挫折的杜邦被迫接受維克斯的條件。維克斯就此拒絕與一位真正有地位、有經驗，而且有能力協助推銷她產品的人合作。

這次合作之所以破局，跟維克斯之前的商業夥伴合作經驗有關。與美國經紀人亞尼薩斯和萊許合作的過程令她痛苦不堪，因此對於新的合作關係特別小心翼翼。最重要而且或許更相關的原因是，她擔心會引發更進一步的衝突，特別是她與萊許的合作關係，因為萊許宣稱透過沃斯製作

3 杜邦寫給澳洲總督府祕書長的信件。一九九〇年五月三十一日。

公司，他擁有維克斯所有非書籍產品在美國市場的版權。

如今沒有科爾曼提供建議，衝突的壓力已經對維克斯產生負面影響。她相當激動，從她願意支付一萬美元給杜邦銷毀錄影帶就看得出來。雖然她擁有一幢大房子，寫了好幾本暢銷書，但是已經將近二十年沒有全職工作，她的生活舒適，卻不富有。

杜邦很後悔銷毀了錄影帶。杜邦認為，維克斯雖然天賦優異，但是很難相處。雖然他們的私人關係破裂，杜邦仍持續推銷她的著作，並推薦給他的病患。

維克斯的私人生活壓力有增無減。一九七九年，達爾西被診斷出失智症（dementia），現在她完全喪失自理能力。維克斯在自己的著作中，都會謹慎地區分單純的焦慮狀態，以及因為某個真實「問題」而併發的焦慮狀態，她說後者或許需要好的諮商師協助。但是現在，她只能獨自應付一連串棘手的問題。

如今維克斯高齡近八十歲，卻無法自絕於外。她不願面對達爾西失智可能造成的影響，這也使得她與其他向她求助的家人關係緊張。隨著達爾西病情惡化，逐漸年邁的維克斯不得不面對幾乎難以承受的沉重負擔。

失智症可以有無限種症狀，達爾西的病症也和其他人不一樣。她一星期消耗二百個茶包、三公升牛奶，以及一個水壺。她的女兒蒂塔依舊與兒子住在樓下，她感到絕望，而且愈來愈不滿她阿姨長時間待在海外，留下她一個人照料行為不受控的母親。每當維克斯回到家，總是感到壓力

沉重。當初她說服達爾西搬到樓上時，並沒有想到她會得失智症。緊張的情緒讓維克斯喘不過氣，她只能逃離，跑去住在鄰近社區的莉莉家，她站在門前反覆說著：「我必須避開達爾西。」莉莉和她的先生奈吉爾把他們的床空出來，讓給年邁的阿姨，不過不久之後維克斯就搬到另一間臥房。她在莉莉家待了十天。

若要真正獲得喘息空間，維克斯一定會選擇倫敦。斯基恩．基廷位於肯辛頓的住所是她的第二個家，她經常逃去那裡。

一九八二年四月，詹恩寫信邀請維克斯，在白原市舉辦的全國恐懼症研討會上主持講座。研討會舉辦時間是一九八三年五月，所以他是大幅提早做好安排。維克斯收到邀請時非常開心，但是感覺自己年事已高、而且情緒不適。她回信給詹恩，提到自己「相當榮幸與感動」，但主要得看她的健康情況而定。「我今年已經八十歲，有時候身體好到可應付各種情況，包括往返紐約四十小時的長途飛行。但是也有些時候我會累到連地方小店都去不了。」

她用了「困惑」，她的讀者一定認得這個詞。「衰老真的讓人困惑，」她在寫給詹恩的信中說道，「活到這把歲數，覺得有些難熬，因為到了八十歲，很多老母雞會帶著愉快的心情回巢棲息，但是有老母雞偶爾會覺得無法出門收集雞蛋！」

維克斯承諾，可能的話她會出席，但是她要求詹恩必須有備案，確保不會「開天窗，這就太叫人尷尬了」。她希望有候補人選。她再次提到年紀問題。「千萬不要變老。我很樂意告訴你要如

何做到。此外，我正在寫下一本書。」

她寫下一長串抱怨：「總是有處理不完的郵件，電話（特別是來自美國的電話）鈴聲從來沒停過。我要負責所有採買，下廚做飯，還要照顧生病的妹妹。」為了平衡先前不滿的語氣，最後她改用正面的句子做結尾：「處理這些事情總比坐著打毛線要好。」

即使那些快樂的老母雞可以回巢棲息，一九八〇年代的生活可一點也不輕鬆。維克斯在澳洲的發行人、安格斯與羅伯遜的執行長理查．沃爾許（Richard Walsh）對她的著作評價極高，他希望出版另一本新書。受到讀者尊敬但性格保守的維克斯，與總有源源不絕創意的沃爾許，建立了穩固且互惠的合作關係。沃爾許感受到兩人之間存在著世代差異，而且他懷疑維克斯可能並不認同他取得醫學博士學位、卻不願行醫的決定。「她或許覺得難以置信，」沃爾許說。不過兩人依舊相處融洽。她講求事實，而且非常可靠。

沃爾許接手維克斯的出書事宜，她成了他的作者，沃爾許向來扮演顛覆者，但是他並沒有更動她的著作或是改造她。沃爾許曾提到，安格斯與羅伯遜「需要重新再造」，但是他也肯定維克斯的著作具有一定的品質與市場吸引力。既然如此，何必改變既有的工作模式？儘管兩人的年齡有段差距，依舊建立了正式的合作關係，沃爾許將維克斯視為「真正的女醫生」。更棒的是，不像他負責的某些作者，維克斯幾乎不會給他添麻煩，也不需要特別伺候。

沃爾許雖然是發行人，卻不認為自己必須認同他發行的每一本書，而且他承認，對於自己經

手出版的許多書籍其實有些疑慮，雖然這些書在市場上大賣。但是維克斯的著作屬於另一類，在他看來，她吸引了大批讀者，而且真正贏得讀者的心。就和維克斯在工作時遇見的其他人一樣，沃爾許的專業讓他占有個人優勢。他向幾位朋友推薦她的書，「令他非常滿意的是」，她的書獲得了非常正面的回應。朋友告訴他，維克斯的著作「**真的**很有用」。

另一件有關的事情是，沃爾許自己也發現維克斯的著作確實有用。沃爾許在四十五歲之前，一直有偏頭痛。他相信自己的創造力來源之一是能量瘋狂爆發，但這隨後就會引發劇烈頭痛。他形容這些症狀「就是我的憂鬱狀態」。

病症來得相當凶猛。「我感覺自己完全無能為力，因為過去我是個行動派，突然間卻陷入徹底的絕望，什麼事也做不了。我不是會嘗試冥想的人，我只能躺著然後心裡想：『這太可怕了，為什麼一直擺脫不了，』後來我完全接受這一切，終於恢復了行動力。」「接受」確實能奏效。

當你遇到好運，就要牢牢把握。沃爾許知道她的讀者需要**更多**，因此提出另一本新書企畫，書名為《進階版神經問題自救手冊》(*More Help for Your Nerves*)。維克斯收到一萬六千美元的預付版稅，在一九八三年這是非常重大的出版承諾。但是這個主題「還有」哪些內容可寫？特別是現在維克斯已經年邁，精力衰退……

一個做法是減少撰寫全新的內容，所以這本書收入了幾篇訪談、維克斯為海外自助團體撰寫的文章，以及一篇演講稿。這樣可大幅減輕她的負擔。

一如往常，維克斯採取第一人稱直述的方式寫作。不過這次更強調時間問題，也就是需要花費多長時間神經才能復原，以及為何復發是不可避免的。「時間總會過去，總是要給予神經應有的時間。」此外這本書也花了更多篇幅，探討疾病復發以及「取得」理解的重要性。

> 記憶會帶來痛苦，所以懷疑自己是否真的徹底康復是很正常的事。所謂康復，意思是能夠完全面對記憶，並準備好接受記憶可能帶來的任何痛苦。完全治癒不必然代表完全沒有症狀，不過確實能達成這樣的目標。康復的意思是，在任何時候、任何地方，都知道該如何應付壓力引發的症狀。病患不僅可能有能力應付，而且必然做得到，當病患因為理解，並透過自身努力「取得」康復，就有可能、而且一定有能力因應。

這本新書並未更動維克斯的原始處方，只不過擴大了症狀的範圍，包括恐懼復發、清晨時的「焦慮不安」、讓人厭倦至極的家庭、慮病症（hypochondria）〔4〕、害怕孤單等，不過這些症狀未必會導致憂鬱症。維克斯在第一本書出版二十多年後再度提筆寫書，這一次她提到了老化與死亡。雖然她向杜邦坦承，她發現衰老「令人困惑」，但是她並未在新書中承認這一點。相反的，書中有一章名為〈消除更多困惑〉（More Bewilderments Cleared）。

副標為〈衰老或是神經疾病〉（Old age or nervous illness）的那一段寫道：

你提出的問題我已經被問過好幾次。我發現，如果問的人不再試圖弄清楚神經疾病會讓人變得多疲勞、多衰老，不因為懷疑和困惑而嚴重打擊自己，然後盡可能做到他現在做得到的事，那麼他將會發現，自己居然能一步步做到這麼多。如果我們消除緊張的情緒，我們的身體就能產生強大的康復力量，甚至到了八十歲依然如此。我自己就是明證。〔5〕

至於死亡，她則寫道：

我可以告訴你「哪些無法治癒，是你必須承受的」，這是必然會發生的情況，但是要如何承受有可能困擾你數年、甚至一輩子的死亡恐懼，同時又能在死亡真正來臨時準備好面對它？這正是重點所在。如果是猝死，就不會有任何思考時間，所以我們為什麼要害怕呢？有些人確實擔心會猝死，不過多數人擔憂的是，他們年老時是緩步邁入死亡。現在我再次以醫生身分發言，我很少看到真正垂死之人意識到他們將要死去。

有些人確實可以做到，但真的非常少。自然界的劍鋒會逐漸變鈍；即使是在死亡前數年，

4 慮病症患者的身體並沒有任何疾病，但因為過度擔心自己的身體狀況，以為自己罹患嚴重的疾病，導致心理出現異常。

5 *More Help for Your Nerves*, p68.

自然界依舊在幫助我們；我們的習慣、我們的人生需求會轉變。二十歲時，我們會在週末排滿活動，像是晚餐聚會、跳舞、打網球；到了七十歲，我們寧可坐在火爐邊看書。我們的行動力逐漸衰退。如果我們盡可能依照自己的意願，跟隨自然的腳步，它會讓死亡變得更像是新生，我們將成為明星演員，但不會意識到自己正在表演。我並不是說，在漫長的數月、甚至數年的日子，許多人不會感受到痛苦，我要再次強調，年紀會讓我們的感受變得遲鈍；當事件必然發生，人就會變得麻木。〔6〕

維克斯埋頭撰寫另一本新書，心情也變得愉快許多，她確定自己有能力在一九八三年的全國恐懼症年度研討會上，發表一場重要的演說；這次研討會是由詹恩的診所與杜邦的恐懼症協會贊助。三月時，她寫信給詹恩，讓他知道她會出席。

謝謝你舉辦這場研討會。到目前為止，我確定會到場。我正在預定下星期的座位。當然，費用上漲的速度永遠讓人追趕不上，如果你們能贊助五百美元，我會欣然接受。謝謝你的體諒。我終於有了一位盡責的管家，在我離家時會負責留守。我的書稿差不多要完成了，我已經完成第二版的草稿，接下來只需要校對，最後版本完成打字後，我會帶在身上。新書會更詳細說明某些神經疾病的併發症。我希望新書能夠在年底上市，新書出版後我會再次前往美

國，接受電視節目採訪。在這段期間，我會待在倫敦。

英國媒體提供了有意義且話題嚴肅的宣傳機會。ＢＢＣ邀請維克斯主持十分鐘的帶狀訪談節目，將會連續播出數星期，時間排定在同年九月下旬。此外還傳來其他好消息。

一九八三年五月七日，維克斯在白原市醫院舉辦的第四屆恐懼症研討會上發表演說，講題為「恐懼症治療：專業人員與輔助性專業人員的角色」。她希望讀者理解康復的重要元素，以及為什麼「基於信念的治療方法，將面臨成效短暫的危險」。此外，她也重新釐清了何謂「內在聲音」，這是她的著作與其他專業人員的關鍵差異，她批評這些專業人員採取的是由上而下的方法。

> 所謂康復，意思是當疾病復發或病患處於黑暗時刻，他們的深層內在必須有某種特殊的聲音對他說：「沒關係，你以前經歷過，知道如何走出去。你一定能再次做到。這真的有效，你知道這是有效的！」只有當折磨病患的症狀和經驗變得無關緊要，病患才能擁有這個內在聲音，也唯有如此，這個內在聲音才能展現出權威，帶給病患安慰。變得無關緊要，才是關鍵所在。問題不在於採取某種治療方法，讓痛苦神隱，讓感受變得麻木。真正的問題是，讓

6 ibid. p84.

症狀、受苦的體驗變得無關緊要。〔7〕

紐約心理學家鮑伯．艾克曼（Bob Ackerman）當天也出席了，他記得在演說接近尾聲時，維克斯要求關掉錄音機，過去只要是她的演講，錄音機都會開著。接著她和台下的專業人員分享，那些年她以年輕女性身分攻讀博士學位的經驗。

幾天後她發現，她答應為詹恩診所的病患發表的演講，觀眾人數超乎她的預期。詹恩事前大力宣傳這場演講，維克斯再次看到演講廳內擠滿了觀眾。詹恩向觀眾介紹她是這個領域「真正的開創者」，並向觀眾解釋同業對她的成就反應冷淡；他提起一九七七年她在紐約發表的演講，說當時他非常訝異，她「觀察深入，但是我發現多數觀眾並不認同她必須對大家說出的內容」。

她的著作揭露了真相。身為接受精神分析訓練的精神科醫生，詹恩說：「我清楚知道這本書不一樣：她從病患所在的位置走向我們，但我們卻是從上而下，告訴病患發生了什麼事：你為什麼變成現在這樣。但是她會傾聽人們說什麼。」他補充說，過去幾年來，他不斷聽到人們告訴他，他們「原本從不相信有人能那樣地理解我」。

維克斯原本預期這場座談會只有少量觀眾參加，因此沒有準備演講稿，這下她感到有些失落。不過她找到了解決方法，那就是想像自己在跟坐在她身旁的病患交談，這名病患由於沒有能力應付最簡單的責任而苦惱不已。「她不是瘋了，」維克斯提到這名病患時說，「她一點也不奇怪。

她就是個普通人，只是她的身體沒有足夠的能力應付壓力。」

接下來的兩個小時，維克斯不停地回答觀眾的問題。她談到了大腦化學失衡理論。她雖然相信，但是只相信她自己的大腦化學失衡理論。「在我看來，是先出現神經疾病，才導致化學失衡。一旦解決神經疾病，自然就能解決化學失衡的問題。」但是她明確畫出了一條界線，清楚區分焦慮狀態以及「已知是因為化學失衡而引發的疾病，例如躁鬱症與產後憂鬱症」。

在演講的最後，維克斯卸下了專業防衛。「現在我必須告訴你們，即使你們不害怕恐慌，依舊會感到恐慌。很像懺悔，不是嗎。」

維克斯提到了關於內疚的問題，也喚起了許多觀眾的記憶。「我要如何面對罪惡感？唉，男孩們，嗯，有時候你就是做不到，我告訴你，只有當你年紀大了再回頭去看，有一天我告訴自己要振作，『現在我要試著想起自己做過的一些好事，』但是你知道的，我沒辦法，我就是做不到！我試著寫下它們，然後一直盯著看。但是你知道，你就是會想起所有你本不該去做的事情！」

究竟是什麼事讓她如此愧疚？從她日後針對這個主題寫下的一段話，或許可以看出端倪。

如果牽涉到其他人，事情就會變得困難，不是嗎？我告訴你一件事：如果你有個年邁的母

7 ibid. p116.

親和父親，或是一個生病的親戚，盡可能友善和寬容地對待他們，因為當他們離世，你無法讓他們死而復生，告訴他們你有多愛他們，或是你多希望自己曾經寬容地對待他們。現在就讓那些年邁的長輩知道你愛他們，這真的非常重要。〔8〕

她心裡想的究竟是誰？范、拉爾夫，還是科爾曼？

8 *The Latest Help for Your Nerves*, p98.

29

BBC與雪片般的來信

The BBC and a Blizzard of Letters

奧魯索於一九八三年八月二十二日過世，享壽九十二歲，這對維克斯來說雖然不意外，但她的內心依然沉痛無比。她家中的每個人都知道，他就是那個差點與她成婚的「完美男人」，他們也都認識她的老友凡斯。

科爾曼過世後，奧魯索位於巴爾哥拉的家就成了維克斯的庇護所，更是蠻荒之中給予智慧的避風港。他們三人的生命一直緊密交織著。她與這對夫妻之間的情感究竟有多深，可以從維克斯在過世前一年出版的最後一本書的獻詞看出。「獻給馬賽爾與希斯莉．奧魯索。這兩個名字影響了我一生。」

接著發生了另一件家庭悲劇。維克斯的大外甥女法蘭西絲三個女兒當中的一位，在一次道路意外事故中喪生。這對法蘭西絲來說相當難熬，先前她才經歷過失婚之痛，她記得她阿姨曾勸告她，不要做出任何瘋狂的舉動，去對抗因過度哀傷而引發的精神失常。

這段期間，達爾西四處閒晃，而且愈來愈讓人感到束手無策。維克斯的壓力已相當沉重，卻

發現原本的逃離通道正逐漸關閉。她前往倫敦，又面臨了相同的問題，只好再逃回雪梨。斯基恩・基廷也出現失智症的跡象，她的子女愈來愈擔心她的健康狀況，紛紛向維克斯尋求支持和建議。她身為醫生和女家長的地位無可動搖，而且永遠被排在第一位，但如今面對他們的殷殷期盼，她卻不知道該如何處理。

她曾試著逃跑，現在則是想辦法躲藏。就如同她曾經否認達爾西陷入精神混亂，她發現自己也很難接受倫敦的好友健康惡化。很明顯，這位好友難以應付身上背負的雙重責任：除了要處理家務瑣事，還要擔任維克斯書籍以外的錄音帶產品發行商。

不過，儘管支撐維克斯個人生活的支柱出現搖晃的跡象，她的聲望仍持續向外擴散，她的國際事業壓力也日益加重。此時BBC的訪談節目提供難得的機會，規劃六次電視訪談，由法蘭・葛洛夫斯（Fran Groves）負責研究與製作，當時她是BBC旗艦日間電視節目《卵石磨坊》（*Pebble Mill at One*）的製作團隊成員。

葛洛夫斯某次旅行時，偶然讀到維克斯的一本書，就和許多人一樣，她發現維克斯這本書對她個人特別有意義。「我是在極度高壓、每天播出四十五分鐘的日間節目工作，常常感覺很有壓力，導致恐慌發作，我真的不知道要如何面對這些，」她說。

葛洛夫斯的專長是健康專題報導，她提案要製作一系列訪談，每週定期播出，後來順利獲得核准，成為《卵石磨坊》節目的單元。之後葛洛夫斯終於聯絡上維克斯，維克斯展現的幽默感與

深刻的同情心打動了她，她形容維克斯是「一位冷靜的巨人」。

維克斯同意主持這個訪談單元，電視台要求她提出可能的人選，這個人必須願意分享自己的故事，讓大家知道維克斯如何幫助他們治癒嚴重的神經疾病。單元製作人葛洛夫斯希望能藉此證明維克斯著作的影響力。他們總共聯繫了大約六個人，其中一個有恐懼症、一個有強迫症、一個有憂鬱症、另一個有懼曠症。但當時是一九八〇年代，心理健康問題即使不再是禁忌，仍舊令人感到羞恥，沒有人希望自己的病情曝光。最後，維克斯要求來自約克夏的透納還她一份人情。透納對於上節目這件事不怎麼高興，但還是點頭答應了。在一九七〇年代初期，當時透納必須面對腦葉切除術可能導致令人無法接受的後果，後來是維克斯的著作拯救了她的人生，所以直到現在她仍舊對維克斯充滿感激。

「每個人都因為害怕而推辭了，除了我——於是我上了節目，」透納說。「我甚至不想要那樣公開討論自己的病。在當時，你不會去談論這些問題。這是一件大事。」

不過對維克斯來說，電視訪談也是一件大事。她向來難以動搖的自信心變得有些脆弱。「人到了八十一歲，很容易懷疑自己！」她並非害怕忘記過去四十年發生的事，而是害怕忘記「半分鐘前」自己說過的話。

節目是現場直播，這對維克斯來說特別困難，所以在第一集播出的六個星期前，她走在倫敦街頭時都會仔細演練，一而再、再而三地背誦談話內容。「這樣準備真的有效，」後來她說。

BBC的專題報導部門位在伯明罕，斯基恩．基廷陪著維克斯一同前往，葛洛夫斯記得她是「一位真正的淑女」，但也是個神經極度緊張的人。葛洛夫斯相信，斯基恩．基廷會去做維克斯要求她做的任何事。斯基恩．基廷的兒子保羅也任由自己的母親陷入苦惱，雖然她母親仍在生病，但是在維克斯的幫助之下，症狀已經明顯改善。

斯基恩．基廷並非毫無威信。葛洛夫斯曾經問維克斯，她是否經歷過什麼創傷，正當維克斯準備回答時，斯基恩．基廷立即插話說：「克萊兒，別說！」

保羅相信，他的母親非常保護自己這位好友，但是葛洛夫斯卻看得出來，她因為必須為維克斯負起責任而感到苦惱。就在節目開播前幾分鐘，維克斯突然找不到自己的手提包，於是轉向斯基恩．基廷幫忙，葛洛夫斯注意到，維克斯的舉動讓斯基恩．基廷非常緊張，後來葛洛夫斯說：「那麼龐大的壓力她其實應付不來。」

訪談節目在一九八三年底開播，維克斯選擇坦白一切。她終於承認她的醫療專業是依據自身經驗作為指引，任何讀過她著作的讀者都察覺得出來。她說出自己的神經疾病故事；曾被醫生誤診為結核病；心跳加速時醫生態度冷漠，不願意援助；在持續處於極度焦慮的狀態下取得博士學位；在前往倫敦的船上暫時獲得喘息，但是一上岸，所有可怕的症狀便再度襲來。她談到有朋友給她建議，不過她將奧魯索化名為約翰。她解釋說，她成為執業醫生及全科醫生後，「對於向我求診的焦慮病患都會抱著同情，因為我知道陷入焦慮時是什麼情況。」

維克斯心情愉快地談論著關於治癒的問題，但是當主持人瑪莉安．福斯特（Marian Foster）問她：「你真正的意思是人們可以被治癒？」維克斯回答得相當謹慎、而且細膩。

「當然，我不害怕使用『治癒』這個詞。當我聽到某些治療師說精神疾病無法治癒、只能緩解時，覺得有些難過。」但是維克斯接著說，「只要病患準備好與痛苦的記憶共處，並且知道如何應付疾病復發，就能夠治癒。如果記憶喚起了曾經有過的感受，也就是痛苦的感受再度出現時，病患或許會認為自己又犯病了，他的治療師通常也會這麼認為，並且告訴他還沒有痊癒，顯然他們還沒有找到疾病的真正原因。」

她做了有趣的類比，她說這就好比失去了摯愛，當時她一定想到了科爾曼。「如果你失去了所愛的人，當你想起他們就會感到痛苦。我們不可能告訴自己的內心：『不要覺得痛苦！』我們必須與內心的感受共處，雖然會感到疼痛，但是我們得繼續生活下去。」

面對神經疾病時，也是同樣的道理。不可能說你絕對不會再生病。「我們無法抹滅記憶。當然，一個人會記得自己的痛苦，但這不代表他無法治癒，只能說記憶又在耍老把戲。」

聽眾的回應相當即時，而且如排山倒海般，真的是前所未見。六集節目播出後，信件如雪片般飛來，塞爆BBC的信箱，因此該公司不得不雇用外包人員，並租用額外的空間來存放這些郵件。BBC的業務經理安．菲奇（Ann Fitch）寫信給葛洛夫斯說：「自從五個星期前系列單元播出後，公司每天都會收到兩百到六百封信。因此估計總共有一萬到一萬兩千封信件……來自英國，

包括男性與女性，以及某些專業人員，例如醫生和精神科醫生。」他們必須付錢另外雇用祕書，協助處理那些私人信件。

眼看聽眾反應熱烈，葛洛夫斯和福斯特決定將訪談製作成影片，不僅可以廣泛流傳，還能留下永久的紀錄。BBC允許他們使用公司的設備，另外錄製福斯特和維克斯的訪談。原本四小時的訪談內容，剪輯之後濃縮為一小時。

BBC同意將版權讓給維克斯，維克斯簽約同意支付銷售淨收入的二五％給BBC。葛洛夫斯、福斯特和維克斯共同成立太平洋錄影公司（Pacific Recordings）負責銷售錄影帶，由維克斯負擔母帶的製作成本。

她告訴合夥人，她有一名有錢的美國支持者是原本專案的金主，在某個時間點她試圖聯繫萊許，希望他對她最新的事業感興趣。一年後，維克斯寫信給澳洲稅務局，告知他們她與萊許共同經營的公司「因為在美國和英國購買某些醫療錄影帶版權，因而產生龐大支出」。美國母帶的製作成本為一萬六千美元，英國為一千八百英鎊。維克斯告訴澳洲稅務局，這筆費用已經由佛羅里達的萊許支付。

接受萊許的資金是個錯誤，因為這麼一來，維克斯就失去了美國市場的掌控權。現在她等於虧欠了萊許，他認為自己支付了錄影帶費用，因此有權任意決定如何處理這些錄影帶。

在英國，情況也變得更加緊張。維克斯再也無法忽略斯基恩・基廷無力應付工作的事實，於

是轉向忠心耿耿的透納，懇求她接手。患病的斯基恩．基廷被剝奪了原本的工作；至少保羅是這麼認為的，他覺得維克斯處理這件事的方式過於冷漠。

透納自己也有些疑慮。她知道斯基恩．基廷付出了什麼代價，因為斯基恩．基廷親口告訴過她。維克斯待在倫敦的期間，透納都會去探望她，然後在斯基恩．基廷的住家待上很長的時間。「生病之前，」透納回想說，「喬伊絲正忙著成立一家公司，負責處理維克斯的作品。她的家庭因此承受龐大的壓力，甚至犧牲了一切。她說，『安，假使我沒辦法繼續做下去，如果她問你，在你答應之前一定要仔細想清楚，因為這會帶來許多麻煩。』我明白這為她帶來哪些困擾，因為喬伊絲處理所有事情時，都會把維克斯放在第一位，她的家庭只能退居第二位，這也給她的家人造成困擾。」

但是儘管斯基恩．基廷事先警告過，透納仍答應接手她的工作。維克斯準備支付她費用，但透納並沒有特別在意錢這件事。在她眼中維克斯有如慈母。他們的關係日漸深厚，特別是科爾曼過世後，兩個人會透過英國與澳洲的長途電話，聊上好幾個小時。

就在影片製作完成時，透納實際上已成為維克斯在英國的事業夥伴，接手原本由斯基恩．基廷負責處理的錄音產品銷售。維克斯施壓，要求她參與影片宣傳，這令她疲於奔命，但同時她還得應付她先生的要求。鮑伯．透納（Bob Turner）希望他的太太退出。當時他的健康已經亮起了紅燈，幾年之後死於癌症。但是透納相信，另外兩個女人——也就是葛洛夫斯和福斯特——會奪走

一切，所以她認為自己應該全權負責。後來她先生向維克斯抱怨，於是維克斯要求葛洛夫斯和福斯特讓透納參與，但是遭到兩人拒絕。

維克斯再次讓自己的事業變成了爛攤子。最後，BBC的主持人和製作人退出合夥事業，自此之後，銷售和發行影片的責任全部落在透納身上。

在此同時，維克斯授權透納掌管太平洋錄影公司，允許慈善團體使用她的錄音產品。她主動聯繫安柏・洛伊（Amber Lloyd），洛伊在一九七二年成立了慈善團體「放鬆生活」（Relaxation for Living），他們非常需要她的產品。隨後「放鬆生活」接手維克斯錄影帶在英國的發行工作。

雖然維克斯向BBC強調，萊許會是「熱心的錄影帶發行商」，但是這時候已有跡象顯示，當時她只想與「放鬆生活」達成口頭協議。「維克斯博士與美國的萊許之間存在太多問題，因此她拒決再簽訂任何合約，」透納說。最後的協議是，「放鬆生活」必須支付一定比例的影片銷售收入給維克斯。[1]洛伊退休後，「放鬆生活」轉向企業壓力管理領域，但仍持續推銷與發行維克斯的錄影帶。正因為這些非正統的做法，維克斯過世後留下了一堆非正式協議，最後是她的後代終止了它們。

節目主持人福斯特雖然並未從失敗的影片事業獲得任何金錢利益，卻以另一種方式成了受益者。她從未罹患神經疾病，但因為影片需要花時間製作，所以維克斯再次見到福斯特時，已經是兩年後，維克斯的目光依舊相當犀利。

「在最後幾次訪談中，她注意到，自從我們上次見面後我變了很多，她診斷出我有甲狀腺機能亢進，」福斯特說。「她為我安排了專科治療。我問她是如何知道的，她說許多人在戰爭期間變得『亢奮』，所以她已經學會如何察覺這些症狀。我非常感謝她，也很榮幸認識這樣一個人。」

正如同維克斯所知，甲狀腺也是一種內分泌腺。

1 來自透納的信件。一九九八年五月十三日。

30 關門聲 The Sound of Closing Doors

維克斯人生的最後十年，以她自己的話來說「差點撐不下去」。在生活、健康、家庭，以及愈來愈多事業夥伴不受控的壓力之下，唯一的安慰是一直有人購買她的書。但是許多人發現，她在一九六二年出版的第一本書就和作者本人一樣，已逐漸衰老。

就在ＢＢＣ的系列訪談節目播出後不久，維克斯在英國接受福斯特的廣播節目採訪時，談到了「奶奶」偶爾必須維持情緒平靜是很重要的，她所說的「奶奶」或許就是指她自己。「當我們年紀愈來愈大，我們的神經系統似乎更容易敏化。你一定遇過這樣的奶奶，雖然她很愛那些男孩，但是每當男孩來探望她，她只能忍受他們很短的時間，然後就回到自己的臥房。現在，男孩們過來時，奶奶就服用溫和的鎮靜劑，她一定會很開心男孩們來探望。」

維克斯認為，鎮靜劑「有一定的用處，特別是我之前說過的，對老人有用。畢竟，當我們老了，可能會掉牙，有時候甚至全部掉光，還會喪失大部分的聽力和視力；我們也可能失去了保持情緒平靜的部分能力。」

一九八四年，《進階版神經問題自救手冊》上市。在這本新書的獻詞中，維克斯列出了在她生命中，所有與她關係密切的親朋好友。值得注意的是，這份名單中有她的家人，以及她認為早已成為她家人的朋友，包括萊許。

獻給我的妹妹達爾西．瑪格羅蘭，感謝她的勇氣與愛；獻給我的朋友，喬伊絲．斯基恩．基廷、J P、艾琳．阿普頓、以及史蒂芬．萊許，謝謝他們為我的作品盡心盡力的付出與奉獻；謹以此紀念伊莉莎白．科爾曼，她總是把責任放在自己的喜好之前，看重愛與忠誠勝過一切。

維克斯的美國發行商已先行支付這本書的預付版稅二十五萬美元，這在當時可說是相當可觀的金額。[1]由於維克斯的著作銷量一直相當穩定，大約三十年後，也就是她過世二十年後，她的後代仍持續收到豐厚的版稅。二〇一七年，Apple iBook的暢銷書排行榜中，維克斯的著作在健康養生類別中排行第十二名，只落後戴爾．卡內基（Dale Carnegie）寫的《卡內基溝通與人際關係——如何贏取友誼與影響他人》（*How to Win Friends and Influence People*）三個名次，後者是另一本歷久不衰的自助類書籍。

新書上市意謂著更多旅行與巡迴宣傳行程，但現在這些事變得相當棘手。蒂塔愈來愈不滿必

須在維克斯離家期間負責照顧母親。她要看管正值青春期的兩個兒子，還要處理自己的難題。

達爾西或許已經處於人生的最後階段，但是依舊玩心不減。蒂塔的兒子工作結束回到家，一直在樓上等著他們回家的外婆就會潑桶水到他們身上。達爾西的外孫被逗得很開心，但是一九八五年維克斯出國之際，達爾西的女兒們決定將母親送去療養院。維克斯負責支付帳單。

眼看維克斯的事業如此成功，而且在有需要時總是願意承擔費用，其他家人時常因此臆測她的財務狀況。有一次，蒂塔的兒子亞當和傑森向她要錢。他們雖然還在就學，卻在很小的時候就展現創業的天分，在雪梨的最大場館霍登館（Hordern Pavilion）主辦一場舞會，只不過沒有成功。亞當自己存了五千美元，他們的姨婆又借給他們五千美元。結果卻以賠本收場，亞當一直感到相當懊悔。蒂塔說，她要求兩個兒子把錢還給維克斯，但維克斯「一直不願收」。幾年後，直到亞當在創意產業工作，他才發現當初他們拜託借錢給他們的女人，沒有他們想像的有錢。

打從一九五〇年代起，維克斯對待家人就非常慷慨，而且持續多年。隨著她的名氣持續看漲，書籍銷售屢創佳績，其他人對她的期待也隨之提高。在她人生的最後十年，有時候她會因此苦惱不已。她自己沒有小孩，卻有好幾個孩子需要靠她撫養。有時她會不知道要如何分配，或是如何拒絕金援他們。在專業工作上，她展現出絕佳自制力確實是有效的，但是面對缺乏自制力的其他

1 來自維克斯經紀人艾爾．祖克曼（Al Zuckerman）的信件。一九八六年，三月二十六日。

人時，卻有可能效果不彰。曾經的城堡女王，如今已成了年邁的君主。

維克斯於一九八五年回到澳洲時，至少已不需要照料達爾西。這代表樓上的公寓空著。但是蒂塔依舊住在樓下，而且總是待在家。維克斯請了傭人，並找來蒂塔一位朋友的母親每天幫她準備午餐，之後她向「呼叫天使」（Dial an Angel）雇用派特・萊德（Pat Ryder），擔任陪伴與祕書。不過，年事已高但身體依舊健朗的維克斯，並沒有因此停下腳步，她正開始計劃下一次海外旅行。

維克斯八十歲時，曾擔憂自己無法忍受前往紐約的長途飛行；但是到了八十三歲，她卻接受詹恩邀請，在一九八六年三月，前往紐約白原市醫院恐懼症診所擔任演講嘉賓。當晚的活動名稱為「與維克斯博士對談之夜」，診所的宣傳海報上形容她是治療恐懼症的偉大人物，也是研究非理性恐懼以及如何克服這些恐懼的先驅。在白原市工作的多琳・鮑威爾（Doreen Powell）再次見識到維克斯的魅力。「診所內擠滿了人，人們站在走道和走廊上，感謝她的幫忙。」

同一個月，維克斯雇用來自「作家之家」（Writers House）的艾爾・祖克曼（Al Zuckerman）擔任她的美國作家經紀人，負責處理她與山楂樹出版公司簽訂的三份合約，當時山楂樹出版公司已被達頓出版公司（E.P. Dutton）收購，他們授權班特姆出版公司（Bantam Books）發行維克斯的著作。班特姆出版公司已經出版維克斯的前三本書，不久將發行第四本書。

祖克曼與班特姆聯繫後意外發現，維克斯與萊許之間的協議早已出了問題。維克斯宣傳個人錄音帶和錄影帶產品的方式之一，是要求出版公司在她出版的新書中宣傳。但後來班特姆出版公

司不顧維克斯的意願，不再進行交叉宣傳。維克斯懷疑是因為萊許的關係；萊許應該支付百分之五的銷售收入給出版公司，但是他可能沒有付錢。

維克斯的立場有些尷尬，她要求祖克曼告訴班特姆出版公司「她完全不知道這件事」，「她很歡迎你們提供關於這件事的所有資訊」。她已經無法掌控萊許的舉動，以及沃斯製作公司的運作。她聯絡不上萊許，只能取得二手消息，包括萊許在華盛頓開始學醫，這點讓她非常不解。

版權問題混亂特別讓維克斯感到挫折，因為專欄作家安·蘭德斯曾經承諾，只要她拿到維克斯的錄音帶和錄影帶的版權，一定會大力推銷。但是維克斯太了解萊許的脾氣，也清楚知道他一直認為自己擁有她所有產品的美國版權，所以不可能以任何其他方式將版權交給蘭德斯。

維克斯持續與萊許對抗。萊許仍繼續神隱。維克斯沒有從他那裡收到任何費用，而且在她人生的最後十年，不斷收到民眾抱怨，他們想要購買維克斯的錄音產品，卻一直買不到。

維克斯寫了一封信給鮑威爾，強烈抱怨自己與萊許之間的問題。白原市診所想要買下維克斯所有錄音帶和錄影帶產品，但任何人想要聯繫萊許，都只能透過郵政信箱，連維克斯也不例外。

「他們仍在營運，但是天曉得萊許究竟發生了什麼事，他本來應該要幫我處理的，」她寫給鮑威爾。「當我希望找其他人來處理，他就會威脅說要把我告上法庭。他後來再度發病，我想現在應該也還沒康復。我會把你的信件副本寄給他，催促他行動。我幾乎每天都試著打電話給他，但還是沒聯絡上。」

維克斯徹底認輸，但是她沒有告訴鮑威爾所有細節，只在信件的最後寫道：「你能給外界的恐怕只有那個地址。如果你之後收到任何抱怨，可以麻煩你全部轉寄給我嗎？到時候我應該會真的全力對付他。說來話長。」

一九八六年，維克斯受邀參加由蓋・伯恩（Gay Byrne）在愛爾蘭都柏林主持的《深夜秀》（*The Late Late Show*）節目。維克斯在七月時寫給家人的信中自誇說：「（這次訪談播出後）一個星期內，我的書就登上了暢銷書排行榜。」至於非書籍類的產品，現在至少有忠誠又可靠的透納在英國負責處理。

她從倫敦寫了一封信給人在雪梨的蒂塔，語氣溫柔地約略提到家中的壓力：「看了你的信覺得很開心，我想你已經愈來愈了解伊瑟和布萊恩。特別讓我高興的是，他也開始欣賞你。」

由於達爾西住在療養院，不論維克斯是否在家，布萊恩和伊瑟經常會跑去維克斯家，因此與蒂塔頻繁接觸。想到家人之間的連結，維克斯愈來愈覺得感傷。家人很重要，蒂塔尤其如此。維克斯希望時常霸凌太太與小孩、惡毒批評身邊人的弟弟，也能夠看到她在最愛的外甥女身上看到的特質。

她告訴蒂塔，她已經「設法幫她拿到品特的一本書」（哈洛德・品特〔Harold Pinter〕創作的某齣戲劇的劇本在澳洲已經絕版），還幫她買了「一個造型優美的胡椒研磨機，拋光木質表面搭配鍍銀底座，非常漂亮」。維克斯一直忙著規劃未來，這個未來也包括蒂塔在內。

我回到家後，會試著說服你來這裡旅行，我說的是到這裡度假，可以順道經過美國，當然必須要配合你的工作。我每天都會想到達爾西，很想見到她。她還是那麼可愛，我很想念她。

我的愛，親愛的。

對於未來的旅行，維克斯過度樂觀了。這將是她最後一次旅行。這段不可能的時光即將結束。另一扇門被「砰」地關上。斯基恩．基廷再也無法提供庇護所，讓維克斯逃離雪梨的煩惱。她已經無能為力。依據她的年齡和情況，她再也沒有力氣應付維克斯的問題。

維克斯回到雪梨後，她自己的健康問題愈來愈惡化。原本充滿活力的她，精力開始衰弱，飽受消化問題困擾，甚至開始服用高血壓藥。

還有其他事情令維克斯意識到死亡。布萊恩的健康問題已經持續了一段時間，不過現在他和伊瑟住在藍山（Blue Mountains），從雪梨開車大約要一個小時，但他們還是會盡可能想辦法偶爾住在維克斯家一段時間。維克斯非常感激他們陪伴她，但是布萊恩確實看到了他大姊和他自己的脆弱。從他在寄給女兒芭芭拉的信中，寫下的一段言詞尖銳的散文，便可窺探一二：

我們要去克萊兒阿姨家，空蕩蕩的椅子，嬰兒爽身粉灑了滿地，前方露台的百葉窗已嚴重

受損，但是海港的美麗景致卻可盡收眼底。放輕鬆，爹地！你無法面對這種發自內心的自怨自艾。[2]

2 布萊恩寫給他女兒芭芭拉的信件。大約是一九八五年八到九月間。

31 大腦受傷 A Blow to the Brain

如果說前幾年的日子難熬，那麼一九八七年就是維克斯的人生中，殘酷無情的轉捩點。年中時，維克斯出門看醫生做例行的健康檢查，這是新南威爾斯道路交通管理當局要求的，目的不過是要確認八十四歲的她仍有能力自己開車。

她一走出診所，就昏倒在人行道上。她的頭部受到撞擊，必須緊急接受治療，湊巧的是，診所就位在雪梨最大的教學醫院皇家北岸醫院（Royal North Shore）的正對面，因此沒有耽誤治療時間。診斷的結果是硬腦膜下血腫，這種情況通常是頭部受傷所造成，如果不接受治療，有可能導致大腦損傷。維克斯需要動手術。

維克斯陷入昏迷將近一星期，只能躺在病床上。她的外甥女莉莉每天都會來醫院，坐在阿姨病床邊對她說，如果她有聽到她說話就捏她的手。終於，莉莉得到了回應，感覺到維克斯輕輕地捏了她的手。維克斯終於有能力開口對話時，不斷重覆詢問著：「你愛我嗎？莉兒，你愛我嗎？你愛我嗎？」

莉莉感覺不太對勁。維克斯知道外甥女愛她。但是莉莉明白，阿姨並非因為藥物或某種心神喪失而變得恍惚，她猜想阿姨應該是嚇到了。維克斯不信上帝。上帝無法拯救她。但是維克斯明白愛的力量，因為她這一生一直擁有愛，而且是大量到難以想像的愛。現在的她很需要愛。

由於即時送醫治療，維克斯的腦部沒有損傷，只是邁入至今仍找不出原因的老化階段，稱為「衰弱」（frailty）。維克斯自己就是醫生，她相當清楚未來的路會是如何，現在的她變得驚慌不安、情緒脆弱。血壓問題困擾她多年。過去她總是強調「職業」的重要性，現在卻再也無法有條理地應付對她而言具有重大意義的工作。不久之前她才寫信給在白原市的鮑威爾，他對她的遭遇表示同情，並提到「工作與時間」對她會很有幫助，但現在的她卻是兩者皆無。

維克斯出院返家後，很明顯需要更多幫助。但是她的生活卻因為家庭衝突、煩惱、插曲和妒忌，而動盪不安。她需要平靜、安定與照顧，卻得面對各種紛擾。諷刺的是，正因為出現一連串壞消息，終於有人來照顧她。

當年稍早的時候，布萊恩被診斷出聽神經瘤（acoustic neuroma），這是生長於內耳的良性腫瘤，但是有可能擠壓到大腦。腫瘤發現時已經非常大，如果動手術會有顏面神經麻痺的風險。布萊恩感到有些心慌意亂，他寫信給女兒。

我走到你媽床邊，她的床上擺滿了《婦女日》雜誌（*Women's Day*）和其他東西，我告訴她說：

「我感覺很茫然，真的不知道該怎麼辦。」她抬頭對我說：「你在茫然什麼？」我說：「我沒有做手術，或許我應該去做。」她說：「然後讓自己的顏面神經麻痺？」我感到更糾結了。

最終，布萊恩選擇在雪梨動手術。接受手術期間他和伊瑟搬去維克斯家。他在手術檯上躺了十三個小時，一度生命垂危，之後被成功搶救回來。兩年前布萊恩才舉辦了他的第一場重大展覽，動完手術後他不僅步行困難，精細動作技能也全部喪失，他的藝術生涯就此告終。他的心情跌至谷底。

就在布萊恩動完手術後不久，維克斯的頭撞擊到人行道。她出院後，就由伊瑟負責照顧他們兩人。維克斯在家中獲得了她需要以及希望的陪伴與幫助，但是伊瑟也警覺到，維克斯有可能愈來愈依賴她。

布萊恩成為維克斯在知識上的親密伴侶。伊瑟則是心滿意足地在背後默默工作，科爾曼生前便是如此生活了許多年。但是他倆陪伴在側並非總是幸事。布萊恩仍經常對他太太發脾氣，此外她們還得忍受他粗俗的幽默感。但是這些都比不上情緒問題。

不過維克斯特別喜愛伊瑟，隨著年紀漸長，彼此相處的時間也愈來愈多。姊弟倆身體康復後，時常在各自的住家小住幾天，偶爾維克斯會到布萊恩在藍山的家待上一段時間，布萊恩和伊瑟也會三不五時到維克斯在雪梨的家。

可以想見伊瑟的負擔必定相當沉重，她得忙著處理家務，還要照顧兩個健康出問題的老人。後來她和布萊恩搬去位在北灘（Northern Beaches）的退休村。布萊恩被送往療養院，伊瑟則住在當地提供生活輔助服務的住宅。

維克斯得知他們要搬去安養機構時，相當震驚，她堅持他們繼續住在家裡。但是誰來照顧她？她沒有小孩，但是有錢。最後的結果是，布萊恩的大女兒、四十多歲、財務陷入困境的潘妮來照顧維克斯。她的醫生丈夫因為詐欺入獄而服刑多年，原本居住的房子也沒了。那是一間位在海港旁的寬敞豪宅，距離維克斯的住家不遠。但是他們不得不拍賣，不巧的是，當時的市場陷入成長停滯，所以也沒賺到錢。雪梨的房地產市場總能讓投資人賺得荷包滿滿，但投資人偶爾會發現，他們面對的是景氣循環的衰退期。

諷刺的是，潘妮終身都是工黨的支持者，卻成了經濟衰退的受害者，出身工黨的財政部長保羅·基廷（Paul Keating）後來因為說出「澳洲必須經歷衰退」而慘遭罵名。潘妮搬離原本的豪宅，住進市中心的小坪數房屋，雖然住家空間已經大幅縮小，但是一九八〇年代的利率飆升至百分之十七，潘妮無力償還貸款，最後連小屋也保不住，只能選擇租屋。

根據潘妮的說法，由於伊瑟害怕自己無力照顧生病的維克斯，所以建議潘妮搬過來，和需要有人從旁幫忙及陪伴的姑姑住在一起。每個人都知道，維克斯到了晚上就會變得緊張焦慮，需要有人待在身邊讓她有安全感。交談和陪伴很重要。潘妮也需要住的地方，所以他們向維克斯提出

了這樣的建議，維克斯同意了他們的安排。

一九八八年十一月，潘妮搬進克雷蒙恩米爾森路三十七號。但是這次安排一點都不完美。兩名成年女性在人生大多數時候，都不曾一起生活，現在一個身體虛弱、依靠其他人照顧，另一個則要面臨生活上的種種壓力，兩個人都不是處在最佳狀態。蒂塔對於新的安排也感到不滿。

潘妮與姑姑一直不是特別親密。就某些方面而言，這點令人有些意外，因為她倆有非常多共通點。潘妮曾經攻讀醫學博士學位，之後嫁給了出身醫生世家的醫師，最終取得榮譽學位，成為臨床心理學家，專門治療焦慮與憂鬱症。但是儘管兩人有共同的興趣，卻沒有因此拉近彼此的距離。

樓上和樓下的人忙著應付不同的家庭壓力，同時得忍受各種突發的問題，這令他們精神緊張。不久之後，蒂塔搬了出去，住在附近的寄宿公寓，她的兩個兒子則繼續住在維克斯家。後來蒂塔斷絕所有聯繫，維克斯情緒崩潰。

接下來，便是由潘妮和日間付費看護負責照顧維克斯，只是潘妮必須全職工作，還有自己的事情要處理，所以經常不在克雷蒙恩。又因為蒂塔失聯，愈來愈多時候只有身體虛弱的維克斯一個人在家。莉莉有全職工作，凡斯也回到自己的家。

雖然維克斯有時候無法妥善處理生活周遭的壓力，但是依照她自己的說法，某些壓力「根本不可能」化解。如今不再由她當家作主，所有事情無法照她的意思走。她告訴萊德，她已失去了

掌控權。「過去我一直是發號施令的那個人……現在我感覺自己只是個老女人。」

蒂塔說，「過去她一直是掌舵者，駕駛船隻，指揮船員，然後船舵壞了。」

32 角逐獎項 Eyes on the Prize

一九八八年一整年，維克斯衰事連連。不小心跌倒導致頭部受傷，需要緊急動手術，維克斯形容接下來的十八個月是「充滿暴風雨的術後期」，一點也不快樂。[1]科爾曼過世後的這些年，她都會在凌晨四點醒來，用力敲地板通知蒂塔，蒂塔聽到聲音後就會跑上樓，當時蒂塔同樣為失眠所苦。他們會一路聊天聊到天亮。雖然現在兩人相處時，已不再像以前那樣自在。

維克斯僅有的安慰只剩下海外的朋友，她時常打電話給這些朋友，向他們吐露心事。他們成了維克斯的生命線，她非常依賴這條生命線，她會向住在英國的透納與在人在美國、同樣由病患轉為信徒的夏洛特・魯多（Charlotte Rudeau），發洩內心的悲傷與挫折，魯多雖然與維克斯相距遙遠，如今卻在她的人生中占了核心位置。

魯多住在佛羅里達州，她很感謝維克斯在一九六〇年代末治癒她的恐慌發作，當時她才三十

1 寫給杜邦的信件。一九八九年一月十五日。

出頭。她先生是作家、劇院創業家以及餐廳經理，兩人育有兩個小孩。某天深夜，當魯多在劇院主辦的知名深夜表演節目結束、餐廳關門後，感到排山倒海而來的恐懼，身體也出現了恐慌發作的症狀。魯多覺得相當不解與困惑，漸漸足不出戶。一九六七年，她因為婚姻破裂陷入極度的絕望。接下來就是我們熟悉的情節：她閱讀了維克斯的第一本書，聯絡人在澳洲的維克斯，得到全心的支持，最終完全康復。

維克斯終於放棄萊許後，決定雇用魯多負責她的影音產品在美國的銷售工作，她希望這些產品能再次在市場上發行，魯多也樂意接受。這又是一次非正式的商業合作，但是魯多和透納一樣值得信任。她每天都會和維克斯談話，魯多和透納之間也一直保持聯繫。兩人愈來愈擔憂維克斯，她的健康出了問題，但更令人憂心的是她的心情。

除了日常生活感到不快樂，維克斯的成就沒有獲得正式的認可，這一點尤其令她感到痛苦。她對於自己達成多麼重大的成就沒有絲毫懷疑，但也只有她自己知道，這一切不朽成果都是她努力獲得的。

討論到維克斯的精神狀態時，有個人突發奇想，不如提名她角逐諾貝爾獎。這個人究竟是誰已無從得知，有可能是維克斯自己提議的，但或許是透過間接的方式。無論是什麼原因，魯多非常熱情地支持某項她說將會耗費「好幾百個小時」的任務。魯多也和透納與斯基恩．基廷一樣，準備好長期為維克斯博士服務。

最大的挑戰在於，找到一個有能力承擔這項任務的人。杜邦博士是明顯的人選，但是這會有問題。一九八三年，維克斯要求杜邦銷毀製作好的影片，此後兩人便再也沒有聯繫，她也退出美國恐懼症協會董事會，當初是杜邦在一九八〇年時邀請她加入的。

杜邦與維克斯曾經共事是一回事。杜邦十分敬畏維克斯，但他發現私底下的她其實相當難搞。回顧過去，杜邦相信維克斯後來變得比以前偏執。他說，她成了「她自己最大的敵人，她馬上將我打發掉。禁止我發行、使用或儲存我們辛苦製作的產品，然後將所有產品的版權交給冒充內行的無名之輩。真是太可怕了。她一直極度渴望保有影響力並且將它擴散出去，那些影片恰恰派得上用場。」

杜邦雖然感到失望，仍然非常熱情地公開支持維克斯的理念。魯多鼓勵維克斯寫信給他，但是維克斯不知道杜邦的地址，後來經由她與詹恩在白原市醫院共事的朋友鮑威爾協助，追查到杜邦的地址。終於，一九八八年十一月十八日，也就是發生影片銷毀糾紛的五年後，杜邦出乎意料地收到維克斯的來信。這是一封和解信。她寫道，魯多告訴她，他仍持續推薦她的理念，最近一次是在波士頓舉行的恐懼症協會會議上。她並未針對影片事業腰斬道歉，但是她說她「很高興、也感到鬆了一口氣，我們之間沒有任何不愉快。到了我這個年紀，我不希望有任何不好的感受，你一直給予我很大的幫助。」

維克斯很快深深懷念起親密關係，但是許久之前，那些親密關係已逐一消逝。她覺得難過，

自己「和你們所有人分開」，這是誠心的暗示，也可能是真心想要表達她在雪梨的孤立處境。「去年我因為在街上跌倒，頭部嚴重受傷，所以寫作困難，而且完全無法走動。意外發生後，這兩年的生活變得很難熬。」信件最後她說道，他對於她作品的認可「讓她在經歷化學失衡理論流行、引發紛亂之後，終於獲得了平靜。短暫使用藥物確實有幫助，但也可能造成阻礙與破壞。我的指導方法就像一張安全網，接住那些跌落的人。」

兩人能夠恢復聯繫，杜邦自然非常開心，但是他還有第二項計畫。維克斯的影音產品是很有用的專業資源，他一直努力想要爭取這些產品的版權，包括BBC的錄影產品，但是結果令他感到相當挫敗，因為這些產品的版權全都掌握在萊許手中。此外，對於之前她要求將兩人共同製作的影片銷毀這件事，至今杜邦仍相當懊悔。

他請他的特助帕蒂・卡爾森（Patti Carson）向魯多打聽，現有的錄影帶的庫存量與成本，以及他自己錄製的影片流落何方。同時，他回了一封言詞熱情的信給維克斯，「謝謝你來信。真的非常榮幸，也很開心收到你的信。」他之所以極力推薦她的書，「是因為看到你幫助這麼多人，讓我很感動」。

結束開頭的客套話之後，杜邦直接向維克斯問起兩人共同製作的錄影帶。他希望一切還有救，但是他完全不知道那批錄影帶的下落，因為當初「是在沒有任何人看到的情況下，寄送給你」。至於維克斯的其他影音產品，杜邦和其他想要購買這些產品的美國人一樣感到非常洩氣，

因為一直買不到。他告訴維克斯，白原市的人建議他，聯繫住在佛羅里達州聖彼得斯堡的魯多，請她幫忙訂購以及「提供資訊給其他想要購買的人」。

此外，他還有一個專業問題。維克斯強烈反對化學失衡理論，這項理論接受藥物治療方法，但是杜邦想知道維克斯的看法：如果將她的治療模式與「抗憂鬱藥及抗焦慮藥物結合，會有什麼結果？在康復的過程中，你是否發現藥物是有益或是有害的？」

維克斯在稍後寄出的信件中，詳細回答了杜邦的問題，不過在她寄出第一封和第二封信給杜邦的期間，魯多寫信給位在瑞典斯德哥爾摩的諾貝爾生理或醫學獎委員會，向他們索取提名表格。當時維克斯和魯多都沒有向杜邦提到諾貝爾獎的事，後來維克斯解釋說，因為她不知道什麼時候會寫第一封信給他。

在魯多收到杜邦來信表示，希望購買維克斯的錄音帶與錄影帶後，她只是「謝謝他近日來信購買維克斯博士的卡帶」，她將卡帶寄給他，也給了他報價。她還向他道歉，說她手上沒有他與維克斯共同製作的錄影帶庫存，但是她會找找看。

一九八九年一月三日，魯多收到諾貝爾委員會祕書安妮塔．朗馬克（Anita Lundmark）的確認信，表示已經收到她索取提名表格的信件。一月十八日，透過卡爾森居中牽線，魯多第一次直接聯絡杜邦，她希望杜邦能夠「針對提名維克斯博士角逐諾貝爾獎的事提供協助、建議與意見」。魯多說她已經收到瑞典寄來的表格，問杜邦是否願意看一下，協助提升維克斯的候選資格？「比

方說認可她的終身理念，強調她享譽全球。」

最後魯多寫道，關於杜邦極力想要知道的錄影帶下落，她已經做了一些「偵察」。最後是「落入史蒂芬（萊許）手中」，這實在不是好消息。「他和維克斯博士幾乎撕破臉，所以這時候不可能拿回那卷錄影帶。」她還說維克斯的健康情況很不好。

雖然杜邦已經沒有機會拿回那卷錄影帶，但是能夠幫忙處理諾貝爾獎提名的事令他更為高興，他帶著無比的熱情全力投入。他和魯多一樣，花費不知道多少小時，只為了一個他形容為異想天開的任務而努力。他知道維克斯多麼渴望獲得榮耀。他認為，有非常多的人讀過她的著作後充滿感激，這件事已是有目共睹。杜邦理解自己所處的行業有非常多令人心灰意冷的限制，因此他很驚訝維克斯竟然這麼在意要獲得專業的肯定。

幾天後，杜邦收到維克斯的長篇回信，信中展現出少見的親密，而且近乎懇求。這時候她已經知道，魯多請杜邦幫忙處理諾貝爾獎提名的事，但她還不知道杜邦已經著手進行。她需要他的支持，但是從她寫的內容可以看出，科爾曼過世後她的生活過得不怎麼好。這就是她的心態，為了得到杜邦支持，只能厚著臉皮展現自憐的姿態，但是她在自己的書中卻語氣乾脆地告誡讀者，不要自艾自憐。

不過，在一一細數自己的煩惱之前，維克斯先回答了杜邦提出的專業問題，她明白杜邦很想知道她對於使用藥物治療焦慮病患的看法。她婉轉地表示自己很高興他「想要知道鎮靜劑以及／

或者抗憂鬱藥治療與我建議的方法結合會是如何」。但是對於精神分析領域的新趨勢，也就是她所說的「調整化學平衡」，她一直抱持懷疑。她認為，需要依靠藥物才能達成大腦的化學平衡，這是過度簡化的說法，根據她個人的經驗，藥物並沒有特別有效。

「許多人從治療師的口中得知，自己遇到什麼樣的問題，然後已經依照他們各自的情況接受應有的治療。」她解釋說，她曾收到美國讀者的回信，上面寫說「他們已經接受藥物治療很長一段時間，卻沒有成效。」接著她說，在澳洲，「化學失衡理論同樣非常流行」。

如今這個概念非常受到歡迎，維克斯表示「之所以這麼想要談論這個主題，是因為我自己累積了很多相關的經驗。這個主題需要的是有經驗的觀點，特別是當下的觀點。但是我認為我已經沒有力氣了。這幾天我很有動力，但是身體卻會說：『再等一天吧！』」

不過對於某類藥物，維克斯的態度依舊開放，那就是鎮靜劑。「當然，鎮靜劑可以和我的治療方法結合。對某些病患是有效的。我已經在書中以及BBC的錄影帶中提到這一點。我可能會再寫一本書談論用藥。不過看到抗憂鬱藥物大量出現，同時有愈來愈多人診斷出憂鬱症，我感覺有些好笑。這又可以出一本書！但是一切都太晚了！」

接著她切入正題。她並沒有花太長篇幅，只是想表達自己的憂慮，她擔心杜邦覺得自己受她操控，好讓他點頭答應支持諾貝爾獎提名。她堅稱，她第一次寫信給他時完全不知道魯多的計畫，當她發現時「大吃一驚」。她說，她寫第一封信只是因為知道杜邦在恐懼症協會為她的著作背書，

她因此大受鼓舞，「立即」提筆寫信給他。不過維克斯也承認，她曾建議魯多找杜邦幫忙，接著她提醒杜邦，他是第一個在多年前就認為她值得諾貝爾獎的人。

「我還記得你在伊斯特布魯克的客廳，針對同一個主題說了哪些話。你還記得嗎？我告訴夏洛特這件事，然後她說：『我應該跟杜邦博士提這件事！』我之所以告訴你這些，是因為不希望你認為我是為了這事才寫信給你。所有事情就是出奇地巧合，但真的只是巧合。」

接著維克斯仔細地向杜邦說明她的健康問題。杜邦再次展現出無比的同情心：「原本過著為他人著想、盡力幫助他人的忙碌生活，現在卻要面對死亡，感覺有些奇怪。我一直全心投入這件事，所以不會想到死亡，因為根本沒有時間去想！」

維克斯也談到了自己的神經疾病故事，她知道他一定會感興趣。她自己從沒有經歷過懼曠症，卻曾罹患「讓人衰弱的疾病」。她告訴杜邦之前在療養院隔離的情形，對心悸感到恐慌以及其他一切事情，包括奧魯索在內。

她重新「回想過去的經歷，不記得自己患有已被確認為恐懼症的疾病。雖然時常感到恐懼和憂慮，但沒有出現恐懼症的症狀。」不過她「清楚知道恐懼症是如何開始的。我猜這是為什麼我會『如此』了解你。」

然後，她終於掀開了帷幕。「我真的知道神經耗弱究竟是怎麼回事，特別是最近這十年。我的生活讓我疲於奔命，我從不會拒絕協助病患。過去三十年，你應該要聽聽我的電話機。到現在

還是一直響不停，特別是來自美國的電話。」

最後，關於生活環境的改變，維克斯提出了犀利的見解。回想「特別是差點撐不下去的」那十年，維克斯大致說明了她的境況。「首先，我摯愛的妹妹十年前得了阿茲海默症，其中有七年我和她生活在一起，我時常得自己一個人照顧她。我終於把我弟弟送進醫院治療，他得了腦腫瘤，已經是末期。他也曾和我一起生活，現在仍在住院治療。」

這封信是打字完成的，信末維克斯潦草地手寫下一段排列密集的小字，「這些年，我幾乎將全副心思花在我妹妹身上。我不知道自己怎麼撐過來的。」

33 諾貝爾獎提名 The Nobel Nomination

維克斯變得意志消沉，有些愛她的人也這麼認為，但是爭取諾貝爾獎提名的興奮感，確實讓她精神煥發。

一九八九年初，維克斯實在受夠了萊許的散漫，萊許失聯更是讓她感到相當挫折，因此她決定，正式將業務轉交給早已經開始處理這些業務的魯多。維克斯與魯多簽訂法律合約，由魯多接手她的錄音帶與錄影帶在美國銷售與發行，簽約日期為一九八九年三月三十日。她將所有銷售的淨利平分成兩份，他們兩人各得一份。

當維克斯知道杜邦將會協助她爭取諾貝爾獎提名後，她在一月一日欣喜若狂地回信給他。「當夏洛特告訴我，你願意幫助我角逐諾貝爾（我甚至寫不出來！）提名，我真的很開心，我知道沒有其他人能像你一樣，如此肯定以及理解我的著作對全球的影響。確實，過去幾年來，我的著作影響力就如同潮汐一樣暴增。」

之後，杜邦又收到了維克斯寄來的幾封信，內文充滿了驚嘆號。維克斯知道，杜邦必定會負

責處理其中最困難的部分、積極動員她的支持者，以及撰寫提名表格，所以她一定要讓杜邦知道她達成什麼成就。她說雖然自己已高齡八十六歲，甚至偶爾會心絞痛，但依舊每天至少接聽一通遭遇特殊困難的人打來的電話。

鮑伯，我拯救許多人免於接受腦白質切斷術（腦葉切除術），而且僅僅透過打電話。我說的不是只有一、兩通電話，而是需要好幾個月，但是我做到了，有時候我會每天和某個人講電話。當時我手上有兩名病患，我至少每兩天就會和其中一人通電話。她罹患了最難對付的疾病，這也是為什麼我和她持續通話了十八個月，即便我心絞痛發作時，還是會提供幫助（術後復原期間發生過幾次心絞痛）。

在信紙空白處，她手寫了一段小字：「我完全沒變。」

她的書「充滿了希望，很快地人們也發現了這一點，這就是為什麼她的書能長期暢銷，而且至今的銷量依舊出奇的好。我參加電視和電台節目時（在我六十、七十和八十多歲時，總計接受四百次節目的訪談），你甚至可以聽到空氣中傳來鬆了一口氣的聲音。」

還有，「鮑伯，你一定會發現，居然有那麼多人寫信或口頭表示，是我讓他們的精神恢復正常，拯救他們免於自殺。鮑伯，我很懷疑有任何醫生像我這樣，過去二十五年付出這麼多，幫助

那些患有神經疾病的人們。而且百分之九十九的案例沒有任何財務回報！」〔1〕

聽起來像是她在大力吹噓自己的成就，不過杜邦也確實需要為申請提名收集與整理相關的證據。但維克斯說話很少會如此含糊不清，可是由於年事已高，加上先前頭部受傷，她得努力回想重要的生涯成就。

自從她跌倒之後，至少發生過一次小中風。她的姪女潘妮回想那天下午的情景，當時維克斯前往他們在藍山的家探望布萊恩與伊瑟，他們所有人從午覺中醒來後，發現維克斯說話有困難。潘妮有些擔憂，但維克斯回說她沒事。「只是基阿的問題。」她的意思是「氣壓」。

這對杜邦及申請提名來說，都成了一大問題。杜邦努力想要喚起她的記憶。她有寫過這麼多篇文章或是主題嚴肅的論文嗎？有其他專業人員能為她背書嗎？

維克斯只記得沃爾普羞辱過她，她得努力回想有哪些人曾為她背書。她第一個想到的是人在英格蘭的英國焦慮專家艾薩克・馬克思博士：「他關注我的治療方法非常多年，卻是個沉默寡言的傢伙，我不確定他是否能幫到你。」她承認，她不記得每一位遇到的精神科醫生的名字，但是「記得他們的臉」。

她告訴杜邦，很多地方都在傳授她提出的治療方法，「包括英國國內許多國民健康診所。全

1 寫給杜邦的信件。一九八九年一月三十一日。

國性心理健康協會也運用我的治療方法，我想協會的名字應該是MIND。我可以繼續回想。鮑伯，畢竟距離現在已經二十五年了。」她提出了一個人選，也就是來自倫敦西南部羅漢普頓（Roehampton）修道院醫院（Priory Hospital）的科布博士（Dr Cobb），她說他長期使用她的治療方法。她告訴杜邦，她的名字在英格蘭「幾乎是家喻戶曉」，多數臨床醫生都知道她。

在澳洲，至少有蓋文・安德魯斯，他是澳洲非常知名的精神科醫師，經營「澳洲最有名的焦慮診所」，她希望能夠取得他的支持。

接著是英國精神科醫師麥可・蓋德爾（Michael Gelder），他是《牛津精神病學教科書》（*Oxford Textbook of Psychiatry*）的合著者，維克斯宣稱，有一次他說：「這女人是誰？我爸媽就在我眼前拿著這本書！」（維克斯過世二十五年後，蓋德爾表示不記得自己說過這些話，不過依舊給予了中肯的背書：「我記得克萊兒・維克斯的名字，而且想起來那時我覺得她的治療方法很不錯。」）

維克斯想到，加拿大懼曠症基金會（The Agoraphobic Foundation of Canada）也曾運用她的治療方法。她告訴杜邦，她曾多次受邀在牛津大學精神科醫師會議上，以及在利物浦、卡地夫和布拉福等地的醫院發表演講。她還列出她的著作登上暢銷書排行榜的次數、多常被翻譯成其他語言，許多嚴肅的期刊也找上門，希望她發表文章。

此外，還有許多意想不到的成功。維克斯指出，就在《讀者文章》刊登《幸福就在轉念後》的書摘後，她收到「越南軍人與美國監獄寄來的信。其中一位囚犯說他再也不會進監獄，當時他

喝醉酒，所以犯了罪，全是因為『神經』問題，但現在我已經治癒了。」

維克斯心裡明白杜邦面臨的「困境」。「我確實很少在科學期刊上發表文章（只有兩篇）。」她解釋說，她決定不去寫能夠讓她更有尊嚴的科學性文章，轉而直接對大眾說話。「他們的需求非常迫切，所以我選擇寫書。」

她也非常感謝杜邦。

> 不管怎樣，你並不想聽到這些。我只是想讓你知道我過著什麼樣的生活。我知道你很清楚在當今的精神醫學領域，我扮演了開拓者。關於這一點不用我告訴你。我知道你會列出這一點，因為沒有其他醫生能做到。這就是為什麼我很高興你願意幫忙。謝謝你，鮑伯。獻上我最深的謝意。

最後由杜邦決定收錄哪些人的背書。詹恩是明顯的人選，他也立即點頭答應，並寫了一封長信支持提名維克斯。「我認為維克斯的治療方法最值得注意的是，早在外界開始注意到焦慮、恐慌和恐懼症並持續研究的多年前，她就擁有獨特的能力，對恐懼症病患展現難得的同理心，並提供有用的建議。」

除了精神科醫師，杜邦還寫信給澳洲總理鮑伯・霍克；他和美國駐澳洲大使梅爾・森姆博勒

（Mel Sembler）有私交，所以也聯繫了對方。森姆博勒回覆說，有了杜邦的背書，他必定會給予支持。「你一定要相信我，她絕對能得到大眾與專業人員的認可，這是她應得的。」森姆博勒要他放心。杜邦甚至聯繫了艾皮．萊德爾（Eppie Lederer），她也表示樂於幫忙，她正是當時相當受歡迎的報紙專欄作家安．蘭德斯。

維克斯繼續強調自己一直被業界孤立，不過這件事不需要告訴杜邦。詹恩在支持提名的信件中表示：「我們必須承認及認可維克斯博士的勇氣，她不顧當時的主流敵視她，仍堅持走自己的路，持續觀察，並發展自己的概念與治療方法。」

安德魯斯也立即表示願意支持。當年稍早他曾邀請維克斯造訪他的診所，維克斯為此興奮不已，「所以我們願意向你致敬」。五月時，他將支持信寄給杜邦：

> 正如同杜邦博士所說，其他專業人員試圖使用鎮靜劑治療病患，維克斯博士卻選擇寫書，與無數恐懼症及其他類型的神經緊張病患通電話。我相信，她是第一位開發心理學技巧，讓病患有能力控制及度過恐慌發作的人。
>
> 在這間治療焦慮症的診所，我時常聽到維克斯提供的建議如何幫助人們度過焦慮發作。感謝她樹立的典範，目前在澳洲，有許多診所專門教導人們如何運用心理學方法管理焦慮。

杜邦的提名信試圖跨越一大障礙：過去的諾貝爾獎得主多半是研究科學家。杜邦的信件長達七頁，信中他認定焦慮是「所有精神障礙中真正最普遍、最微弱、以及最能夠治療的。」他解釋維克斯的治療方法，說明為什麼這個方法比其他地方採取的方法還要成功，同時也表述自己在這個領域具有的資格。最終杜邦解釋，雖然維克斯促進了焦慮治療領域的改變，但是她的成就一直沒有獲得承認。

在背後支撐這些重要發展的關鍵，正是維克斯博士完全獨一無二與無時無刻的付出，這位來自雪梨、已經退休的全科醫生，避開那些抱持懷疑的醫學與精神病學建制派，透過寫書直接給那些為焦慮所苦的人們帶來希望。如今許多研究焦慮症的醫生，包括我自己，正是經由讀過維克斯著作的病患的介紹，找到了進入這個領域的方法。我們正是藉由這種方式，發現了有效治療焦慮症的新方法。

杜邦將擬好的諾貝爾獎提名信初稿拿給維克斯看，她一定會提出自己的編輯建議。她希望杜邦能夠提到，她反對用大腦化學失衡理論解釋神經疾病以及用藥物治療。「我的治療方法正好相反。我認為首先應治療疾病，化學失衡的問題就會迎刃而解。」

她希望他再稍加強調她是開創者，她還詢問他，能否修改她的治療口訣，再增加幾個字，變

成「面對、接受、漂浮（不反抗），以及讓時間流逝。」

維克斯在信件的最後，對於杜邦為她做的努力表示感謝。「至少你知道，如果最後希望落空，但是由於這件事你做得很好，也被認可做得很好，所以我感到相當平靜。」

一九八九年四月三日，魯多寫信給杜邦，謝謝他寫了一封「文情並茂的信」支持提名維克斯，她還詢問他是否可以「聯繫女王，解釋我們正在做的事情，並詢問她是否願意因為維克斯在焦慮症領域做出卓越貢獻而推薦她」。這個建議並沒有得到回應。

最終，追求諾貝爾獎之旅成了雙面刃，維克斯之所以理解神經系統，是因為她自己很容易被激發。魯多寫道，那天傍晚與維克斯聊過後，「她告訴我，看到你的信之後她有多高興。事實上，聊天的時候，她實在太開心了，只要說到那封信，她的血壓就會飆高得嚇人，所以不得不掛電話。」但是魯多知道，正向的激發會擊退負面的激發。「老實說，杜邦博士，我相信維克斯只要一想到提名，就會振作精神。謝謝你做的這一切。」

杜邦寄了提名信定稿給維克斯檢查。

這是維克斯工作生涯的最後一年。五月，維克斯完成了最後一本書《焦慮的最新自救手冊》（*The Latest Help for Your Nerves*），並在當年順利出版。這是她最後一本耗費大量心力的書，當中收錄了多篇文章、演講、信件與訪談。市場的需求似乎無窮無盡，大家都想知道維克斯如何看待生活的各個面向，以及如何過生活。《幸福就在轉念後》已經發行到第二十三版。

就在同一年，維克斯終於獲得較為正式的認可，她受邀與業界幾位鼎鼎有名的專業人員共同撰寫一本探討焦慮的書：由英國心理學家羅傑・貝克負責編輯的《恐慌發作：理論、研究與治療》（*Panic Disorder: theory, research, and therapy*），其中還包括了艾薩克・馬克思與大衛・巴洛撰寫的章節。貝克邀請維克斯合作撰寫「抵抗恐慌復發的關鍵」這一章，維克斯也同意了。他介紹她是「走在時代前端的女性」。

這次邀請也是源自私人的淵源。貝克寫到維克斯的治療方法不僅對他的專業有幫助，也有助他管理自己的焦慮。「她選擇直接與病患溝通，這給了我靈感，當時我正在寫一本從臨床心理學家、而非全科醫生的角度出發，探討恐慌的書，由獅子出版公司（Lion publishing）於一九九五年出版，二〇〇三年與二〇一一年分別出了新版，已經翻譯成十三種語言。在最後一章我特別強調，克萊兒抵抗復發所採取的方法相當重要，而且對我個人幫助很大，讓我順利克服恐慌。」〔2〕

八月九日，杜邦收到諾貝爾委員會祕書的來信，信中提醒「徵求生理或醫學獎提名人的機制有非常明確的規則」。幾星期之後，杜邦和魯多收到消息，他們的提名沒有獲得入選。

維克斯裝作不在意的樣子。「聽到這個消息我並不意外，」她在一九八九年十月十九日語氣親切地寫信給杜邦。

2 Baker, R. *Understanding Panic Attacks and Overcoming Fear*, 3rd ed.

……就如同之前我說的，真正重要的是你和曼努爾（詹恩）帶給我的鼓勵和肯定！總之，在我情緒低落，努力想要從那次意外中恢復健康的時候，你和夏洛特不遺餘力地幫助我這麼多。你寫的信真的是傑作，就某方面來說，這就是我的諾貝爾獎，我真心感謝你。

這結果令維克斯失望極了，不過一九八九年還發生了更糟的事。萊許終於再度現身，過去幾年他完全無視維克斯的措辭愈來愈強烈。他發現魯多已經開始協助處理維克斯的事業，負責維克斯錄音帶和錄影帶在美國的銷售工作。萊許出現在魯多位於佛羅里達的家門前，之前他也是這麼對待亞尼薩斯。他堅持自己擁有優先獨家合約權，負責維克斯的影音產品在美國的銷售工作。但真正讓魯多害怕的是，他身上竟帶著槍。

透納抱怨說，維克斯與萊許簽訂的合約「在他看來是永久有效的」。因此，他活著的時候，沒有其他人能夠和維克斯簽約。「嗯，聽說夏洛特被他嚇得魂飛魄散，」她寫信給法蘭西絲時曾經這樣說道。

魯多知道維克斯需要她來負責處理美國的業務、而不是萊許，她手上有合約可以證明。但是萊許也有他自己的合約，魯多嚇壞了，只好遵從萊許的意願，依照他的要求交出母帶，然後請她的律師寫信給他。

「此封信將作為正式通知，魯多小姐未來不再負責銷售與宣傳。此外母帶已經歸還給您。魯

多小姐希望未來您不會再透過信件或電話與她聯繫。請勿再威脅魯多小姐，否則只會讓事情變得更複雜。」

雖然萊許並非完全冷漠無情，但是律師又插入了一段話：「魯多免費付出數千小時，致力於推廣維克斯的作品，因此感覺在整個過程中遭人惡意利用。」

沒有一件事讓維克斯開心。諾貝爾獎提名失敗；她的產品再度落入那位難搞又毫無行動力的人手中；魯多情緒憂傷；如今的維克斯勉強剩下年邁的身軀，以及無法盡如人意的生活。

杜邦的特助卡爾森寫信告訴他：「維克斯情緒異常低落，因為她沒有獲得諾貝爾獎提名，雖然她自己沒有期待。」這名女子懂得什麼是耗弱、也完全理解身體疾病將會導致精神障礙，但現在她卻陷入憂鬱。這就是她朋友的診斷。

維克斯經常提到，有兩個器官會很有同情心地做出回應，感受到真正的悲傷：心臟與腸道。現在她這兩個器官正在鬧不和。如今她已高齡八十六歲，就和其他許多人一樣，她的身體一再讓她失望，只能痛苦地面對已知的結果。

34 最後的日子 Final Days

就在諾貝爾獎提名遭拒後不久，維克斯向魯多提出了一項特殊強求：她是否可以搬去佛羅里達的聖彼得斯堡和她同住？一名健康出了問題、在澳洲有個大家庭，而且對自己的心智狀態知無不言的年邁女性，提出了如此不尋常的要求。維克斯想要過全新的生活。除了其他考量，她害怕自己也落入了與其他仍在世的兄弟姊妹相同的命運，只能在療養院過日子。

沒有任何紀錄顯示魯多如何回覆維克斯，不過後來維克斯依舊住在澳洲。在這段黯淡無趣的日子，她倆每天都會通電話聊天。卡爾森清楚知道，維克斯的生活充滿了不確定，這點讓她感到痛苦，她寫道「有段時間維克斯博士希望和夏洛特一起生活，推銷她的產品，但是時機已過。現在維克斯的家庭面臨重大問題，他們正討論要把她送進療養院。」

現在維克斯的生活已經脫離了她的掌控。她想要逃離，但是這個想法太不切實際，她只能繼續留在雪梨，與分裂的家庭共同生活在壓力之下。沒有了科爾曼守護，維克斯在人生最後十年遭遇的混亂，比起先前的七十年，簡直有過之而無不及。

如今維克斯即將邁入九十歲、而非八十歲，她時常提到自己的「老心臟」，持續與高血壓搏鬥。她知道自己的健康不穩定，卻拒絕任何勸告她去看心臟專科醫生的提議。維克斯不想知道太多，而且無論如何，她可以自己治療。但是她厭惡爭吵、小題大作以及戲劇性事件，家庭的壓力總是令維克斯緊張不安。

魯多決定再試一次，為維克斯爭取諾貝爾獎提名，她列了一份「支持團隊名單」，直接將所有諾貝爾獎得主一網打盡，特別是最近幾年的醫學獎得主。

此外，魯多也開始爭取澳洲勳章的提名，角逐這個獎項更為務實。杜邦也樂於支持。由於之前角逐諾貝爾獎提名時已準備好相關文件，所以他們只需要為澳洲勳章的提名重新整理一次。

除了健康、家庭、以及萊許的問題，如今又出現了一道可怕的陰影，這道陰影實在太過真實，而且無法運用維克斯具備的技巧化解。她居住的社區景觀優美、綠樹成蔭，全是大坪數房屋，居民坐擁大筆財富與特權，不過作風低調，但現在因為一位殺人犯而危機四伏。這名殺人犯人稱「老奶奶殺手」，專挑獨居年長女性下手。他於一九八九年三月殺害第一名受害者，地點就在緊鄰維克斯社區的摩士曼（Mosman）郊區。到了五月，可明顯看出這是個手法兇殘的連續殺人犯。

殺人案全部發生在雪梨的同一個角落，維克斯非常嚴肅地看待這個威脅。這名男子通常會跟蹤年長女性回家，然後用棍棒擊斃或勒斃受害者。他只在週間時作案，這段時間年長女性最有可能獨自在家。媒體大肆報導駭人聽聞的作案細節，更加深了人們的恐懼。維克斯告訴她在「呼叫

天使」的同伴萊德說，每到了晚上她就會感到很不安全。

十一月三日，布萊恩過世。十一月二十四日，也就是整整三星期之後，達爾西離世。維克斯是所有兄弟姊妹當中最年長的，卻比其他人都要長壽。與她同世代的多數人，除了她的好友凡斯和她的弟妹伊瑟之外，都已離世。

隨著達爾西過世，房屋的命運成了籠罩維克斯的另一道陰影。她從未做最後的努力保全自己的財產。她很可能再也無法租用這間房子，一切端看達爾西遺產受益人的態度而定。沒有任何跡象顯示，在維克斯仍在世期間，她的外甥女公開在市場上出售這棟房子。對於自己的生活安排，維克斯不再具有絕對的權威。

她非常害怕自己最後會被送進療養院，到了一九八九年底，她在自己家變得不快樂、成天擔心受怕。十二月時，親戚們明顯看到她情緒苦悶，年紀最長的外甥女法蘭西絲提議，讓維克斯去坎培拉住幾個星期，後來延長為四個月；維克斯再也沒有回到米爾森路三十七號。她留下所有個人物品，向萊德告別，她說「去坎培拉對我比較好。我曾經擁有那些美好的時光，但現在我再也無法忍受待在這裡。」

她究竟有多渴望離開，從她選定的目的地就可看出。她從外甥女形容為「獨棟別墅」的住家，搬到坎培拉市區裝潢簡樸的房屋。「這絕對是非常劇烈的改變，」法蘭西絲說。「當時，我在佩吉（坎培拉外圍的郊區）只有一間小坪數的政府住宅。沒有壯觀的景致，只有一座小花園。」

更糟的是，雖然澳洲首都坎培拉是規劃良好的行政城市，地形景觀優美，讓整座城市看起來不那麼一板一眼，但這裡畢竟不是雪梨港。整座城市的地勢如波浪般起伏，郊區散布其間，四周被森林密布的群山圍繞。這裡被譽為「灌木首都」，新開發的郊區就像隨意安置在一座大型牧羊場中。在坎培拉生活好壞參半。這座城市的唯一優點是安靜，在這裡維克斯感到很安全，但是她喜歡有人陪伴，而這裡只有樹，沒有人。出了市中心，這座首都白天時就是個死城。法蘭西絲必須全職工作，所以維克斯感到有些孤單，維克斯會在外甥女工作時打電話給她，這也讓法蘭西絲成了老闆的眼中釘。

高血壓、大腦內的血栓，以及永遠解決不了的消化問題，讓日常生活變成了一場試煉。維克斯的心思依舊相當敏銳，卻會出現近音字詞誤用（malapropism）的情況，這是腦內動脈瘤（aneurysm）造成的影響。例如光碟她會說成「公碟」。法蘭西絲記得有一次維克斯說「用來觀星的引擎」，後來她才搞清楚維克斯指的是她的雙筒望遠鏡，她原本是要說「儀器」。儘管說話時經常口誤，維克斯依舊是一名優秀的歌唱家，能夠精彩地演繹德國藝術歌曲。

此外還有一個明顯的後遺症，法蘭西絲第一次聽到的時候，是有一天她在屋內跳舞，舞動著裙擺，當時維克斯說：「你出身自一個培養出非常多陽剛女性的家族，親愛的。」法蘭西絲認為，她阿姨選擇了「陽剛」（masculine）這個字，但其實她指的是開拓者（trailblazer）。維克斯一直是如此看待她自己。

八十七歲的維克斯還能走動時，法蘭西絲會帶著她去餐廳吃飯、看電影。有一天法蘭西絲帶著她女兒與女婿一起和維克斯吃午餐，維克斯的心情非常愉快，「因為她感覺有人愛著自己」。

直到維克斯過世，萊許一直是個頭痛人物。杜邦想要向萊許提起訴訟，繼續爭取版權，並計劃說服維克斯雇用她的雪梨律師威脅萊許，除非他允許「未來當維克斯覺得時機適當時」，她有權發行自己的產品，否則就要採取法律行動，「我們將控告他過去三年沒有履行合約」。應變方案是盡可能達成最有利的財務協議，確保那些產品仍可公開販售。

一開始維克斯同意了，但不久之後她又退縮。魯多寫信給杜邦，向他解釋「維克斯看到可能的行動方案後，決定親自寫信給史蒂芬，請求他合作」。魯多接著補充了一段看似非常樂觀的話：「她正等著他回電，問題將會迎刃而解。」

一九九〇年一月十一日，維克斯寫了一封語氣刻意討好的信給萊許。她解釋說她有了新的生活環境，告訴他自己的電話號碼，語氣柔和地細數他的光榮事蹟，「你知道實際上我是為了自己的作品而活，我委託你在美國推銷和發行我的錄音帶與錄影帶，因此我希望盡可能幫助你。」她想要知道萊許的行銷和發行計畫，她說自己有些想法，願意「提出來，徵求你同意」。然而萊許已無可救藥，手中握有維克斯的產品，卻拒絕與任何人分享或親自向她解釋，這一次維克斯再度選擇遷就他。

結果依舊徒勞無功。三月時，魯多向杜邦報告最新進展。她說，維克斯「感到非常挫敗、憤

怒」。萊許等於埋葬了她的作品。「所有客戶的詢問以及購買錄音帶的訂單，都是直接寄給萊許，但是他完全不回覆。五個月過去了，人們打電話給我，抱怨沒有人回他們的信，沒有人在做事。她的律師一直告訴她，再給他一些時間，但是她的耐性已經快磨光了。」

四月時，維克斯又試了一次，只不過信件內容看起來有些挫敗。「顯然你沒有回覆寄到八六七號郵政信箱的客戶請求。我相信，只要你和我友善地溝通，就能成功挽救沃斯製作公司，這對我們兩人都有利。」

隨著壓力日益升高，這是維克斯第一次直接與萊許交涉。

「你甚至沒有告訴我，過去十三年賣出以及出租多少唱片、錄音帶與錄影帶。這些年我多次要求（律師）史蒂芬・博金（Stephen Bodzin）聯繫你，請你給我帳單，但是你一直沒有寄給我。」

維克斯懷疑，萊許是否「嚇到了」，或許是因為她要求查看沃斯製作公司自一九七七年之後的會計師評估報告（債務與信用），因為他「可能沒有保留沃斯製作公司這些年的帳本。如果真是如此，能否請你寄給我一份簡單的債務和信用清單，我查核完之後如果滿意，就會支付拖欠的款項。我不會再要求查看會計師評估報告。我願意接受你寄來的清單，而不是用電話溝通評估報告。在我死前我會支付所有欠款。我只希望你能回信。」

很難想像這項事業會出現任何負債，維克斯或許只是希望以此為誘餌。但是萊許沒有上鉤。維克斯再也沒有收到他的消息。

一九九〇年三月，「老奶奶殺手」約翰．格洛佛（John Glover）遭到逮捕。他是個五十多歲的英國人，和太太育有兩名女兒，原本是派餅銷售員，一九九一年十一月格洛佛被判處無期徒刑。後來他得了癌症，二〇〇五年結束了自己的生命。

格洛佛被捕不久後的某一天，法蘭西絲下班回家後得知她阿姨決定離開坎培拉，回到雪梨。原本法蘭西絲已雇用了兩位女性白天時在家陪伴維克斯，但是維克斯非常想念雪梨。她決定賣掉自己的房子，她告訴法蘭西絲，她忍不住想要回去。此外「現在對我來說，那裡有太多回憶。母親、達爾西和貝絲。」

但是維克斯沒有告訴法蘭西絲，她已經安排好搬進沃里伍德（Warriewood）的退休住宅，伊瑟也住在那裡。她已經委請律師協助她處理所有事情。她開始準備出售克雷蒙恩的家，並安排打包大部分的個人物品，來自北灘的法律事務所、領有執照的專業律師安．布蘭妮佛格森（Ann Blannin-Ferguson）知道，維克斯對自己的生活有某些擔憂。她特別記得維克斯說過，她多麼希望科爾曼能夠在她身旁幫忙做決定。

決定搬去安養機構想必不容易，但是法蘭西絲說她阿姨「面對整件事時，顯得異常平靜」。四月十一日，維克斯八十七歲。「你會活得太長，」有一次維克斯心生厭倦、語氣哀傷地告訴法蘭西絲。在坎培拉時，她曾告訴一位來自墨爾本的訪客，她已準備好死去，她人生的最後一年讓她備受折磨。

在她最終搬進退休住宅之前，她到凡斯家小住了一段時間。這段期間，她每天都會與魯多通電話，魯多向杜邦報告說維克斯的心情有些好轉。她「非常煩躁不安。與『諾貝爾、澳洲勳章、以及她的作品有關。』」

律師在靠近伊瑟居住的公寓內，為維克斯安排了短期照顧服務，並支付九萬五千美元的長期住宿費用。或許是因為得到充分的寧靜，再加上有伊瑟這個年齡相仿的家人陪伴在旁，為她在安養中心的生活帶來了些許慰藉。後來有位朋友寫信給伊瑟說，就在維克斯搬進退休住宅的第二天，她打電話給維克斯，發現她「身體健康，心情愉快，她還告訴我，你非常熱情地歡迎她到來」。

於是，這兩名年邁的女性因為家庭、情感、以及記憶的連結，而聚在一起。維克斯的身體愈來愈虛弱。她的外甥孫亞當小時候在「克萊兒與貝絲」的領地擁有一塊專為他保留的兒童區，可任由他玩樂，如今他卻發現，向來情緒高昂的維克斯逐漸衰弱。亞當邁入青春期後，曾到安養中心探望外祖母達爾西。維克斯搬進沃里伍德後不久，十九歲的亞當雖然工作忙碌，仍會抽出時間探望克萊兒姨婆。他立即注意到她的改變，對她產生了憐憫。「她身體虛弱、身材削瘦、走路不穩、全身無力。看到她這樣真的讓人很難受，因為她一直是這個家庭的有力支柱。」

不久之後，一九九〇年六月二日，維克斯有了另一位訪客，就是她的外甥女蒂塔。蒂塔痛恨阿姨被關在老人安養中心，而不是看著雪梨港過完這一生。蒂塔知道，維克斯以前最不希望待的

地方就是安養中心，因此她決定去探望她。距離他們最後一次交談已經很久了，蒂塔的情況並不好，她有些緊張不安、情緒脆弱。三十年後蒂塔重述這段經歷時，說話有些急促。

「我敲了門，她感到非常驚訝，但是很高興看到我。我想當時我看起來不太好，因為發生太多事情，我感到很有壓力。」

她告訴阿姨，她是來向她「真心道謝，感謝你為我們做的一切：接納我們，給我們房子住，疼愛我們，如此包容我們，對我們所有人永遠抱持正面態度。發生了那些讓你受傷的事情，我真的很抱歉，我們都因此受了傷。我只是想要讓你知道我愛你，超過任何事情。你和媽媽，你們真的非常了不起，我只是想對你說這些。」

蒂塔說，維克斯聽完後伸手擁抱她。她看起來心情愉快，但接著說了一句莫名的話，卻沒有任何解釋。「我犯了個嚴重的錯誤，」她阿姨說。

在當下情緒緊繃的時刻，蒂塔沒有追問，她阿姨也沒有說下去。這次見面相當短暫，蒂塔回到家後不久就收到了消息。維克斯被發現死在小公寓的梳妝台前。她正要梳頭髮，準備走出房間和大家一起用餐。當時她搬進退休村還不到一星期。

維克斯在很短的時間內便離開人世。「我很少看到有人真的是因為意識到自己即將死去而死亡的，」維克斯在六年前出版的倒數第二本書中寫道。自然界的劍鋒會逐漸變鈍。〔1〕在她二十多歲時，她的心臟教會了她關於焦慮的所有事情，這顆心臟之後又持續跳動了六十年。

維克斯死時留下五萬美元遺產給伊瑟，後來由她的子女提摩西和芭芭拉繼承。潘妮獲得二萬五千美元。剩餘的財產由法蘭西絲、莉莉和蒂塔均分，其中包括書籍、錄音帶與錄影帶後續銷售的版稅收入。包含出售克萊蒙恩房子的收入在內，維克斯的遺產總值超過一百四十萬美元。

以一個擁有多本暢銷書、過去多年賺進大筆收入的女性來說，這筆遺產並不是什麼可觀的財富。維克斯的財務問題向來不單純，她的遺囑後來受到潘妮質疑，最後潘妮挑戰成功，不過一直懸而未決的商業合作法律爭議又持續了數十年。

一九九〇年六月十八日，美國大使森姆博勒寫了一封信給澳洲勳章祕書長D・I・史密斯（D.I. Smith），「強烈支持」提名維克斯博士這個極為傑出的公民獲頒澳洲勳章。

> 過去數十年來，維克斯一直是恐懼症與焦慮治療的先驅，透過她開發的創新方法與作品，幫助全球數百萬名恐懼症患者從那些讓人虛弱的症狀中康復，重新過著充實而有生產力的生活。我推測，因為她的治療方法而獲益的病患，有一半是美國人。不僅那些受過她幫助的人們尊敬維克斯，在美國的同事也非常喜愛她。她感動了非常多人民的生命，身為這些人民的代表，我很高興向您推薦她。

四天後，森姆博勒再次寫信給他的好朋友、人在華盛頓的杜邦。

親愛的鮑伯：

我從美國回來後，看到桌上放著一份文件等著我簽名，並附上了支持提名維克斯獲頒澳洲勳章的信件。不幸的是，正當我準備簽署這封信的時候，便傳來維克斯過世的消息。澳洲勳章的祕書處通知我們，他們不會將勳章頒發給過世的人。幸運的是，有這麼多人因為她提出的方法而獲得幫助，相信她的理念會持續流傳下去。

1 *More Help for Your Nerves*, p85.

後記　遺澤永傳
Epilogue: What Lives On

某個狂風大作的夏日午後，我在雪梨郊區一間圖書館外和薩以德・法薩伊（Saeed Fassaie）碰面，我們走進當地一間咖啡店，他向我描述了我們談論的那位女性是如何幫助他的。

法薩伊是生活在澳洲的伊朗移民，最近剛出版了他的自傳《擺脫陰影》（*Rising from the Shadows*）[1]，這本書談的是關於他的生活、情緒崩潰、以及康復的故事。法薩伊於一九九八年移民到澳洲，此前曾於兩伊戰爭期間服役，他最要好的朋友達瑞斯（Darius）在當地遭到射殺，他親眼目睹好友遺體變得殘缺不全。

大約十年後的某天晚上，法薩伊在雪梨某個治安良好、綠樹成蔭的郊區，觀看一部在第二次大戰期間的法國拍攝的電影。沒想到他竟激動起來，心跳開始不受控，當晚他帶著哀傷上床睡覺，腦海不斷浮現朋友的遺體。醒來時，情況沒有任何改善，他害怕會心臟病發作。法薩伊對自己的

1 Fassaie, S. *Rising from the Shadows: revolution, war, and the journey that made me*. Richmond Press. 2015.

反應感到羞恥，沒有向家人提到自己的可怕症狀，每天傍晚吃完晚飯，他就會到查茲伍德的地方圖書館，從自助類書籍中尋找啟發。

他閱讀每一本看起來可能相關的書。「這些書不僅沒有幫助，還讓我感覺更糟，」他回想說。他去看心理學家，結果其中一位只想和他討論兩伊戰爭；另一個的眼裡只有金錢。他只好放棄。

有一天晚上，法薩伊從自助類書區走到健康類書區，碰巧拿起維克斯的一本書，「她非常精準地描述了我的症狀，讓我感覺像是把我當成了案例研究。我終於找到有一個人理解我！這真的很不可思議。我借了這本書，讀了一整晚，直到眼睛再也睜不開為止。這真的是很大的突破。」

這本書大約是四十年前寫成的，但是持續再版，全球的書店和圖書館都還能看到。

維克斯過世二十年後，法薩伊出版了他的自傳，這位成功的結構工程師重述了他自認為相當幸運的人生，自傳的副標為：**改革、戰爭以及塑造我的一段旅程**。

這本書最前面的獻詞，獻給了他從未見過的女性：

> 謹以此紀念已故的澳洲心理健康作家與醫生克萊兒・維克斯博士。你依舊活在無數病患的生命中，你的著作持續提供幫助。我由衷地感謝你寫下我這一生讀過最有見地、最令人感到自由暢快的文字。

致謝 Acknowledgements

沒有出版公司，書就不可能出版。非常感謝書吏出版公司的發行人亨利羅森．布魯姆（Henry Rosenbloom）對於我想要說的故事充滿信心，放手讓我繼續書寫。因為書吏出版社，我認識了做事一絲不苟的編輯大衛．葛丁（David Golding），謝謝他技巧熟練、又富有同情心地協助我開闢出順利抵達目的地的路徑。

我第一次想到要撰寫維克斯的故事時，以為已經有人寫過了，結果發現完全沒有。維克斯提出的想法至今仍非常實用，她的書仍在市場上銷售，但維克斯來到這世上後又離開了。

我第一次嘗試詢問出版傳記的可能性時，立即收到華盛頓的精神科醫生杜邦博士的電郵。

我可以怎麼幫你？

維克斯博士對我的人生、焦慮症的治療以及焦慮症領域的研究，帶來深遠且正面的影響，但卻沒有人知道，只有你和我。或許你可以改變這一切。

杜邦無條件的支持成為這本書的穩固基礎。他的兩個女兒伊莉莎白・杜邦・史賓賽（Elizabeth DuPont Spencer）與卡洛琳・杜邦（Caroline DuPont）與我密切合作，幫了我很多，她們兩人都是心理學家，也寫了探討焦慮症的書籍。杜邦家庭就是一座矗立在太平洋對岸的燈塔，真的非常感謝他們。

維克斯家庭的支持是不可或缺的，我很謝謝他們用各種不同但重要的方式提供協助。他們是極為健談的家庭，從他們描述的不同版本的故事中，維克斯似乎活了過來，我感覺自己過著另一個平行人生。

法蘭西絲提供不少文件與大量時間，很有耐心地協助我挖掘她阿姨和家庭的過往。潘妮、蒂塔、亞當、莉莉、芭芭拉、提摩西、克莉絲汀娜・史蒂芬（Christina Stephen）、大衛・維克斯與尼克・柯爾斯（Nick Coles）描述了他們記憶中的往事，有些人至今仍心存疑問，特別是潘妮。

每次我離開潘妮的公司，都會帶上另一本關於心智或大腦的書，蒂塔提供了後來放上美國版封面的照片、信件，也誠實地分享了許多精彩的回憶。芭芭拉的超強記憶力以及她父親的回憶錄，更是一大助力。莉莉和亞當也提供了非常多幫助。家庭歷史研究是最有趣的部分，很謝謝他們的信任與合作。

我很幸運地找到了奧魯索的姪子奈維爾・奧魯索（Neville Aurousseau），他特別強調叔叔的卓越的才智與充滿諷刺的幽默感是密不可分的。謝謝他提供的回憶以及奧魯索的照片。

至於維克斯的求學歲月，謝謝雪梨女子中學的檔案管理員蓋諾・威廉斯（Gaenor Williams）盡力提供相關文件與照片，展現維克斯對於生命和學習的熱愛。同時謝謝洛克斐勒檔案中心（Rockefeller Archive Centre）的李・赫爾茲克（Lee R. Hiltzik）與倫敦大學學院檔案中心（UCL Records Office）的羅伯特・溫克沃斯（Robert Winckworth）協助提供機構的紀錄檔案。

為了了解維克斯擔任科學家時期的事蹟，我一開始聯繫當時擔任雪梨大學動物學系教授、理學院副院長的邁克・湯普森教授（Mike Thompson），非常高興立即收到教授熱情的回應。湯普森大方地撥出大量時間，和我分享維克斯在第二專長領域做出的劃時代貢獻。他也非常好心地幫忙審閱其中幾個章節。

塔斯馬尼亞大學（University of Tasmania）的蘇珊・瓊斯博士（Dr Susan Jones）以及前動物學家珍・湯普森（Jane Thompson）熱心協助解說維克斯早期進行的複雜研究。我要謝謝他們及雪梨大學榮譽教授與動物學家理查・辛恩博士（Dr Richard Shine），他閱讀了部分書稿，向我介紹了幾本刊物，並且建議我聯繫雪梨獸醫科學學院（Sydney School of Veterinary Science）的葛倫・謝伊博士（Dr Glenn Shea）。

我很感激謝伊博士提供寶貴的協助，分享他對於澳洲解剖學與動物學歷史的深入理解，介紹了非常多位成就出色的學者，同時循序漸進地補足我理解演化科學時的不足之處。他是一名要求嚴格的學者，謝謝他提出指正與建議，讓某些章節的內容更為完善。

至於維克斯的第二生涯精神健康領域，我找到了幾位非常重視維克斯治療方法的教授，他們很願意協助。其中一位是性格嚴謹而且很有見解的莎莉・溫斯頓博士（Dr Sally Winston），她是馬里蘭焦慮與壓力疾病研究所創辦人與聯合主任。溫斯頓協助我釐清疑慮，正確理解維克斯在精神醫學與心理學歷史中的地位。

她與馬丁・薩伊夫（Dr Martin Seif）合著了幾本探討焦慮的書，薩伊夫也帶給我非常多啟發，很謝謝他們兩個人，同時也要感謝羅伯特・艾克曼（Robert Ackerman）抽空分享他的回憶。這三個人都給了我很大的幫助，並提供重要的資訊來源，他們在美國廣泛接觸維克斯的作品，而且熱烈支持她的方法。

溫斯頓博士也向我介紹知名的神經科學家李竇的開創性研究，以及史詩級著作《焦慮》。《焦慮》書中的內容，與維克斯早期提出的恐懼和大腦概念有許多驚人相似之處。謝謝李竇教授後續大方地給予協助，針對我書中與他的研究有關的章節提出寶貴意見，至於他是如何在學術工作與他的搖滾樂團杏仁核（Amygdaloids）之間擠出時間，至今仍是個謎，總之真的很謝謝他。

我看了伊利諾大學歷史系榮譽教授李察・布克哈特（Richard Burkhardt）的著作，其中談到了拉馬克提出的重要現代學說。他從沒聽過克萊兒・維克斯，卻依舊非常大方地提供很好的建議，並好心地幫忙看了這本書的部分內容。

在這裡，我要特別提到巴洛博士。他是這個領域全球知名的專家，很高興他能協助證明維克

斯做出的劃時代貢獻。我很感謝他願意抽空、不厭其煩地回答我的疑問，也很謝謝他如此熱心地分享對於公共檔案的看法。

馬克思博士現在已退休，但他是英國非常傑出的焦慮症專家，他告訴我他認可維克斯的著作。另外，伯恩茅斯大學的臨床心理學教授貝克博士也給了我很大幫助，讓我注意到他編輯的教科書《恐慌發作：理論、研究與治療》，書中收錄了維克斯所寫的章節。我也要謝謝威廉・桑德森教授（William C. Sanderson）與已故的蓋爾德博士。

我還要謝謝迪吉塞佩分享與維克斯著作有關的回憶，他曾與艾利斯密切合作，兩人都相當肯定維克斯在美國的成就。

在澳洲，極其傑出的焦慮專家安德魯斯教授花了很長時間接受採訪，並好心地幫忙閱讀這本書的部分內容。他提供的專業和個人觀察非常有價值，謝謝他的協助與支持。我也要謝謝這個領域的另外兩個澳洲專家：約翰・富蘭克林博士（Dr John Franklin）與隆納・拉佩教授（Ron Rapee）。

在雪梨醫學同業當中，我要特別謝謝羅伯特・賀蘭（Dr Robert Holland）以及約翰・約克博士（Dr John York）。

我很幸運地認識我的好友茱蒂・普勞德福特博士（Dr Judy Proudfoot），她本身是焦慮領域的專家，她好心地介紹她在澳洲黑狗研究所（Black Dog Institute）的兩位同事給我認識，分別是研究員彼德・鮑德溫博士（Dr Peter Baldwin），以及黑狗研究所的心理學診所主任教授維賈雅・梅尼卡瓦

薩加教授（Vijaya Manicavasagar）。

鮑德溫博士提出了重要的澄清，並委婉地修正一、兩個誤解。我也謝謝他特地在百忙之中撥出時間。真的很謝謝他與梅尼卡瓦薩加教授。

在此我要發出符合標準、且不容置疑的免責聲明，不論有多少雙眼睛看過每一頁內容，若發現任何錯誤，都是作者一個人的責任。

除了維克斯的家人，還有許多認識維克斯的人大方地撥出時間分享自己的回憶。很遺憾，透納生前沒能看到這本傳記出版，她為這本書的出版貢獻良多。另一個熱心回應的人是在一九八〇年代中期，曾與維克斯一起合作的BBC製作人葛洛夫斯，她重新回想自己對於這名「冷靜的巨人」的記憶。謝謝她敏銳的觀察，與她之間的通信不僅大有助益，而且令人心情愉快。

對於保羅，我很謝謝他支持這本書，而且願意如此直率、很有見地的討論他家人與維克斯和科爾曼之間的關係。我也謝謝他提供少數幾張科爾曼的照片。

在白原市，茱蒂・凱薩（Judy Chessa）與已退休的鮑威爾好心地分享他們的回憶，凱薩還提供了一些很有幫助的文件。我衷心謝謝他們與詹恩博士的兩個女兒莎朗和卡洛琳，她們盡力分享自己的回憶，並提供相關文件，真的很感謝她們的幫助，讓我能夠深入理解這段重要關係對維克斯的意義，以及詹恩自己在專業上的傑出貢獻。

沃爾許認識維克斯之後也獲得不少幫助，他向來不吝於分享，頗為人所稱道。他是另一個看

到維克斯傳記具有價值的人，很謝謝他的幫助與熱忱，允許我分享他的個人故事。

此外還要謝謝門若，也就是為那位已無可救藥、擔任維克斯作家經紀人的史蒂芬森寫傳記的作家。門若在我需要時給予我鼓勵和建議，並好心地針對書中一、兩個章節的內容提供意見。

另外非常謝謝大衛・強森（David Johnson）抽空分享他對維克斯博士的回憶。

任何傳記作家都可以找到這些人，只是有時候你的運氣很好。我很幸運地遇到了拉爾夫・波爾維格（Ralph Bollweg）從旁指點，他的閱讀書單有如百科全書，帶給我不少啟發，此外他也分享了對於心理健康專業人員的具體看法。波爾維格認為，維克斯是這個混亂無能的專業領域中一束冷靜的聲音。我很謝謝他願意與我通信，給我很大的幫助。

身為記者，我認識非常多作家朋友，他們都是個性大方的好人。我的好友、作家與記者潘蜜拉・威廉斯（Pamela Williams）具備銳利的眼光與極佳的專注力，修潤我的書稿。謝謝威廉斯如此盡心盡力，卻認為這是朋友該做的。她為我做得太多了。

我也要謝謝那些過程中協助我努力克服困難，讓這本書順利出版的好友們：茱莉・佛林（Julie Flynn）與特雷佛・庫克（Trevor Cook）、布萊恩・圖希（Brian Toohey）、安德魯・克拉克（Andrew Clark）、湯尼・沃克（Tony Walker）、安德魯・康乃爾（Andrew Cornell）與吉爾・馬戈（Jill Margo）。

另外有些朋友雖然沒有參與，但是忍受與我遠距離交談，並提供中肯建議，特別是那些認為焦慮只不過是心癢而已的人，謝謝這些好友：吉爾絲蒂・麥克唐納（Kyrsty Macdonald）、凱薩琳・

福斯（Catherine Fox）、麗絲・賽克斯頓（Lis Sexton）、黛博拉・霍普（Deborah Hope）、迪爾德雷・麥克恩（Deirdre Macken）、瑪麗（Marie）與格雷格・伍德（Greg Wood）、瑪格麗特（Margaret）與邁克斯・波爾克（Max Bourke）、海倫・特林卡（Helen Trinca）與喬斯・哈克福特瓊斯（Jos Hackforth-Jones）。還有謝謝菲利浦・亞提斯（Philip Yates）。

珍妮・布羅基（Jenny Brockie）總是陪在身旁，愛你，也謝謝你。

接著是我的家人：每個人都需要一位有智慧的好姊姊，謝謝凱西・霍爾（Cathy Hoare），我愛你。謝謝我親愛的外甥女吉蓮・法希（Gillian Fahey）幫忙處理手稿，關於人生總是能提出許多有趣的觀點；她的妹妹莫妮卡・法希（Monica Fahey）是個年輕聰明的科學家，準備好和她的阿姨討論演化。謝謝我的繼女凱特・克勞佛（Kate Crawford）激發了靈感，我愛你。謝謝我親愛的女兒克勞蒂亞・克勞佛（Claudia Crawford）全力支持我，並提供清晰且明智的觀察。

謹以此紀念我深愛、慈愛的父母芭芭拉（Barbara）與喬治・霍爾（George Hoare）。

最後，謝謝我深愛的丈夫吉姆（Jim），如果真有信徒的話，他是真正的信徒。從一開始，他就完全理解我想要說的故事，他對這個故事與對我充滿了信心，而且堅定不移，幫助我快樂輕鬆地度過這四年。

INSIDE 26

與焦慮和解

認知療法先驅克萊兒・維克斯的教導

The Woman Who Cracked the Anxiety Code

The Extraordinary Life of Dr Claire Weekes

作　　者　茱蒂絲・霍爾（Judith Hoare）
譯　　者　吳凱琳
責任編輯　林慧雯
封面設計　萬勝安

編輯出版　行路／遠足文化事業股份有限公司
總 編 輯　林慧雯
社　　長　郭重興
發行人兼出版總監　曾大福
發　　行　遠足文化事業股份有限公司　代表號：(02)2218-1417
23141新北市新店區民權路108之4號8樓
客服專線：0800-221-029　傳真：(02)8667-1065
郵政劃撥帳號：19504465　戶名：遠足文化事業股份有限公司
歡迎團體訂購，另有優惠，請洽業務部(02)2218-1417分機1124、1135
法律顧問　華洋法律事務所　蘇文生律師
特別聲明　本書中的言論內容不代表本公司／出版集團的立場及意見，
由作者自行承擔文責。

印　　製　韋懋實業有限公司
初版一刷　2022年3月

定　　價　550元

國家圖書館預行編目資料

與焦慮和解：認知療法先驅克萊兒・維克斯的教導
茱蒂絲・霍爾（Judith Hoare）著；吳凱琳譯
一初版一新北市：行路出版，
遠足文化事業股份有限公司發行，2022.03
面；公分
譯自：The Woman Who Cracked the Anxiety Code:
The Extraordinary Life of Dr Claire Weekes
ISBN 978-626-95376-4-8（平裝）
1.維克斯（Weekes, Claire）2.醫師 3.女性傳記
787.18　　110021960